Stuart Quarrie

Starke Crews + schnelle Boote

Stuart Quarrie

Starke Crews + schnelle Boote

Profitips für
Fahrten- und Regattasegler

Delius Klasing Verlag

Titel der englischen Originalausgabe: The Offshore Race Crew's Manual
erschienen bei Waterline Books / Airlife Publishing Ltd.,
101 Longden Road, Shrewsbury, England

Die Deutsche Bibliothek – CIP-Einheitsaufnahme

Quarrie, Stuart:
Starke Crews + schnelle Boote : Profitips für Fahrten- und Regattasegler / Stuart Quarrie.
[Aus dem Engl. von Uwe Minge]. - Bielefeld : Delius Klasing, 1996
Einheitssacht.: The offshore race crew's manual <dt.>
ISBN 3-7688-0921-8

ISBN 3-7688-0921-8

Die Rechte für die deutsche Ausgabe liegen beim Verlag Delius, Klasing & Co., Bielefeld
Aus dem Englischen von Kapitän Uwe Minge
Schutzumschlaggestaltung: Ekkehard Schonart
Zeichnungen: Peter Coles
Fotos: mit freundlicher Genehmigung von *Yachting World* und Seite 148/149: Henri Lloyd Ltd.
Gesamtherstellung: Ludwig Auer GmbH, Donauwörth
Printed in Germany 1996

Inhalt

Einführung

Dieses Buch wurde von jemandem geschrieben, der Seerennen von ganzem Herzen liebt und der auf Hunderten verschiedener Yachten fast alle Seeregatten mitgesegelt hat. Es ist meine Absicht, den Crewmitgliedern beiderlei Geschlechts, jeden Alters und mit unterschiedlichen Kenntnissen zu helfen. Ein großer Teil des Buches konzentriert sich auf die Manöverarbeit, aber es gibt andere Kapitel, die sich mit Wachsystemen, Verpflegung, schwerem Wetter und den Vorbereitungen auf eine Regatta beschäftigen.

Auf einer Offshore-Yacht zur Crew zu gehören – ob während einer Regatta oder beim Fahrtensegeln – bereitet großen Spaß, kann aber körperlich anstrengend sein und fordert von den Teilnehmern ein hohes Maß an Verantwortungsbewußtsein. Besonders beim Wettkampf muß die gesamte Mannschaft ein gemeinsames Ziel vor Augen haben, jeder einzelne muß seine ganze Kraft einsetzen, um zu gewinnen. Segeln ist manchmal berauschend: zum Beispiel Spinnakersegeln bei raumem Wind, bei glatter See und herrlichem Sonnenschein. Doch es kann auch verdammt hart werden, etwa wenn man in eisigen Temperaturen bei Starkwind aufkreuzen muß. Aber es ist immer die gemachten Erfahrungen wert. Das Gefühl der persönlichen Befriedigung und das Wissen, daß man alles gegeben hat, um die Yacht vorwärtszuknüppeln, ist großartig. Die meisten Vorbereitungen und Manöver sind einfach genug, aber es ist wichtig zu wissen, was bewirkt werden soll, und es dann so perfekt wie möglich auszuführen. Jedesmal das Rad neu zu erfinden, sobald man vor eine neue Situation gestellt wird, ist nicht sehr effizient. So gewinnt man keine Regatten. Ein besserer Weg ist, anderen zuzuhören, die schon früher in dieser Situation gewesen sind, und von ihnen zu lernen.

Es bereitet mir Freude, Menschen aller Erfahrungsstufen auszubilden. Auch meine Anschauungen entwickeln sich weiter, je mehr Erfahrungen ich sammele. Das Segeln mit den unterschiedlichsten Leuten zeigte mir, daß man dasselbe Manöver auf verschiedene Art und Weise ausführen kann. Es gibt selten nur den einen „Königsweg", doch scheinen einige Methoden effektiver zu sein als andere. Ich bestehe nicht darauf, daß das vorliegende Buch eine Art Bibel ist, die von jedermann befolgt werden muß. Ich wäre schon sehr glücklich, wenn jeder Leser etwas Neues daraus lernt oder zumindest meine Erfahrung dazu nutzt, um zu überdenken, wie er oder sie an die Wettfahrt herangeht.

Stuart Quarrie
Lymington, England

Die Arbeit der Mannschaft während der Manöver

In diesem Abschnitt werden wir uns mit jeder Einzelheit eines jeden Manövers befassen: Wer macht was und in welcher Reihenfolge? Wir setzen Prioritäten und zeigen, wo möglicherweise Probleme auftauchen können. Welches Manöver auch immer bevorsteht, am wichtigsten ist, daß es richtig organisiert abläuft. Die ganze Mannschaft muß wissen, was von ihr erwartet wird. Im Idealfall wird man das Manöver vorher eingeübt haben, also bevor man in einer Streßsituation steckt. Nur wenige Manöver sind wirklich schwierig, aber die meisten können verpatzt werden, wenn die grundlegenden Handgriffe nicht sitzen. Sobald jedes Crewmitglied weiß, was ablaufen wird und wie seine Arbeit die der anderen beeinflußt, wird das Leben für alle einfacher.

Wenden bei mittlerem Wind

Hierbei handelt es sich um ein so häufig vorkommendes Manöver, daß es bei praktischen Übungen oft vergessen wird. Man sieht es als einfach an und hält es für müßig, darüber zu reden. Aber man sollte eines bedenken: Gerade weil es während einer Regatta so oft durchgeführt wird, kann jeder kleine Vorteil, der dabei herausgeholt wird, am Ende über den Sieg entscheiden. Außerdem muß man häufig in kritischen Situationen wenden, oft in unmittelbarer Nähe einer anderen Yacht; macht man dabei einen Fehler, findet man sich in störenden Abwinden wieder, denen man nur mit einer erneuten Wende entkommen kann.

Das Prinzip einer guten Wende ist einfach. Das Boot sollte bis zur Einleitung der Wende mit maximaler Geschwindigkeit laufen. In der Wende sollte es so wenig wie möglich an Fahrt verlieren, und die optimale Geschwindigkeit sollte nach Beendigung des Manövers schnellstmöglich wieder erreicht werden. Doch in der Praxis ist das leider nicht so einfach, wie es sich anhört.

Beim Ankündigungskommando „Klar zur Wende!“ müssen die Crewmitglieder, die dazu benötigt werden, geordnet von der hohen Kante herunterkommen. Diejenigen, die bei der Wende keine Funktion zu erfüllen haben, reiten weiter aus und sollten, falls möglich, ihr Gewicht noch weiter nach außenbords verlagern, um die Yacht möglichst aufrecht zu halten. In der Praxis bedeutet dies, daß der Genuatrimmer ins Cockpit muß, wo er sich vergewissert, daß die neue Schot auf der Winsch liegt und eine Kurbel aufgesetzt ist. Bei der alten Schot entfernt er die Kurbel von der Winsch und löst die Klemme, so daß die Schot klar zum Fieren ist. Sind Backstage vorhanden, muß er sich auch um sie kümmern. Zur gleichen Zeit kontrolliert der Großschot-Trimmer, ob die Travellerstopper für

1.1 *Beim Kommando „Klar zur Wende!“ verläßt ein Mannschaftsmitglied die Reling, um die Arbeitswinsch auf die Wende vorzubereiten. Die Kurbel wird ab- und die Schot aus der Klemme genommen. Alle anderen bleiben auf der hohen Kante.*

die Wende richtig eingestellt sind, und nimmt die Großschot in die Hand.

Auf jeder Yacht gibt es ein eigenes System, mit dem angezeigt wird, daß die Mannschaft klar zur Wende ist. Es kann entweder aus einem bestätigenden Zuruf eines jeden dazu benötigten Crewmitglieds oder aus einer Negativmeldung bei auftretenden Problemen bestehen. Beide Systeme haben ihre Vor- und Nachteile, aber ich neige dazu, das System der Negativmeldung zu bevorzugen, besonders dann, wenn die Mannschaft regelmäßig zusammen segelt.

Sobald die Crew bereit ist, liegt es am Rudergänger, den Zeitpunkt der Wende zu bestimmen. Er sollte sich vergewissern, daß er gute Fahrt macht, und wenn möglich in einem Bereich relativ ruhigen Wassers wenden. Ist das unmöglich, sollte er zumindest sicherstellen, daß er nicht genau in die Zähne einer anrollenden See hineindreht. Unmittelbar vor dem Legen des Ruders kommt das Ausführungskommando „Ree!" oder etwas Ähnliches, um die Mannschaft zu warnen, daß das Manöver beginnt. Jetzt laufen viele Dinge gleichzeitig ab:

1. Der Abzieher der neuen Schot kommt von der Kante herunter und macht sich klar, das Segel überzuholen. Auf den meisten Yachten wird es das Beste sein, wenn er die Schot quer über das Cockpit mit auf die neue hohe Seite nimmt, damit der Genuatrimmer, sobald das Segel übergegangen ist, den Rest der Schot von der neuen Luvseite aus dichtholen kann.

2. Das neue Backstag wird vom Genuatrimmer so dicht wie möglich an das Großsegel geholt; sobald die Yacht dreht, wird es weiter durchgeholt. Wenn der Großbaum über die Mittschiffslinie gewandert ist, wirft der Genuatrimmer das alte Backstag los und setzt das neue stramm durch.

3. Der Genuatrimmer wirft die alte Vorschot los, sobald der Druck aus dem Segel gewichen ist und einen Sekundenbruchteil, nachdem das Segel back kommt. Fiert er es zu früh auf, können sich die Salinge durch das Segel bohren, falls keine Salingpatches vorhanden sind. Wirft er es zu spät los, kann sich das Segel am Mast und am Rigg zu Tode schlagen und auf halbem Weg unklar kommen. Er sollte einen halben Törn der alten Schot auf der Winsch lassen, damit eventuelle Kinken aus dem Tampen getörnt werden. Dann geht er auf die neue Seite, um die neue Schot dichtzukurbeln. Auf großen Yachten kann es notwendig sein, dafür besondere „Kurbelgorillas" (Winschleute) vorzusehen, die entweder an der Winsch oder mittschiffs an einem separaten Grinder arbeiten. Aber auf mittelgroßen Yachten bis zwölf Meter Länge sollte der Trimmer das mit einem Abzieher schaffen.

1.2 *Bei einem Rigg mit verkürztem Vorstag ist das Dichtsetzen bzw. Lösen der Backstage in der Wende entscheidend wichtig.*

4. Der Großsegeltrimmer sollte den Traveller nach Luv ziehen, wenn die Yacht andreht, dadurch bleibt das Segel so lange wie möglich gefüllt. Sobald das Segel killt, sollte er die Schot ein paar Zentimeter auffieren (vielleicht indem er die Feinjustierung loswirft). Er geht auf die neue Luvseite und zieht den Traveller zu sich nach oben. Je weiter die Yacht abfällt, desto mehr läßt er ihn wieder auf der Schiene herunterrutschen. Auf diese Weise fängt das Segel so schnell wie irgendmöglich den Wind wieder ein. Nimmt die Fahrt wieder zu, kann der Traveller wieder in seine normale Position gebracht und die Schot dichtgeholt werden.

5. Der Vorschiffsmann sollte an den Mast gehen und, falls nötig, dem Segel herumhelfen; dann sollte er sich bereithalten, das Fußliek über die Seereling zu heben, wenn es hängen bleibt.

6. Einer der Mittelmänner sollte dafür verantwortlich sein, daß die alte Schot nicht unklar kommt, nachdem sie losgeworfen ist. Sollte sie irgendwo hängenbleiben, muß er sie klarieren.

7. Die übrige Crew sollte abwarten, bis sich das Boot aufzurichten beginnt. Dann muß sie blitzartig unter dem Großbaum hindurchtauchen und auf der neuen hohen Kante wieder ausreiten.

1.3 *Der Vorschiffsmann hilft dem Genua-Unterliek über die Reling.*

1.4 *Nach Vollendung der Wende sollte die gesamte Crew wieder auf der Luvkante sitzen und weit ausreiten, um das Boot erneut auf volle Geschwindigkeit zu bringen.*

Die Yacht kann ziemlich schnell gedreht werden, bis der Bug in den Wind zeigt, aber sobald Fock oder Genua übergeholt sind, wird die Drehung langsamer werden. Denken Sie daran, daß die Geschwindigkeit während der Wende abnimmt, folglich müssen die Segel nach dem Manöver etwas geschrickt gefahren werden, um dem abnehmenden scheinbaren Wind gerecht zu werden. Der andere wichtige Punkt, den man im Kopf behalten sollte, ist folgender: Man muß nahezu die optimale Geschwindigkeit zum Ziel erreicht haben, bevor man nach der Wende wieder hart an den Wind gehen kann. Kneift man zu hoch am Wind, bedeutet dies, daß der Kiel bei der niedrigen Geschwindigkeit nicht effektiv arbeitet und das gesamte Rigg nicht die Leistung bringt, die möglich wäre. Bleiben Sie also zwei oder drei Grad unter der optimalen Höhe, bis die volle Geschwindigkeit wieder erreicht ist. Muß man mit einer großen Genua bei einer Windstärke wenden, die das Segel gerade noch vertragen kann, läßt es sich oft nicht vermeiden, kurzzeitig etwas zu kneifen, um dem Trimmer die Chance zu geben, die Schot voll durchzusetzen. Aber dann sollten Sie abfallen, um so rasch wie möglich Geschwindigkeit aufzubauen.

Abb. 1.1 Wenden bei mittlerem Wind

3
Nach der Wende wird der Rudergänger etwas tiefer steuern, um die Bootsgeschwindigkeit aufzubauen. Der Genuatrimmer stellt das Segel ein, sobald das Boot wieder seine optimale Zielgeschwindigkeit erreicht hat. Der Rest der Crew sitzt auf der neuen hohen Kante – und achtet darauf, dabei nicht die unbelastete Schot zu blockieren.

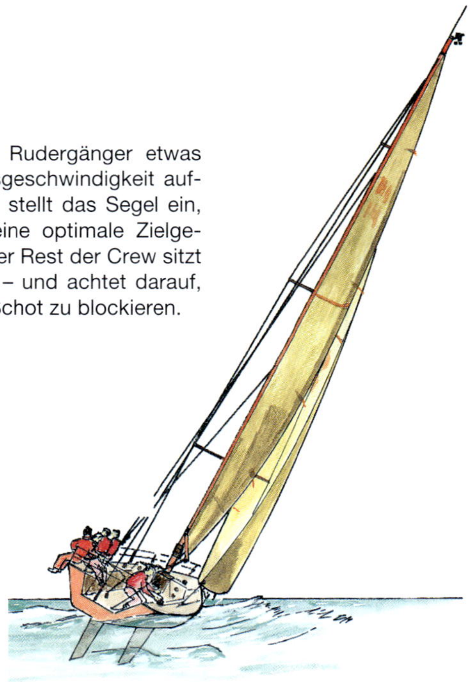

2
Der Rudergänger ruft „Ree!“, sobald er Ruder legt. Die Mannschaft verlagert blitzartig ihr Gewicht auf die andere Seite. Das neue Backstag wird durchgesetzt und das alte gelöst, wenn der Großbaum übergeht. Der Vorschiffsmann sollte am Mast stehen, um dem Vorsegel herum und über die Reling zu helfen.

1
Beim Kommando „Klar zur Wende!“ verläßt der Genuatrimmer die Luvreling, um die Schotwinsch vorzubereiten. Das neue Backstag wird so dicht wie möglich geholt. Der Rest der Crew bleibt an der Reling, bereitet sich aber darauf vor, in der Wende schnell auf die andere Seite zu wechseln.

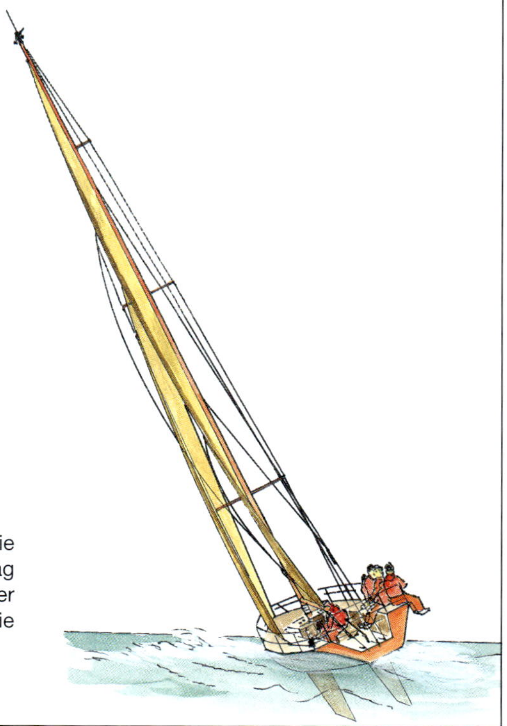

Abb. 1.2 Wenden bei leichtem Wind

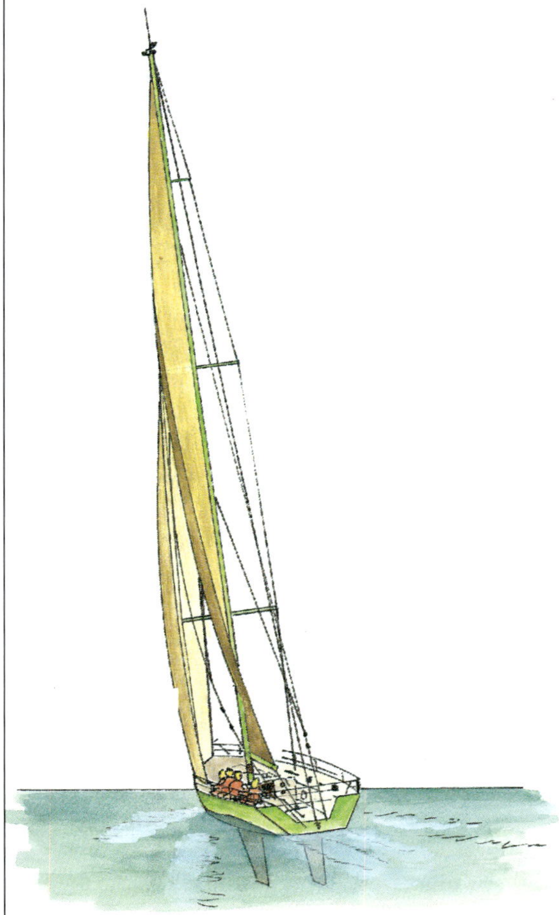

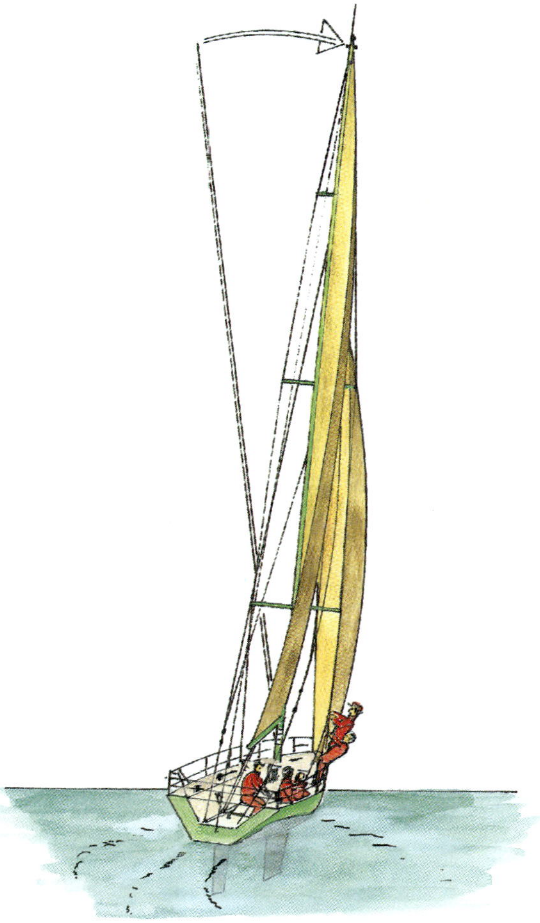

1
Vor der Wende sitzt die Crew in Lee, um die Krängung zu verstärken, damit die Segel in ihre natürliche Form fallen. Bei einer leichten Bö wird der Rudergänger etwas tiefer steuern. Die Schoten werden leicht aufgefiert, um die Geschwindigkeit für die Wende zu erhöhen. Vorsegel- und Großsegeltrimmer bereiten ihre Schoten vor, und die Crewmitglieder lauern wie Raubkatzen darauf, sich vorsichtig, aber flink auf die andere Seite zu setzen, wenn das Boot dreht.

2
Bei sehr leichtem Wind nützt es, die Genua einen Moment back zu halten, um die Drehung zu unterstützen. Bei einer Rollwende kann es hilfreich sein, wenn sich ein paar Mannschaftsmitglieder nach Lee außenbords hängen, damit das Boot mehr Krängung auf dem neuen Bug bekommt. Dadurch kommen die Segel wieder schneller in Form. Die Trimmer müssen die Schoten vorsichtig und gleichmäßig dichtholen, während das Boot auf dem neuen Kurs Fahrt aufnimmt.

Wenden bei leichtem Wind

Hier liegen die Probleme etwas anders. Die Crew sitzt wahrscheinlich auf der Leeseite, und am allerwichtigsten ist, daß das Boot nicht mehr an Fahrt verliert als unvermeidlich. Nach der Wende wird es nicht möglich sein, Höhe zu kneifen, ehe man nicht wieder ausreichend Fahrt im Schiff hat. Was die Besatzung angeht, so muß sie sich äußerst vorsichtig bewegen und die Yacht wieder nach Lee krängen. Auf kleinen oder mittleren Booten, aber auch auf IMS-Maxis, kann man eine „Rollwende" wie auf Jollen fahren. Dabei behält man die Lage nach Lee bei, bis das Boot im Wind liegt, dann verlagert die Crew ihr Gewicht schnell auf die andere Seite. Man kann die Crew sogar an die Reling stellen oder sich über die Relingsdrähte hinauslehnen lassen.

Den richtigen Zeitpunkt für diese Wende zu finden, ist sogar noch wichtiger als bei Mittelwind. Falls möglich, sollte das Manöver in einer Bö ausgeführt werden oder doch zumindest bei leichter Brise – aber niemals in einem Flautenloch. Geht man mit guter Fahrt in die Wende, wird das Manöver schnell beendet sein. Es kann sich als günstig erweisen, wenn die Genuatrimmer vor der Wende einen Schrick in die Schoten geben und der Steuermann ein paar Grad abfällt, um etwas mehr Geschwindigkeit zu erzielen. Die Backstage werden in den seltensten Fällen Probleme bereiten, wenn man darauf achtet, daß sie immer klar vom Großsegel bleiben. Auf den meisten Yachten werden in aller Regel zwei Mannschaftsmitglieder im Cockpit ausreichen, um die Schoten zu bedienen.

Beim Kommando „Klar zur Wende!" wird der Genuatrimmer (der ohnehin schon an seiner Schot sitzt) beide Winschen für das Manöver vorbereiten und sich bereit halten, die alte Schot loszuwerfen. Wie schon oben gesagt, werden er und der Großschot-Trimmer die Schoten eine Handbreit auffieren, und der Rudergänger wird etwas voller steuern, um die Bootsgeschwindigkeit zu erhöhen.

Sobald das Boot in die Wende dreht, wird die gesamte Crew – mit Ausnahme der Trimmer und des Vorschiffsmanns – sich auf die neue Leeseite bewegen. Sollten einige vor der Wende in Luv gesessen haben, müssen sie unten in Lee bleiben, bis das Manöver abgeschlossen ist. Die alte Schot wird sinnig gefiert, sobald das Vorsegel back kommt, und der Vorschiffsmann hilft ihm auf die neue Seite. Die neue Schot wird gleichmäßig, aber nicht zu schnell gezogen. Der Abzieher beobachtet das Segel, um sicher zu sein, daß er das Schothorn nicht zu kräftig hereinzieht, solange das Achterliek noch an den Wanten und Salingen schamfielt.

In dieser Situation wird der Großsegel-Trimmer, dessen Schot leicht aufgefiert ist, um die Bootsgeschwindigkeit vor der Wende zu erhöhen, den Traveller nach Luv holen. Sobald das Boot auf dem neuen Bug abfällt, muß er so weit wie möglich nach Luv gezogen werden. Wie üblich kann die Großschot in ihre „richtige" Position gebracht werden, wenn die Geschwindigkeit wieder zugenommen hat. Dann kann auch der Traveller so eingestellt werden, daß der Großbaum über der Mittschiffslinie steht. Anfänglich sollte die Genua gerade noch innerhalb der Seereling stehen, erst bei voller Geschwindigkeit sollte sie dann hart durchgesetzt werden. Sollten Sie Holepunktrutscher für die Genuaschot haben, könnte es sinnvoll sein, den Holepunkt nach vorne zu versetzen, wenn die Schot in der Wende lose kommt. Das trägt dazu bei, das Achterliek unter Kontrolle zu halten. Sobald nach der Wende wieder die volle Geschwindigkeit gelaufen wird, kann man den Holepunkt wieder nach achtern ziehen. (Abb. 1.2)

Wenden bei Starkwind

Beim Wenden bei Starkwind mit einer kleinen Fock muß man eine andere Technik anwenden. Die wichtigsten Überlegungen dabei sind, daß das Boot von den Wellen nicht aufgestoppt wird und weder vor noch nach der Wende zu stark krängt. Ich erinnere mich an eine von mir gefahrene Wende auf einer zehn Meter langen Leichtbauyacht: Es war dunkel, und wir standen dreißig Meilen von Land entfernt. Alle saßen auf der hohen Kante und ritten aus. Als das Kommando „Klar zur Wende!" kam, verlagerte die relativ unerfahrene Crew ihr Gewicht etwas nach binnenbords. Drei Jungs kamen schließlich doch von der Reling herunter, um das Manöver vorzubereiten. In diesem Augenblick packte uns eine Bö, die Yacht schlug quer und kenterte wie eine Jolle. Ein paar aufregende Sekunden später richtete sie sich wieder auf, hatte aber einen sehr nassen Masttopp, und der Windex war weg. Folgerung: Die Crew sollte so lange wie möglich ausreiten, der Rudergänger aber sofort hart an die Windkante gehen, sobald alle von der Reling frei sind.

Bei einer anderen Gelegenheit hatten wir gerade gewendet, als eine Bö einfiel, bevor die Crew die Luvreling erreicht hatte. Ohne das Gewicht der Mannschaft auf der hohen Kante lief die Yacht zuerst einmal aus dem Ruder. Der Rudergänger war darauf nicht vorbereitet, der Großschot-Trimmer hatte den Traveller zu weit in Luv, also „fingen wir eine Eule" (wendeten unfreiwillig zurück): nicht gerade die schnellste Art zu segeln.

Sie brauchen Ihrer Crew keinen Moment mehr Zeit zu geben als unter normalen Bedingungen, aber wahrscheinlich wird mindestens eine zusätzliche Person benötigt, sobald die Wende angekündigt wird. Die Backstage sind jetzt kritische Punkte, also muß sich jemand um sie kümmern; sie werden bei viel Wind nicht vom Genuatrimmer losgeworfen, das macht dann einer von der Kante. Zudem wird die Yacht die Tendenz haben, in starkem Wind mit der kleinen Fock schneller zu wenden, also muß man die Crew rechtzeitig vorwarnen, damit sie sich auf den Seitenwechsel einstellen kann, sobald die Yacht aufzudrehen beginnt.

1. Bei dem Ankündigungskommando „Klar zur Wende!" verlassen die Trimmer, der Mann für die Backstage und vielleicht der Abzieher die Reling; der Rudergänger steuert an die Windkante, damit die Yacht sich aufrichten kann.

2. Positive Rückmeldung der Mannschaft. Verzögerungen sind bei schwerem Wetter viel wahrscheinlicher und Fehler viel schwerer wieder auszubügeln.

3. Beim Ausführungskommando „Ree!" wird das Ruder gelegt. Die Fockschot wird losgeworfen und unverzüglich auf der neuen Seite dichtgekurbelt und -geholt. Einen Vorschiffsmann, um das Unterliek über die Reling zu heben, wird man nicht benötigen.

4. Wenn das Boot abfällt, hält es der Steuermann an der Windkante auf dem neuen Bug, bis das Gewicht der Mannschaft wieder in Luv ist. Der Travellerwagen sollte am Ende der Schiene in Lee stehen und nur langsam geholt werden, wenn das Boot auf dem neuen Bug kursbeständig wird. Steht der Traveller zu weit in Luv, ist eine unfreiwillige Wende wahrscheinlich – siehe oben.

5. Die Fock wird so schnell wie möglich und so dicht wie möglich getrimmt, und sobald die Yacht wieder gute Fahrt läuft, was sehr schnell geschehen sollte, kurbelt man auch die letzten Zentimeter Lose herein. Die Schot wird belegt, und der Trimmer klettert auf die Luvseite.

Einreffen

Das Prinzip des Bindereffs ist ziemlich schlicht. Dabei muß man nur einen horizontalen Tuchstreifen über dem Unterliek aus der Segelfläche durch Fieren des Falls herausnehmen und die Reffkauschen an Vor- und Achterliek nach unten ziehen. Aber wieder muß man in der Praxis ein paar wichtige Punkte im Auge behalten.

A) Laminatsegel oder Segel aus Kevlar schätzen es gar nicht, wenn man sie schlagen läßt. Es ist von größter Wichtigkeit, daß das Killen auf den kürzest möglichen Zeitraum beschränkt wird.

B) Die Reffleine am Schothorn hat immer eine Komponente, die das Segel nach unten zieht, und eine zweite, die es am Baum nach hinten ausholt. Das bedeutet, daß man nicht zuviel Spannung auf der Reffleine haben darf, bevor das Fall wieder durchgesetzt ist, da sonst die große Gefahr besteht, daß man das Vorliek aus der Keep reißt.

C) Das Fall und die Reffleinen sollten exakt markiert sein, damit man das Segel schnell bis zur vorgesehenen Position fieren und die Reffleinen flott durchsetzen kann, ohne immer das Ende des Baums im Auge haben zu müssen.

Das Stecken eines Reffs wird etwa wie nachfolgend geschildert ablaufen:

1. Ein Mann kommt von der Reling herunter, um alle Vorbereitungen zu treffen. Die Reffleine wird auf die Winsch gelegt und das Fall klar zum Fieren gemacht. Außerdem legt man eine Kurbel bereit, um es schnell wieder hochkurbeln zu können. Niederholer lösen!

2. Ein zweiter Mann kommt von der hohen Kante an den Mast, um das Vorliek herunterzuziehen und die Reffkausch am Haken über dem Lümmelbeschlag einzuhängen.

3. Das Fall wird bis zur entsprechenden Markierung gefiert, gleichzeitig wird das Vorliek unterstützend heruntergezogen; schließlich wird die Kausch in den Reffhaken eingehängt. (Anmerkung: Der Rudergänger muß in diesem Stadium mit Leegierigkeit rechnen, er sollte nach den Windfädchen der Genua steuern.)

4. Das Großfall wieder durchsetzen.

5. Die Lose aus der Reffleine holen und bis zur Markierung mit der Winsch dichtkurbeln. Während dieses Vorgangs sollte der Großschot-Trimmer seine Schot ganz auffieren, dabei kann er unter anderem beobachten, ob das Segel nicht von der Reffleine beklemmt wird.

1.5 *Sobald das Segel weit genug gefiert ist, wird die Reffkausch eingehakt. Dann wird das Fall wieder durchgesetzt.*

6. Schot dichtholen, Niederholer durchsetzen, alles aufklaren. Dazu kann gehören, daß man farbige Reffbändsel durch die Gatchen im Segel steckt und damit die gereffte Segelfläche auftucht. Bei schwerem Wetter kann es empfehlenswert sein, zur Sicherheit einen Zeising durch die achtere Reffkausch und um den Baum herum zu nehmen für den Fall, daß die Reffleine brechen sollte.

1
Es ist empfehlenswert, die Reffleine schon einzuscheren, wenn schweres Wetter vorhergesagt wird. Hier läuft die Reffleine vom Baum durch die Reffkausch am Achterliek des Großsegels.
Ein Crewmitglied nimmt die Reffleine auf seine Winsch, das Großfall wird zum Fieren klar gemacht, eine Kurbel ist in Bereitschaft für das anschließende Dichtsetzen. Ein anderes Mitglied der Crew steht am Mast, um das Vorliek herunterzuziehen und den Reffhaken am Lümmelbeschlag in die Kausch einzuhängen.
Zur Erinnerung: Wenn Sie zum ersten Mal daran denken, ein Reff zu stecken, dann ist genau der richtige Zeitpunkt, es auch zu tun. Falls man zu lange wartet, wird das Boot nur instabil und die Arbeit schwieriger.

2
Das Großfall wird schnell bis zur Reffmarkierung gefiert. Geben Sie ihm nicht mehr Lose, das erschwert dem Mastmann nur das Leben. Großschot und Niederholer sind aufgefiert. Sobald die Reffkausch eingehakt ist, wird das Großfall wieder durchgesetzt.
Jetzt wird die Reffleine strammgekurbelt, wodurch das Schothorn nach unten auf den Baum geholt wird. Wie immer, wenn Sie eine Winsch benutzen, beobachten Sie das Ergebnis Ihrer Anstrengungen – nicht die Winsch. Sobald das Unterliek stramm aussieht, kann man die Reffleine belegen.

Abb. 1.3 Bindereff

3
Jetzt können Großschot und Niederholer wieder angeholt werden.
Sieht es so aus, als ob man das Reff nur relativ kurze Zeit benötigt, z. B. in schweren Böen oder auf dem letzten Teil eines Amwindkurses, dann ist es nicht nötig, das Segel am Baum aufzutuchen. Rechnet man dagegen mit anhaltendem Starkwind, bei dem grünes Wasser über Deck waschen kann oder man das zweite bzw. dritte Reff einbinden muß, dann sollte man eine Leine durch die Reffgatchen scheren und das Segel sauber auftuchen, damit es aus dem Weg und gegen die rauhen Seen gesichert ist.
Alle Ladies und Gentlemen sollten sich danach wieder an die Luvreling begeben und die Schönheiten von Mutter Natur bewundern.

Ausreffen

Das Ausreffen ist prinzipiell nur die Umkehr des eben geschilderten Reffens. Wieder gilt, daß das Segel nur so kurz wie möglich killen sollte. Die Spannung muß aus der Reffleine genommen werden, bevor man das Fall fiert und damit das Vorliek lockert. Wie immer ist gute Vorbereitung bei allen Arbeiten an den Segeln von größter Wichtigkeit.

Der Ablauf ist wie folgt:

1. Ein Mann kommt von der Reling, um alles vorzubereiten. Er sortiert die benötigte Reffleine zwischen den anderen heraus. Das Fall wird so vorbereitet, daß man es etwa zwanzig Zentimeter fieren und dann sofort wieder durchsetzen kann. Niederholer lösen, ebenso Reffbändsel und Sicherheitslasching.
2. Ein zweiter Mann kommt an den Mast.
3. Die Reffleine wird völlig entlastet.
4. Das Fall wird weit genug gefiert, um die Reffkausch aushaken zu können.
5. Das Fall wieder durchsetzen, der Mann am Mast führt dabei das Vorliek in die Mastnut ein. Anmerkung: Da man einen guten Meter des Falls hochkurbeln muß, kann es oft günstig sein, wenn ein Mannschaftsmitglied oben auf der Reling die Lose stramm wegholt. Während das Segel hochgewinscht wird, muß die Großschot aufgefiert sein.
6. Niederholer durchsetzen und Großschot dichtholen. Die Mannschaft kehrt so schnell wie möglich auf die hohe Kante zurück.

Vorsegelwechsel: Allgemeines

Jedesmal, wenn ein Vorsegel gewechselt wird, während das andere noch gesetzt ist, sind einige wichtige Punkte zu beachten, gleichgültig welche Art des Wechsels bevorzugt wird.

Die Fallen müssen oben am Masttop immer klar voneinander laufen. Das ist zwar eine Binsenweisheit, aber man sollte sie nie vergessen.

Das neue Vorsegel wird fast immer eine andere Führung der Schot benötigen, folglich muß man die Holepunkte verändern, bevor das Segel gesetzt wird, es sei denn, man hat stufenlos veränderbare Holepunkte.

Um den Wechsel leichter zu machen, sollten die Segel in ihren Säcken immer so zusammengelegt aufbewahrt werden, daß das Vorliek gut zugänglich ist. Außerdem sollte das Vorliek mit einem Zeiser zusammengebunden werden, damit das Segel nicht auseinandergeblasen wird, sobald der Sack entfernt wird.

Nur die Crewmitglieder, die für den Wechsel eingeteilt sind, verlassen die Seereling. Immer daran denken, daß jeder zusätzliche Mann, der die hohe Kante verläßt, die Bootsgeschwindigkeit erheblich vermindert.

Genuawechsel in der Wende

Wenn man nach Luv aufkreuzt und ein Vorsegelwechsel unvermeidlich wird, ist dem fliegenden Segelwechsel während einer Wende immer der Vorzug zu geben. Die Luvkeep im Vorstagprofil sollte dazu frei sein, und es muß sich um eine taktische Wende handeln. Der Vorteil gegenüber einem Segelwechsel auf gleichbleibendem Kurs ist zweifach. Erstens ist er sicher und leicht durchzuführen, weil das neue Segel auf der augenblicklichen Luvseite gesetzt wird. Nach der Wende wird das alte Segel auf der neuen Luvseite geborgen. Zweitens ist damit ein minimaler Geschwindigkeitsverlust verbunden, weil die Crew nur kurze Zeit auf dem Vordeck verbleibt und die beiden Segel einander lediglich kurzzeitig behindern.

Das Manöver läuft ab wie folgt:

1. Ein Crewmitglied holt das neue Segel an Deck und gibt es an den Vorschiffsmann weiter. In der Zwischenzeit hat dieser das luvwärtige Fall vorbereitet.

2. Der Vorschiffsmann schäkelt das Fall am Kopf des neuen Segels an und bringt dieses im Segelsack nach vorne, befestigt den Hals und führt den Kopf durch den Feeder in die Luvkeep ein. (Foto 1.6)

3. Der Genuatrimmer löst die unbelastete Schot vom alten Segel, stellt den Holepunkt für das neue Segel ein und führt die Schot nach Bedarf durch die Umlenkblöcke. Dann schäkelt er die unbelastete Schot am neuen Segel an.

4. Der Mastmann beginnt, das Segel hochzuziehen (Foto 1.7). Wenn es fast oben ist, leitet der Rudergänger die Wende ein. Während der Wende setzt der

Mastmann das Fall des neuen Segels durch und löst das Fall des alten Segels.

5. Die Cockpitcrew hat wie üblich gewendet (mit dem neuen Segel), der Vorschiffsmann zieht das alte Segel herunter, löst den Hals und zieht es so schnell wie möglich vom Vordeck. (Fotos 1.8 und 1.9)

6. Das alte Fall wird abgeschäkelt und wieder am Mast befestigt. Die zweite Schot wird vom alten Segel abgeschlagen, entsprechend den neuen Verhältnissen geführt und dann am neuen Segel angeschlagen. Das alte Segel wird an oder unter Deck behelfsmäßig zusammengelegt und in seinem Segelsack verstaut.

7. Die gesamte Crew mit Ausnahme des Trimmers nimmt wieder ihre Positionen auf der hohen Kante ein. Der Trimmer prüft das Profil des neuen Segels und stellt das Fall und die Schot richtig ein.

1.6 *Der Vorschiffsmann hat den Hals des neuen Segels angeschlagen und führt jetzt den Kopf in die Luvnut ein. Beachten Sie, daß das Boot auf Backbordbug segelt.*

1.7 *Das Segel wird gesetzt. Der Vorschiffsmann wacht darüber, daß das Vorliek glatt hochrutscht und nichts im Feeder klemmt. Der Mastmann zieht am Fall, und der Fallenmann holt die Lose weg, die um die Winsch läuft. Das Boot segelt noch immer auf Backbordbug.*

1.8 *Jetzt wendet das Boot. Das neue Segel ist vollständig gesetzt, und schon zieht der Vorschiffsmann am Vorliek des überzähligen Segels, um es wegzunehmen und so schnell wie möglich aus dem Weg zu schaffen.* ▶

Tripp 40
Tripp 40

1.9 *Jetzt segelt man auf Steuerbordbug, das alte Segel ist fast weggenommen. Der Vorschiffsmann zieht noch immer am Vorliek (die richtige Methode, da sie dem Segel keinen Schaden zufügt). Derweil packt der Ausputzer die Masse des Segels, damit es nicht außer Kontrolle gerät und über Bord rutscht.*

Abb. 1.4 Vorsegelwechsel in der Wende

1
Das neue kleinere Segel wurde beim Kommando „Klar zur Wende!“ gesetzt. Der Vorschiffsmann steht vorne bereit, sich um das Vorstag zu schwingen und das alte, größere Segel herunterzuziehen, sobald das Boot durch den Wind gewendet hat.
Beachten Sie, daß die Schot am neuen Segel angesteckt ist und der Holepunkt entsprechend verschoben wurde.
Ein Crewmitglied bleibt im Niedergang klar zum Fieren des alten Falls. ▶

◀ 2
Das Boot hat gewendet, und das alte Segel wird in Lee des neuen kleineren Segels heruntergezogen, das jetzt das Boot antreibt.
Die Schot des gefierten Segels wird als erstes am neuen Segel angesteckt. Zur gleichen Zeit wird der Holepunkt auf der Luvseite entsprechend verändert.
Der Vorschiffsmann muß dann nur noch das alte Segel vom Vordeck ziehen und dessen Fall am Mast belegen.

Genuawechsel: Innen überlappend – ohne Wende

Sollte ein Vorsegelwechsel nötig werden und die Luvkeep ist frei, eine Wende aber aus irgendwelchen Gründen nicht möglich, dann müssen Sie einen überlappenden Segelwechsel unter Beibehaltung des Kurses durchführen.

Das ist aus zwei Gründen etwas komplizierter als der Segelwechsel in einer Wende. Erstens muß man eine zweite Leeschot riggen, und zweitens kommt das alte Segel in der Abdeckung des neuen herunter. Deshalb kann es nötig sein, zwei Mannschaftsmitglieder auf das Vorschiff zu schicken, um das alte Segel schnell und sicher zu bergen. Falls es größer ist als das neue und dieses erheblich überlappt, kann es schwer sein, das neue innen zu setzen. Es gibt immer Schwierigkeiten, wenn die Schotführung des alten Segels innerhalb der Wanten verläuft, die neue aber außerhalb. Im letzteren Fall ist es die schnellste Lösung, wenn man eine Hilfsschot an das kleinere, nicht überlappende Segel anschlägt und sie über die äußere Schiene führt, bevor man mit dem Wechsel beginnt.

Das Manöver läuft zunächst weitgehend wie beim Segelwechsel während einer Wende ab:

1. Das neue Segel wird an Deck gebracht, zusammen mit dem Luvfall zum Bug geschafft und in den Feeder und das Profilstag eingeführt.

2. Der Trimmer riggt eine zweite Leeschot gemäß den Anforderungen des neuen Segels. Als Alternative kann eine Hilfsschot nötig werden, falls derselbe Genuarutscher auch für das neue Segel gebraucht wird. Dadurch wird es möglich, den Holepunkt richtig einzustellen, sobald das neue Segel gesetzt ist.

3. Die unbelastete Schot wird vom alten Segel gelöst, richtig geführt und am neuen Segel befestigt.

4. Das neue Vorsegel wird gesetzt und das Fall bis zur Markierung durchgeholt.

5. Die Schot des neuen Segels wird dichtgeholt; vom alten Segel wird die Schot gelöst, wenn es geborgen ist.

6. Das alte Segel wird gefiert (damit das reibungslos klappt, muß das Fall des alten Segels klar zum Laufen sein). Wenn das Segel fällt, muß der Vorschiffsmann ganz vorne hocken und das Vorliek aus dem Profilstag ziehen. Ein anderer Mann zieht das Segelbündel unter der neuen Genua hervor auf die Luvseite. Es kann eine große Hilfe sein, wenn der Hals abgeschäkelt wird, sobald Lose in das Fall kommt, denn dann kann das Segel schon nach achtern gezogen werden, während es noch an Deck geholt wird.

7. Das alte Segel wird zusammengelegt, im Sack verstaut (oder unter Deck) – und schon ist der Job erledigt.

Abb. 1.5 Vorsegelwechsel auf Kurs – Innen

1
In diesem Beispiel wird von einer Genua auf eine hochgeschnittene Fock gewechselt.
Die Fock ist gesetzt, die Schot (rot gezeichnet) ist angesteckt und läuft durch den richtigen Holepunkt. Das größere Segel treibt die Yacht noch immer an.
Der Mann im Niedergang steht klar, um das Genuafall zu fieren, und der Vorschiffsmann steht am Steven, um den Hals des alten Segels abzuschlagen und es unter dem Fußliek der neuen Fock durchzuziehen.

2
Das Genuafall wurde losgeworfen, der Vorschiffsmann greift ins Vorliek des alten Segels und holt es schnellstmöglich herunter.
Die Genuaschot wurde abgeschlagen, damit das geborgene Segel zur Gänze unter der Fock hindurch aufs Luv-Seitendeck gebracht werden kann. Manchmal sind beide Segel so spritzwasserdurchtränkt, daß sie aneinander kleben und die dadurch entstehende Reibung dem Vorschiffsmann die Arbeit erschwert. Ein zuvorkommender Rudergänger, der dies kommen sieht, wird kurz anluven, damit sich die Tücher durch Vibration voneinander lösen und das alte Segel schleunigst fallen kann.

Genuawechsel: Außen – ohne Wende

Dieses Manöver wird notwendig, wenn ein Genuawechsel ansteht und nur die Leekeep und das Leefall frei sind. Falls das alte Segel noch mit einer Cunninghamkausch am Vorliek ausgestattet ist, mit deren Hilfe man den Hals ausschäkeln kann, erhält man einen Schlitz, durch den man das neue Segel vorheißen kann. Sonst ist es vor allem auch ein Raumproblem, wie man das neue Segel unter dem Fußliek des alten Segels hindurch einfädelt und es zwischen Segel und Seereling klar zum Setzen bekommt.

Weitere Probleme sind: Der Kopf des neuen Segels wird beim Durchschieben unter dem Fußliek des alten verdreht, oder das neue Segel wird dabei von den Wellen nach achtern gewaschen.

1. Die Vorbereitungen sind praktisch dieselben wie beim Segelwechsel auf der Innenseite, nur daß jetzt das Fall auf der Leeseite der alten Genua verlaufen muß. Das neue Segel wird an Deck gebracht, eine zweite Leeschot muß geschoren werden, dann wird die unbelastete Schot des alten Segels gelöst und am neuen Segel angeschlagen.
2. Das Segel muß so zusammengelegt sein, daß das Vorliek sauber übereinander liegt. Der Segelsack muß bis auf zwanzig oder dreißig Zentimeter an den Vorsegel-Halsbeschlag herangebracht werden. Der Vorschiffsmann nimmt dann den Kopf des neuen Segels und führt ihn durch den Feeder in das Profilvorstag ein. Dann befestigt er das Fall.
3. Der Mastmann kurbelt vorsichtig das neue Segel hoch, während der Vorschiffsmann es unter dem Fußliek des alten hindurchzieht und in den Feeder und das Profilvorstag einführt. Der Vorschiffsmann muß über dem Vorsteven im Bugkorb arbeiten und sich um die Leeseite des alten Segels herum krümmen. Er sollte den Hals anschäkeln, sobald das Segel fast vollständig gesetzt ist.
4. Sobald das Segel ganz gesetzt und das Fall bis zur Markierung durchgeholt ist, wird die Schot des neuen Segels dichtgekurbelt. Gleichzeitig wird das alte Segel in derselben Weise geborgen wie beim Segelwechsel in der Wende.

Faßt der Wind in die neue Genua und bläst sie auf, oder wird sie während des Setzens nach achtern gewaschen, besteht die Gefahr, daß das Vorliek aus dem Feeder und dem Profilvorstag gezogen wird. Aus diesem Grund muß der Mastmann das Fall langsam durchsetzen und dabei den Vorschiffsmann ständig beobachten. Sollte das Segel aus dem Profilvorstag gerissen werden, bleibt nichts anderes übrig, als es wieder ganz zu bergen und von vorne zu beginnen.

1.10 *Hier hält der Vorschiffsmann den Kopf des Segels, das unter dem Fußliek des arbeitenden Segels hindurch gesetzt werden soll, und führt ihn in die Leenut ein. Das neue Segel liegt in seinem Sack zwischen dem Unterliek des arbeitenden Segels und der Seereling.*

1.11 *Der Vorschiffsmann bleibt am Steven, um das Vorliek in die Nut einzuführen, während das Segel gesetzt wird.*

Zusammenlegen einer Genua auf dem Seitendeck

Hat man auf der Kreuz Vorsegel gewechselt und ist es bis zur nächsten Bahnmarke oder zum Ziel noch eine gute Strecke Weges, muß man das alte Segel möglichst unverzüglich richtig zusammenlegen. Bei leichtem Wind kann es vorteilhaft sein, das unter Deck zu besorgen, aber in den meisten Fällen ist ein Auftuchen auf dem Seitendeck in Luv günstiger.

Die exakte Technik wird von den Gegebenheiten auf der Yacht und den Umständen abhängen, aber es gibt einige Regeln, die man fast immer beachten muß:

1. Das Vorliek sollte zuerst gefaltet werden, wobei man das Liektau in jeder Falte etwas weiter nach hinten versetzt.
2. Das Vorliek sollte nach Luv zeigen – also nach vorne, wenn Sie am Wind segeln –, das ermöglicht dem Wind, einen Teil der Arbeit zu tun, weil er den Rest des Segels nach hinten bläst und dabei in eine Art Form bringt.
3. Das Gewicht der Crew sollte dabei so weit wie möglich in Luv plaziert bleiben. Häufig reicht es schon aus, daß alle auf der hohen Kante ein paar Zentimeter nach innen rutschen, während das Segel hinter ihnen zusammengelegt wird. Geht das nicht, sollte nur eine Mindestzahl ihren Platz an der Seereling verlassen.
4. Setzen Sie keine perfekte Auftuch-Arie wie an Land in Szene. Solange das Vorliek sauber sortiert liegt, das Segel nicht verdreht ist und es in seine Wurstpelle von Sack paßt, ist alles in bester Ordnung.
5. Denken Sie daran, einen Zeiser fest um das Vorliek zu knoten, bevor Sie das Segel in den Sack stecken.
6. Verstauen Sie das Segel im *richtigen* Sack! Das klingt selbstverständlich, aber dies ist eine der wenigen Gelegenheiten, bei der man unter zwei Segelsäcken zu wählen hat, und da ist es unglaublich leicht, einen Fehler zu begehen.

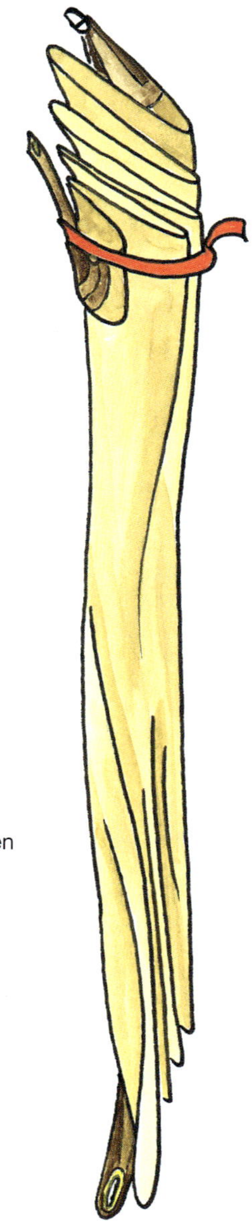

Abb. 1.6 Zusammenlegen einer Genua auf See

1.12 *Zusammenlegen des Segels auf dem Luv-Seitendeck: Die Crew beläßt dabei ihr Gewicht so weit wie möglich in Luv. Versuchen Sie nicht, perfekt zu sein, das können Sie an Land oder unter Deck erledigen.*

Setzen des Spinnakers: Allgemeines

Wie bei den meisten Manövern ist auch das schnelle und effektive Setzen des Spi von der Vorbereitung und dem einwandfreien Funktionieren des Materials abhängig. Es gibt viele verschiedene Techniken, die bei den unterschiedlichsten Bedingungen angewendet werden können, und mit einigen davon werden wir uns kurz beschäftigen. Zuvor wollen wir uns jedoch die Zeit nehmen, einige der grundlegenden Voraussetzungen im Detail zu beleuchten.

Ehe der Spinnaker oben ist und vollsteht, liefert die Genua den Vortrieb; folglich muß sie richtig eingestellt werden. Das gilt nur für den Fall nicht, daß Sie rasch abfallen und während des Abfallens den Spi ziehen. In diesem Fall muß die Genua nur leicht aufgefiert werden, damit man das Groß beim Abfallen weit aufmachen kann. Ein sauberes Trimmen ist dann nicht nötig und kann das schnelle Setzen des Spis behindern.

Selbstverständlich muß die Genua richtig eingestellt werden, wenn es zwischen dem Abfallen und dem Setzen des Spi Verzögerungen gibt.

Das Segel muß meistens so flott wie möglich gesetzt werden, was bedeutet, daß das Fall so geführt werden sollte, daß es schnell gezogen werden kann. Üblicherweise benutzt man einen Mastauslaß etwa zwei Meter über Deck, damit der Mastmann das Segel zügig hochziehen kann und ein zweiter Mann nur die Lose wegholt. Sobald der Spi steht, kommt plötzlich erheblicher Zug auf das Fall, daher sollte es durch einen Stopper oder mit ein paar Törns über eine Winsch geleitet werden, auf daß der Mastmann nicht in den Mast hochgezogen wird.

Sollte das Deckslayout der Yacht keinen Mastauslaß in Kopfhöhe oder darüber haben, treten die Fallen also am Mastfuß aus, dann muß die Zugrichtung in einer Bucht nach oben verlaufen, aber in Laufrichtung des Falls über Deck. Achtung: Nicht direkt vor der Winsch arbeiten, auf die die Törns genommen werden sollen!

Der Spi muß so eingepackt worden sein, daß er sich nicht vertörnen kann, wenn er gesetzt wird. In den meisten Fällen wird das unterstützt, wenn der Hals des Segels ans Ende des Spibaums gezogen wird, sobald das Segel in die Höhe steigt. Dabei wird man den Hals so weit nach vorne ziehen, wie es das Vorstag erlaubt. Erst wenn das Segel fast ganz gesetzt ist, holt man das Unterliek mit dem Baum aus.

Außer bei sehr leichtem Wind ist es unklug, den Spinnaker Wind fassen zu lassen, bevor er fast am oberen Scheibgatt angekommen ist, weil es sonst sehr, sehr harte Arbeit bedeutet, die letzten Meter des Falls dicht zu kurbeln. Folglich sollte die Schot nicht durchgeholt werden, bevor das Segel fast oben ist, immer nur gerade so viel, daß das Unterliek längs Deck gezogen wird, wenn es aus dem Sack kommt. Dann gibt man wieder Lose in die Schot. Auch das kann verhindern, daß sich das Segel vertörnt. Bei großen Spinnakern und besonders bei denen, die man bei hohen Windgeschwindigkeiten benutzt, kann es empfehlenswert sein, ungefähr jeden Meter ein Gummiband oder ein Wollbändsel um das Segel zu knoten, damit man den Spi erst ganz vorheißen kann, bevor er sich zu füllen beginnt.

Der Spibaum sollte in etwa auf die richtige Höhe eingestellt sein, bevor man den Achterholer anzieht, weil sonst die vertikale Kraftkomponente des Achterholers der verhältnismäßig schwachen Kraft des Toppnants direkt entgegen wirkt und ein späteres Anheben des Baums verhindern kann.

Die meisten Manöver zum Setzen des Spi finden während des Abfallens vom Am-Wind-Kurs oder auf einem Kurs gut voll und bei statt. In beiden Fällen ist es leichter für den Mastmann, auf der Luvseite zu arbeiten. Außerdem kann man für das erste Setzen das Leefall benutzen, was erlaubt, den Spi hochzuziehen, ohne daß sich Fallen kreuzen. Allerdings schert man die Spifallen im Mast häufig so, daß das Fall, das oben an Backbord austritt, unten an Steuerbord liegt und umgekehrt.

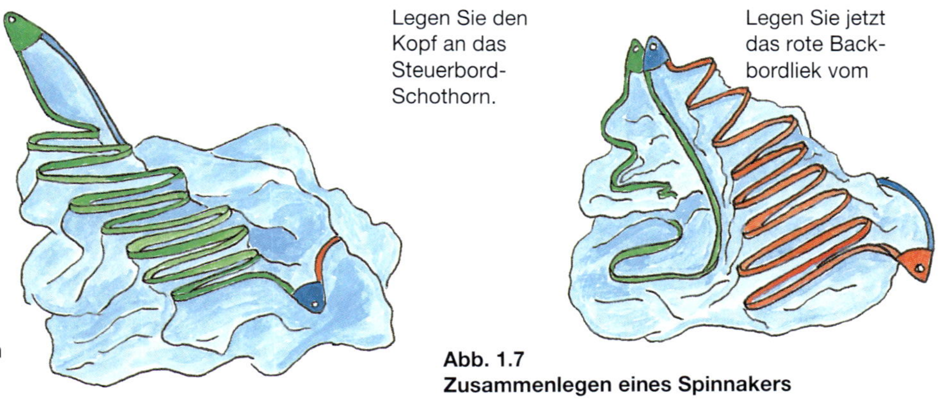

Abb. 1.7
Zusammenlegen eines Spinnakers

Setzen des Spinnakers beim Abfallen

Wie schon ausgeführt, kommt dies am häufigsten vor und sollte bei guter Vorbereitung ein leichtes Manöver sein, ausgenommen vielleicht unter sehr stürmischen Bedingungen. Aber wie alle anderen Manöver kann es genauso schnell schiefgehen, es sei denn, die Crew weiß genau, was sie zu tun hat.

Bei dieser Art des Setzens kann man das Segel nach Belieben zwischen dem Bugkorb und dem Mast plazieren. Bringt man es weit nach vorne, entsteht nur der Nachteil, daß der Vorschiffsmann beim Anschäkeln ganz vorne hocken muß. Als Faustregel kann man sich merken: Je weiter der Wind von achtern einfällt, desto weiter nach vorne sollte der Segelsack gebracht werden; aber wie schon gesagt, ist das nicht entscheidend.

Kreuzt man zu einer Bahnmarke in Luv auf, ist es offensichtlich sinnvoll, das Spisetzen so zu planen, daß der größte Teil der Vorbereitungen auf der Luvseite getroffen werden kann. Das bedeutet häufig, daß man den Spibaum auf dem einen und das Segel auf dem anderen Bug vorbereitet. So können alle Vorarbeiten auf der Luvkante durchgeführt werden.

Der Ablauf des Manövers wird leicht variieren, je nachdem, welchen Kurs Sie laufen oder ob Sie vor dem Setzen nochmals wenden müssen. Aber im allgemeinen wird es wie folgt ablaufen:

1. Die Cockpitcrew entfernt die Knoten (falls noch vorhanden) aus den Schoten und Achterholern und führt sie, falls nicht schon geschehen, korrekt nach vorne, wo sie die Schnappschäkel befestigt.
2. Der Vorschiffsmann vergewissert sich, daß die Nock des Spibaums auf der richtigen Seite des Vorstags liegt (ggf. auch auf der richtigen Seite des Babystags). Gleichzeitig führt er den Achterholer durch den Spibaumbeschlag. (Foto 1.14)

1.13 *Schot und Achterholer (hier auch das Fall) werden zum Setzen in Position gebracht.*

1.14 *Der Vorschiffsmann legt den Achterholer in den Nockbeschlag des Spibaums ein.*

3. Der Vorschiffsmann kontrolliert den Toppnant und hakt ihn am Mast ein. Sollten Sie nochmals wenden müssen, nimmt man den Toppnant in einer Bucht an den Mast und lascht ihn dort zeitweise fest, bis die Wende beendet ist.

4. Der Vorschiffsmann nimmt das Spifall und schäkelt es an derselben Stelle ein wie die Schoten und Achterholer. Benutzt man das Leefall am Masttopp, wird man es vor dem Setzen ins Lee der Genua bringen. Macht man das schon, während man noch auf dem anderen Bug segelt, kann das Fall direkt vom Mast an Deck geführt werden. Bringt man jedoch das Fall nach vorne, während man auf demselben Bug segelt, auf dem auch der Spi gesetzt werden soll, kann es ziemlich schwierig werden, das Fall auf dem Seitendeck in Lee frei von der Genua zu bewegen, besonders dann, wenn es sich um ein Drahtfall handelt, das sich geschmeidig dem Unterliek der Genua anpaßt. Man kann sich helfen, indem man einen Zeiser am Schnappschäkel befestigt und das Fall damit ins Lee der Genua herumzieht.

5. Ein Mannschaftsmitglied im „Keller" übergibt dem Mastmann oder dem Vorschiffsmann den Spinnakersegelsack, der ihn nach vorne bringt und dort befestigt. Wieder ist es einfacher, wenn man dabei auf dem anderen Bug segelt als auf dem, wo der Spi gesetzt werden soll.

6. Der Vorschiffsmann schäkelt Schoten und Achterholer in Schothorn und Hals ein; dabei achtet er darauf, daß er keine Kinken in das Segel bekommt. Steht das Setzen des Segels unmittelbar bevor, ist es auch an der Zeit, das Fall einzuschäkeln. Andernfalls sollte man damit noch etwas warten.

Normalerweise ist der Segelsack in Lee an der Seereling befestigt, aber bei sehr schwerem Wetter besteht die Gefahr, daß der Spi vor dem Setzen aus dem Sack gewaschen wird. Unter diesen Umständen und vorausgesetzt, daß Ihr Vordeck frei von scharfen vorspringenden Hindernissen wie Klampen o. ä. ist, scheint es mir eine gute Idee, den Sack in Luv zu befestigen. Die Schoten, Achterholer und das Fall werden dann unter dem Fußliek der Genua und unter dem Spibaum hindurch zum Spinnaker geführt. Wird das Segel gesetzt, zieht man es wie üblich hoch, aber von der Luvseite des Vordecks aus und nicht wie sonst von der Leeseite.

Der Spisack ist an der Luvreling befestigt. Schot, Achterholer und Fall sind am Segel angeschäkelt.

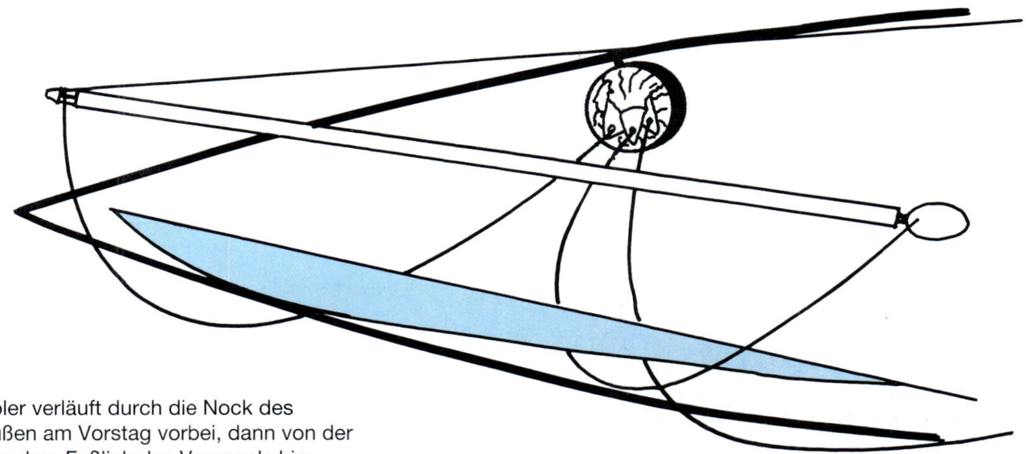

Der Achterholer verläuft durch die Nock des Spibaums außen am Vorstag vorbei, dann von der Leeseite unter dem Fußliek des Vorsegels hindurch. Vergewissern Sie sich, daß der Achterholer nicht unter oder zwischen den Relingsdurchzügen verläuft. Wenn der Achterholer zum Mast führt, achten Sie darauf, daß er nicht durch das so gebildete Dreieck verläuft, denn wenn der Baum vierkant gebraßt wird – nun, malen Sie es sich aus!

Das Spifall muß an der Leeseite des Vorsegels verlaufen, dann unter dem Fußliek hindurch; entsprechend verläuft die Schot. Achten Sie wieder auf die Relingsdurchzüge und den Niederholer.

Abb. 1.8 Setzen des Spinnakers – Segelsack in Luv

1.15 *Der Spibaum ist angetoppt worden. Der Mastmann ist bereit zum Setzen, der Fallenmann wartet darauf, die Lose des Falls um die Winsch zu legen. Der Achterholer liegt schon auf einer Winsch. Zwei Besatzungsmitglieder halten sich bereit, den Hals mit einem Ruck aus dem Sack an die Baumnock zu reißen. Einer holt die Lose, der andere steht an der Winsch klar. Hoffentlich hat der Vorschiffsmann nicht vergessen, den Segelsack zu öffnen!*

7. Der Mastmann kann den Baumbeschlag schon in der richtigen Höhe fixieren, auch wenn vor dem Ziehen des Spi noch eine Wende gefahren werden muß.

8. Kurz vor dem Setzen der Blase wird der Spibaum getoppt und der Segelsack geöffnet, falls das noch nicht geschehen ist. (Foto 1.15)

9. Bei Beginn des Abfallens sollte der Achterholer leicht geholt werden, bis der Hals des Segels an der Baumnock liegt, während der Baum nahezu am Vorstag anliegt. Das verhindert, daß sich das Segel vertörnt. Die Genuaschot muß etwas aufgefiert und dann belegt werden. Der Mastmann setzt das Fall so schnell

1.16 *Der Achterholer hat schon den Spi an die Baumnock gezogen. Der Mastmann reißt mit aller Kraft am Fall – aber der Trimmer wartet mit dem Anholen der Schot, bis das Segel ganz gesetzt ist.*

1.17 *Segel voll gesetzt, die Schot wird geholt und das Vorsegel geborgen.* ►

wie möglich durch, während der Fallenmann die Lose wegholt. (Foto 1.16)

10. Während der Spi steigt, muß der Achterholer gezogen werden, damit der Spibaum in der richtigen Position steht, wenn das Segel oben ist.

11. Sobald der Spi oben ist, fiert man das Genuafall und holt die Spischot, bis das Segel gefüllt ist. Es könnte nötig werden, etwas tiefer als den Idealkurs zu steuern, damit sich das Segel auch auf dem Kurs voll und bei füllt, aber man sollte das nicht übertreiben. Man birgt die Genua nicht sofort, weil die Luft, die das Vorsegel umfließt, in den Spi strömt und ein schnelles Setzen erheblich unterstützt. Aber sobald der Spi ganz oben ist, geht die Genua runter.

12. Die Genua ist geborgen – aufpassen, daß sie nicht über Bord gespült wird! Entweder legt man sie

Abb. 1.9 Spinnakersetzen beim Abfallen

1
Bei der Annäherung an die Bahnmarke hat das Boot den Spibaum in der richtigen Höhe gesetzt. Der Achterholer (rot) verläuft durch die Baumnock. Die unbenutzte Spischot (rosa) liegt auf dem Baumende. Der Spisack befindet sich in Lee des Vorsegels und ist klar. Die blaue Linie ist die nicht benutzte Schot des Vorsegels, die vor dem Toppnant verläuft.

2
Sobald das Boot die Tonne rundet, holt der Mastmann das Spifall durch, der Achterholer zieht den Spi zum Baum, und der Vorschiffsmann hilft der Blase aus dem Sack. Es nützt, wenn der Genuatrimmer seine Schot nicht völlig auffiert, sondern nur das Segel auf raumen Wind trimmt. Dadurch gibt es weniger Störungen zwischen der Genua und dem hochsteigenden Spi.

3
Die Blase steht und zieht, der Trimmer auf dem Luvdeck hat freie Sicht auf das Segel. Das Vorsegel ist fast geborgen und wird an Deck gesichert. Der Vorschiffsmann wird sein Gewicht so schnell wie möglich vom Vordeck auf die Luvseite befördern.

provisorisch auf dem Vordeck zusammen und sichert sie nur mit einem Zeiser um das Vorliek, oder sie wird vom Vordeck geholt, wenn sich abzeichnet, daß auf dem nächsten Schlag am Wind ein anderes Vorsegel benötigt wird.

13. Wenn der Spi oben und richtig eingestellt ist, muß man sich als nächstes darauf konzentrieren, das Rigg und das Großsegel zu optimieren. Die Kontroll-Leinen des Groß (Unterliekstrecker und Fall) müssen gefiert und der Niederholer auf die optimale Liekspannung eingestellt werden. Dann fiert man das Groß auf, bis es entweder an den Wanten anliegt oder gerade vor dem Killen steht.

Fällt der Wind achterlicher als querab ein, sollte man den Masttopp nach vorne trimmen. Dazu befestigt man das Genuafall am Vorsegel-Halsbeschlag, fiert Achterstag und Backstage und kurbelt dann das Genuafall auf Spannung. Aber bitte Vorsicht, falls das Fall nicht entsprechend markiert ist. Übertreiben Sie nicht, damit der Mast keine Kurve nach vorne bekommt. Falls Sie kein Instrument zum Ablesen der Mastbelastung haben, muß ein Mannschaftsmitglied am Mast bleiben und kontrollieren, daß der Topp so weit wie möglich nach vorne gekommen ist, der Mast aber immer noch gerade steht oder eine kleine Kurve nach achtern aufweist.

Abb. 1.9a Riggeinstellung vor dem Wind

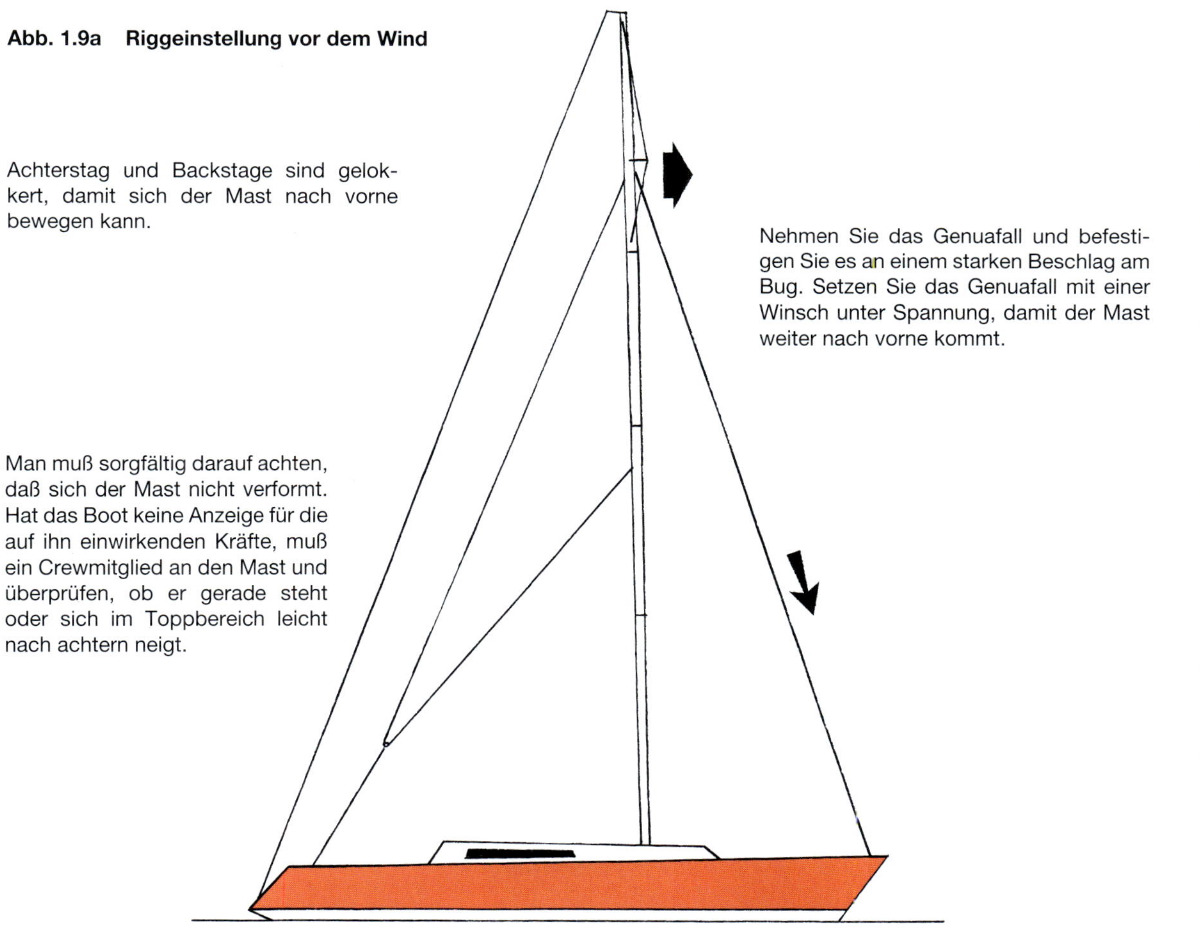

Spinnakersetzen bei einer Halse

Dieses Manöver wendet man an, wenn man sich einer Bahnmarke nähert, sie mit einer Halse runden muß, um den korrekten (oder günstigsten) Kurs zu segeln, und gleichzeitig den Spi setzen will. Bei sehr leichtem Wind wird man dieses Manöver vermeiden, weil es dann unwahrscheinlich ist, daß der Spi richtig zum Stehen kommt, wenn man vor dem Wind segelt. In diesem Fall wird das Setzen während des Abfallens, gefolgt von einer Halse, wohl immer das schnellere Manöver sein. Andererseits werden nur absolute Spitzencrews bei wirklich starkem Wind den Spi während einer Halse setzen, denn die Wahrscheinlichkeit eines Dramas ist hierbei verdammt groß.

Das Prinzip des Manövers ist sehr einfach: Nach dem Abfallen auf Vor-Wind-Kurs und vor der Halse zieht man die Blase und kontrolliert sie nur mit den Schoten. Sobald die Genua übergegangen ist, setzt man den Spibaum auf die richtige Höhe, holt den Achterholer durch, und auf geht's – gar kein Problem.

In der Praxis ist es nicht viel schwieriger, aber damit das Setzen erfolgreich verläuft, muß man gut vorbereitet sein. Dabei gibt es einige weit verbreitete Fehler, die man ausmerzen muß, soll das Ganze nicht mit einer Blamage enden.

1. Die Vorbereitungen laufen mehr oder weniger so ab wie beim Setzen während des Abfallens. Die Unterschiede sind:

a) Der Spinnakersack wird so weit vorn wie möglich plaziert, um störende Einflüsse auf die Genua zu vermeiden.

b) Liegt das Scheibgatt des Toppnants hoch genug, läßt sich das Setzen des Spibaums beschleunigen, indem man den Toppnant auf die Leeseite der Genua bringt, dann unter ihrem Fußliek durchnimmt und ihn an der Baumnock befestigt. Dadurch kann man den Baum sofort einstellen, nachdem die Genua übergegangen ist, und muß nicht abwarten, bis genug Lose in die Genuaschot gekommen ist.

c) Selbstverständlich muß man den Segelsack und den Baum auf der Seite klarmachen, die nach der Halse die richtige zum Setzen sein wird. Das heißt, der Baum muß beim Ansteuern der Bahnmarke auf der Leeseite liegen.

2. Sobald Sie sich der Bahnmarke nähern, geht der Bugmann nach vorne, um dem Spi aus dem Sack zu helfen und um sicherzustellen, daß sich die Genua nicht während der Halse an der Baumnock verhakt. Die Cockpitcrew bereitet sich wie beschrieben auf das Spinnakermanöver vor, nur daß der Großschot-Trimmer langsam die Schot auffiert, damit das Boot abfallen kann, bevor er das Großsegel in der Halse auf die andere Seite bringt. Natürlich muß auch der Genuatrimmer das Vorsegel übernehmen, nachdem er die Schot beim Abfallen etwas aufgefiert hat.

3. Fällt der Wind achterlicher als querab ein, kann der Spi gesetzt werden – so schnell es geht! Beide Schothörner werden mit den Schoten nach achtern gezogen, im Idealfall bis zu den markierten Einstellungen. Hat der Spi den Masttopp erreicht, bleibt er kurze Zeit ohne Baum stehen.

4. Sobald die Genua auf der neuen Seite steht, wird der Baum hochgeholt und der Achterholer durchgesetzt, der Spi wird wie üblich gefahren. Einer der häufigsten Fehler liegt darin, daß man zu nachlässig beim Halsen der Genua ist, weil man denkt, daß sie ohnehin geborgen wird. Wenn sie nicht schnell übergenommen und zumindest halbwegs dichtgeholt wird, werden entweder die Baumnock (die dann nicht hochgeholt werden kann) oder das leewärtige Schothorn mit der Schot unklar kommen (wodurch das Segel dann nicht gesetzt werden kann).

5. Wenn das Spifall oben in Position ist – oder vielleicht sogar eine Sekunde vorher –, wird das Genuafall losgeworfen. Das erlaubt dem Wind, in den Spi einzufallen, und hilft beim Setzen.

6. Der weitere Ablauf ist wie beschrieben.

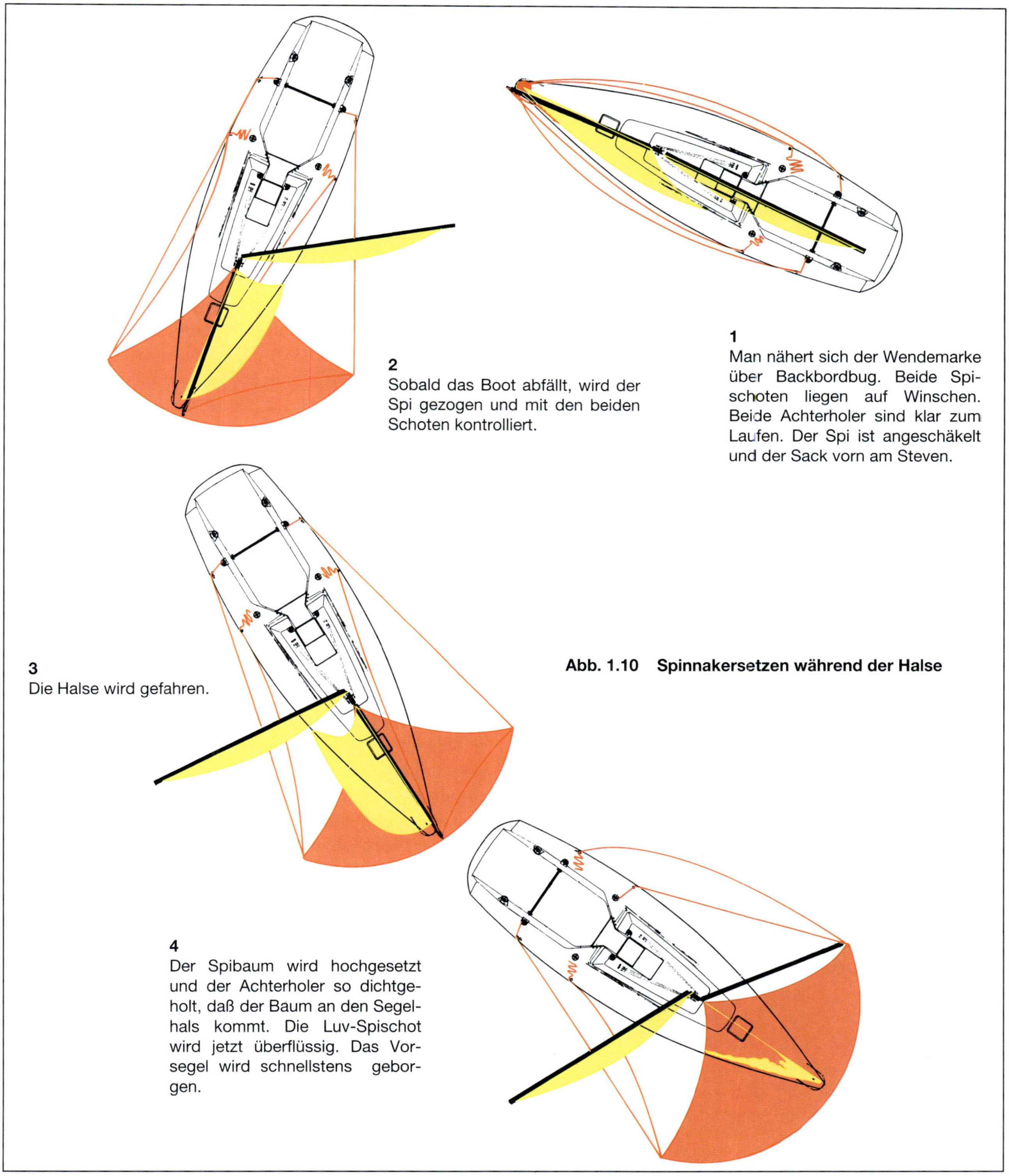

Abb. 1.10 Spinnakersetzen während der Halse

Spinnakersetzen nach einer Wende

Manchmal kommt es vor, daß man nach dem Passieren einer Bahnmarke wenden und kurzzeitig weiter am Wind segeln muß, bevor man abfallen und den Spi effektiv setzen kann.

Sollte das der Fall sein, lassen Sie den Spinnaker in Luv vorbereiten. Der Achterholer, die Schot und das Fall sind angeschlagen, der Achterholer ist in den Baumbeschlag eingelegt. Bringen Sie den Mastrutscher des Baums in die vorgesehene Stellung, lassen Sie aber genug Lose im Niederholer, damit der Baum später in die richtige Höhe gezogen werden kann. Der Vorschiffsmann nimmt den Toppnant unter der unbelasteten Schot hindurch, bevor er ihn anschäkelt. Gleichzeitig vergewissert er sich, daß die Baumnock in Luv des Vorstags liegt. Dann bringt er den Toppnant in einer losen Bucht zum Mast, wo er ihn entweder befestigt oder in der Hand behält, bis das Vorsegel übergegangen ist. Das Vorsegel sollte über den Baum rutschen, aber es könnte sein, daß ihm der Vorschiffsmann bzw. sein Assistent dabei helfen muß. Läuft man dann auf dem anderen Bug, kann der Spibaum hochgeholt werden. Danach folgt der übliche Ablauf eines Spimanövers während des Abfallens.

Halsen mit einem symmetrischen Spinnaker: Allgemeines

Das Halsen mit einem gesetzten Spi ist wahrscheinlich das Manöver, welches am meisten Schwierigkeiten bereitet. Schaut man einer Spitzencrew beim Halsen zu, ist das ein herzerfrischender Anblick und macht einem klar, daß keine Probleme entstehen müssen, sofern man gut vorbereitet ist und weiß, was abläuft.

Während der meisten Halsen hat man das Gefühl, daß der Vorschiffsmann die Kontrolle hat und daß es sein Fehler ist, wenn etwas schiefläuft. Tatsächlich hat aber der Steuermann die Kontrolle (jedenfalls sollte er sie haben), und es liegt an ihm, ob das Manöver spielerisch leicht aussieht oder aber in einer Katastrophe endet. Es ist klar, daß die gesamte Crew harmonisch zusammenarbeiten muß. Jedes Mannschaftsmitglied kann das Manöver verpatzen oder es unnötig erschweren. Aber ganz allgemein gesagt: Geben Sie dem Mann am „Rohr" die Schuld, wenn Sie querschlagen und sich der Spi um das Vorstag gewickelt hat. Der Rudergänger muß das Boot unter Spinnaker sicher steuern können und ein gutes Gefühl dafür haben, wann er die Situation so beherrscht, daß er das Manöver einleiten kann.

Die kritischste Phase jeder Halse ist der Moment, in dem der Spi vom Baum gelöst wird, so daß er frei in den Schoten fliegt. Das ist der Augenblick, in dem der Spi die Herrschaft über das Boot übernehmen und es in wilde Rollbewegungen versetzen kann. Folglich müssen vor dem Lösen des Baums nicht nur der Steuermann vorbereitet sein, sondern auch die Trimmer, die die Schoten voll unter Kontrolle halten müssen.

Damit sich die ganze Crew beim Halsen mit Spi sicher fühlt, sollte man vorher das Segeln ohne Spibaum üben. Versuchen Sie, vor dem Wind ganz normal zu segeln, dann lassen Sie den Baum wegnehmen, als ob Sie halsen wollten. Jetzt segeln Sie einfach ohne Baum weiter und lassen den Spi durch die Schoten kontrollieren. Nachdem sich das eingespielt hat, lassen Sie wieder den Baum setzen und den Achterholer durchsetzen, nur um das Spielchen noch mehrmals zu wiederholen. Haben alle auf dem Kurs vor dem Wind Sicherheit gewonnen, ändern Sie den Kurs leicht nach beiden Seiten, damit Sie erkennen, was passiert, wenn Sie gezwungen sind, etwas abzufallen oder anzuluven. Diese Übungen werden allen an Bord das Gefühl dafür vermitteln, wie man den Spi kontrolliert und mit ihm spielt, sogar wenn mal mitten im Manöver etwas schiefläuft oder länger dauert als vorgesehen. Natürlich sollte man mit diesen Übungen bei handigen mittleren Winden beginnen. Erst wenn das zu langweilig wird, sollte man etwas härtere Bedingungen wählen.

Es ist immer das Ziel, den Spi während der Halse gefüllt zu halten. Bei leichten Winden wird die Fahrt aus dem Schiff gehen, wenn der Spi zusammenfällt. Bei kräftigem Wind besteht die konkrete Gefahr, daß der Spi reißt, wenn er sich schlagartig füllt. Nach dieser Warnung muß noch gesagt werden, daß es beim Runden einer Bahnmarke – besonders unter Land – wichtiger als alles andere sein kann, auf der Innenseite eines Gegners zu bleiben. Aber üblicherweise ist es das Hauptziel, den Spinnaker gefüllt zu halten.

Spinnaker-Durchschwinghalse – Von vor dem Wind auf vor den Wind (bei mittleren Windstärken)

Während mittlerer Windstärken zu halsen, sollte keine Probleme aufwerfen. Der Spi fliegt fröhlich vor dem Boot, und es sollte keine Schwierigkeiten bereiten, die Yacht zu kontrollieren. Die Halse von achterlichem Wind auf achterlichen Wind ist am einfachsten, weil der Spibaum schon vor dem Manöver weit nach achtern geholt ist.

Der Ablauf wird etwa folgendermaßen aussehen:

1. Ankündigungskommando: „Klar zur Halse!" Die Crew nimmt ihre Positionen ein. Vom unbelasteten Achterholer wird ein Törn um die Winsch gelegt, der Vorschiffsmann nimmt eine Bucht des unbelasteten Achterholers, dann bleibt er in Bereitschaft direkt vor dem Mast stehen, bis das Manöver beginnt. Tritt die Reißleine in der Mitte des Baums aus, kann der Vorschiffsmann selber den alten Achterholer aus der Baumnock ausreißen. Die unbelastete Schot wird auf ihre Winsch gelegt und die Lose rausgenommen. Die Backstage werden vorbereitet, das neue Backstag wird auf eine Winsch genommen, eine Kurbel wird aufgesetzt. Die holende Part des alten Backstags wird klariert, damit sie nach der Halse leicht auslaufen kann. Der Großschot-Trimmer holt den Traveller mittschiffs und sichert ihn dort. Er bereitet sich in Abhängigkeit von der Windstärke darauf vor, entweder den Baum mit Schwung auf die andere Seite zu werfen oder die Schot erst dichtzuholen und dann auf der neuen Seite zu fieren. Der Spibaum ist am Mast auf die richtige Höhe eingestellt, der Toppnant ist klar zum Fieren. (Anmerkung: Hat der Toppnant sowohl einen Stopper am Mast als auch einen Klemmstopper oder eine Winsch weiter achtern, kann man ihn am Mast beklemmen und bis zum achteren Stopper so viel Lose vorsehen, daß man in der Halse den Toppnant aus der Mastklemme reißen kann und er dann genau in die richtige Höhe fällt.)

2. Der Rudergänger überzeugt sich, daß alles klar ist, dann ruft er: „Ich halse!" Jetzt rennt der Vorschiffsmann nach vorne, die Bucht des unbelasteten Achterholers und die Reißleine hat er immer noch in der Hand. Die neue Schot wird weiter gestrafft, um die alte Schot zu entlasten, die jetzt ein wenig gefiert wird. Muß das Großsegel mittschiffs geholt werden, zieht es der Trimmer dicht, so schnell er kann. Falls das nicht möglich ist, wartet er, bis die Yacht leicht übersteuert ist, dann wirft er das Groß über.

3. Kurz bevor die Yacht übersteuert wird, ruft der Rudergänger: „Ausreißen!" Bei diesem Kommando zieht der Vorschiffsmann (sitzt die Reißleine am Mast: der Mastmann) die Reißleine, um den alten Achterholer zu lösen. Gleichzeitig fiert der Mastmann den Toppnant bis zur festgelegten Marke, so daß der Baum in die Hände des Vorschiffmanns fällt.

4. Sobald das Großsegel über die Mittschiffslinie geht, wird das neue Backstag bis zur Markierung gespannt und das alte Backstag losgeworfen. Ist das alte Backstag gefiert, wird das Groß auf der neuen Seite zügig aufgefiert. Zur gleichen Zeit wird der Spibaum vom Vorschiffsmann in die Mitte gezogen. Wenn die Nock an ihm vorbeischwingt, legt er den unbelasteten Achterholer ein, der Verschluß schließt automatisch. Dann ruft er: „Fertig!"

5. Beim Ruf „Fertig!" vom Bug kurbelt der Mastmann den Toppnant bis zur Marke, der Fallenmann holt die Lose weg. Gleichzeitig wird der neue Achterholer angeholt. Diese beiden Operationen müssen synchron erfolgen, damit die Baumnock in einem schönen Kreisbogen nach oben und nach achtern schwingt. Wird der Baum zu schnell getoppt, besteht die Gefahr, daß die Baumnock sich durch den Fuß des Spi bohrt. Andererseits wird es schwierig oder unmöglich, den Toppnant richtig einzustellen, wenn der Achterholer zu schnell dichtgeholt wird.

Wenn der Achterholer geholt wird, muß die alte Schot aufgefiert werden, damit der Hals des Segels an die Baumnock rutschen kann. Zwischen Schot- und Achterhol-Trimmern muß die Zusammenarbeit klappen, sonst kann der Spi nach vorne auswehen und zusammenfallen.

1.18 *Der Spibaum ist vom alten Achterholer befreit, der Spi wird nur von den Schoten kontrolliert. Der Toppnant ist gefiert, damit der Baum klar vom Vorstag schwingen kann. Der Vorschiffsmann benutzt den Niederholer, um den Baum nach innen zum Steven zu ziehen. Er hält den neuen Achterholer bereit, um ihn in die Baumnock einzulegen. Wie es aussieht, wird er ein kleines Problem mit der Genuaschot bekommen, die sich schön um das Baumende gewickelt hat.*

1.19 *Bevor er den neuen Achterholer einlegen kann, muß er die Genuaschot klarieren. Sobald der Achterholer eingelegt ist, ruft er: „Fertig!"*

Spinnaker-Durchschwinghalse – Von raumem Wind auf raumen Wind (bei mittleren Windstärken)

1.20 *Auf geht's. Der neue Achterholer wird geholt, der Toppnant zieht den Baum in die richtige Höhe. Die Genuaschot wird schließlich an Deck fallen und kann später völlig klariert werden. Die wichtigste Arbeit ist, den Baum zu setzen. Alles andere kann warten.*

Die Halse von raumem Wind auf raumen Wind unterscheidet sich nicht wesentlich von der vor dem Wind, aber es gibt doch genug Unterschiede, um dieses Manöver separat zu behandeln.

1. Alle Vorbereitungen laufen ab wie vorher beschrieben, außer daß man den alten Achterholer beim Abfallen nach achtern dichtholt. Folglich muß der Bediener dieser Leine in Bereitschaft sein.

2. Sobald der Steuermann beginnt abzufallen, müssen mehrere Dinge gleichzeitig geschehen:

a) Der benutzte Achterholer muß dichtgeholt werden, damit der Baum nach hinten schwingt.

b) Der Niederholer sollte aufgefiert werden, wenn der Baum nach achtern kommt.

c) Die Großschot muß gefiert werden, damit das Boot abfallen kann.

d) Die benutzte Schot muß mitgefiert werden, damit der Spi richtig steht.

3. Läuft das Schiff platt vor dem Laken, führt man die Halse wie oben beschrieben aus, bis vom Vorschiffsmann der Ruf „Fertig!" kommt.

4. Sobald der neue Achterholer in der Baumnock liegt, setzt der Rudergänger die Drehung fort und nähert sich dem neuen raumen Kurs. Der neue Achterholer darf nicht zu stramm durchgesetzt werden, weil sonst der Spi einfallen kann. Im Idealfall sollte der Baum bis zum Schothorn geholt werden, um dann wieder nach vorn gefiert zu werden. Wenn der Baum nach achtern kommt, wird die alte Schot gefiert, damit das Schothorn nach vorn rutschen kann. Wieder ist gute Zusammenarbeit zwischen den Trimmern von größter Wichtigkeit.

5. Bei der Raumschotshalse ist den Backstagen erhöhte Aufmerksamkeit zu widmen. Verschärfend kommt hinzu, daß das neue Backstag schnell und aufmerksam bedient werden muß. Fällt das Boot vom

6. Ist die Halse beendet, kann der Steuermann auf den beabsichtigten Kurs gehen. Die Trimmer folgen der Bewegung der Yacht mit ihren Schoten. Sollten Backstage gefahren werden, muß das neue Backstag langsam an seine Markierung geholt und dabei die Mastbiegung kontrolliert werden.

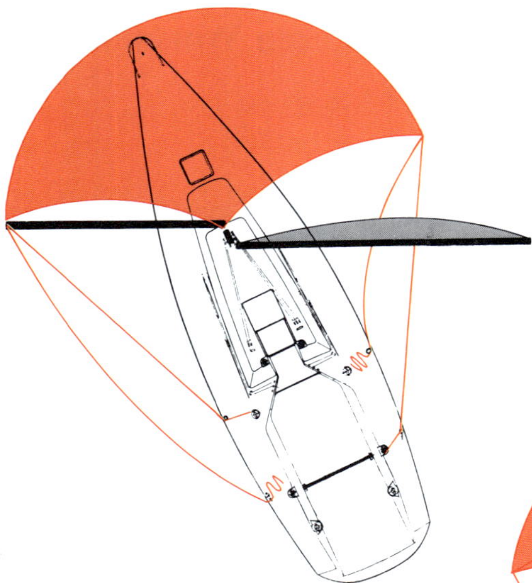

3
Der Achterholer zieht den Spibaum nach hinten an den neuen Spinnakerhals, die alte Schot wird aufgefiert. In Abstimmung mit dem Toppnant sollte der Baum in weichem Bogen nach oben und achtern schwingen.

2
Der Spibaum ist vom Achterholer befreit und schwingt beim Fieren nach vorne. Der Spi wird nur von den Schoten kontrolliert, der alte Achterholer steht nicht mehr unter Last. Das Groß wird gehalst. Sobald der Spibaum durchgeschwungen ist, wird der neue Achterholer in die Baumnock eingelegt.

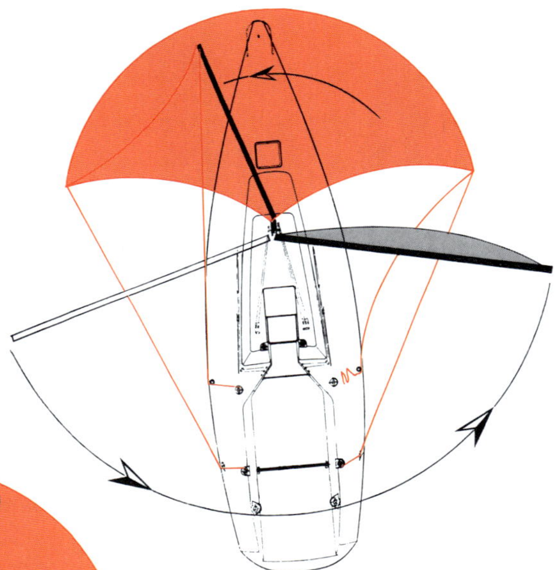

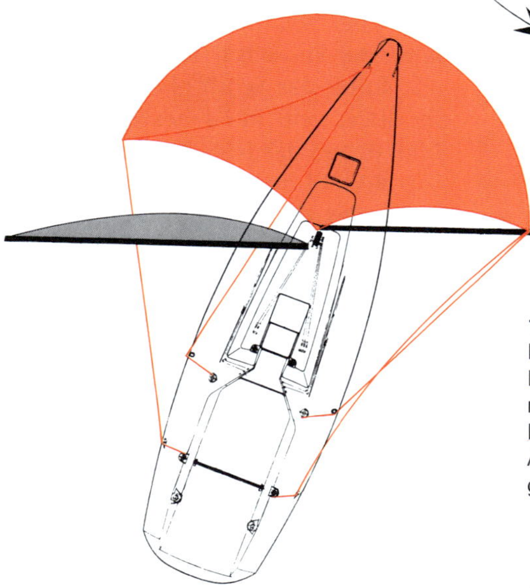

1
Kurz vor der Halse hat der Vorschiffsmann eine lange Bucht des Achterholers mit in den Stevenbereich genommen. Das andere Ende wird auf eine Winsch gelegt. Die freie Spischot wird klargemacht, um die Arbeit des Achterholers zu übernehmen, sobald der Spibaum weggefiert wird.

Abb. 1.11 Spinnaker-Durchschwinghalse

raumen Kurs ab, und das Groß wird aufgefiert, muß auch das Backstag gefiert werden – aber dann, sobald man vor dem Wind läuft und das Großsegel zur Mitte geholt wird, muß dasselbe Backstag blitzschnell dichtgesetzt werden, während das leewärtige gelöst wird.

6. Der andere wichtige Aspekt ist schiere Geschwindigkeit. Ziel ist, die Yacht gleichmäßig vom Raumwindkurs über den Vorwindkurs auf den neuen raumen Kurs zu drehen. Die Halse muß genau bei achterlichem Wind gefahren werden – und keinen Deut früher oder später. Ergibt sich eine Verzögerung beim Umstecken der Achterholer am Baum, muß der Rudergänger darauf vorbereitet sein, die Drehung zu verlangsamen und den Zeitverlust in Kauf zu nehmen.

Spinnaker-Durchschwinghalse – Bei schwerem Wetter

Um bei sehr starken Winden eine Durchschwinghalse erfolgreich durchführen zu können, muß das Verständnis der ablaufenden Vorgänge perfekt sein, und das Manöver sollte vorher unter günstigen Bedingungen eingeübt werden. Eine Raumschotshalse kommt nicht in Betracht, da sie mit fast absoluter Sicherheit in einem Desaster enden würde. Muß man aber auf raumen Kurs gehen, fällt man zuerst auf vor dem Wind ab, halst und luvt dann wieder vorsichtig auf den neuen Raumschotskurs an.

In den meisten Fällen gibt es nur wenige Unterschiede zwischen der Vorwindhalse bei mittleren Winden und demselben Manöver bei Starkwind. Der Hauptunterschied liegt darin, daß Fehler – bei mittlerem Wind noch trivial – zu einer Katastrophe führen können, wenn es aus allen Knopflöchern weht und hohe Seen angerauscht kommen.

Wir sehen uns die hauptsächlichen Unterschiede beim Halsen unter mittleren oder schweren Wetterbedingungen an und auch die Gebiete, auf denen die meisten Fehler gemacht werden.

1. Steuern Sie einen sehr raumen Kurs, schon beinahe vor dem Wind, bevor Sie mit dem Halsen beginnen können.

2. Wenn Sie surfen, sollten Sie die Halse bei maximaler Geschwindigkeit durchführen und falls möglich während der Wind kurz aussetzt. Halsen Sie nie, wenn eine Bö voll einfällt, und versuchen Sie, die Halse zu beenden, bevor sich der Bug in die See voraus bohrt. (In diesen beiden üblen Situationen nimmt der scheinbare Wind erheblich zu, was die Halse nur um so schwieriger macht.)

3. Der Spi muß die ganze Zeit sicher beherrscht werden. Das bedeutet, daß die Holepunkte für die alte und die neue Schot weiter vorn gefahren werden (Rennyachten haben dafür einen Tweaker), damit man das Liek kontrollieren und die Zunahme des Twists begrenzen kann. Einer der häufigsten Fehler liegt darin, daß man vor dem Herausnehmen des alten Achterholers an der Baumnock zu wenig Spannung auf die neue Schot gibt. Der Trimmer muß die neue Schot so dichtkurbeln, bis sie nahezu unter derselben Kraft steht wie der Achterholer – andernfalls wird das Schothorn des Segels nach vorn schießen, sobald der Achterholer ausgehakt ist. Das wird sowohl Probleme beim Steuern als auch beim Spinnaker selbst bereiten.

4. Das Boot sollte hinter dem Spi hergesteuert werden, besonders während der Zeit, in der er frei fliegt, nur von den Schoten gehalten. Erinnern Sie sich, daß das viel Einfühlungsvermögen verlangt – etwa vergleichbar dem Skilaufen auf steilem Hang, wo man ständig umspringen muß, kaum daß man die letzte Drehung beendet hat. Auch hier muß der Steuermann in Gedanken immer zwei oder drei Sekunden voraus sein. Beginnt der Spi, nach Steuerbord zu rollen, sollte das Boot schon auf dem Weg in diese Richtung sein, sonst sorgen das Beharrungsvermögen und die Verzögerung zwischen dem Legen des Ruders und der Reaktion des Bootes dafür, daß Sie aus dem Schwingungstakt kommen.

5. Das Großsegel wird in der Halse fast immer erst mittschiffs geholt werden müssen, damit es nicht mit zuviel Wucht auf die andere Seite überschlägt. Das ist harte körperliche Arbeit, und auf großen Yachten kann der Großschot-Trimmer dabei Hilfe gebrauchen. Steht das Groß in der Mittschiffslinie, muß der Rudergänger kräftig Stützruder legen. Paßt er nicht auf, schlägt die Yacht quer! Achten Sie deshalb darauf, daß die Schot nicht zu früh dichtgeholt wird. Das Großsegel sollte nur so kurz wie irgend möglich mittschiffs stehen. Fieren Sie die Schot zügig auf, sobald es auf die neue Seite übergeht. Sollte das Groß, aus wel-

chem Grund auch immer, zu früh angeholt worden sein oder die Halse verzögert sich, sollte man die Schot wieder fieren, auch wenn das eine weitere Verzögerung bedeutet. Der Großschot-Trimmer sollte ständig den Rudergänger beobachten, um zu erkennen, wenn dieser Probleme mit dem Steuern bekommt.

Spinnaker-Durchschwinghalse – Bei Schwachwind

Bei schwachem Wind muß man eine völlig andere Halsentechnik anwenden als bei mittleren oder starken Winden. Es fällt häufig schwerer, sie erfolgreich durchzuführen. Offensichtlich sind es hier nicht die Probleme der Kontrolle, sondern die Tatsache, daß man gezwungen ist, kurze Zeit platt vor dem Wind zu segeln. Um kennenzulernen, was passiert, versuchen Sie, bei leichtem Wetter vor dem Wind zu segeln und zu trainieren. Der Spi wird mit ziemlicher Sicherheit zusammenfallen, und die Bootsgeschwindigkeit wird rapide abnehmen. Es wird dann eine halbe Ewigkeit dauern, sie wieder hochzukitzeln, wenn Sie auf den normalen Kurs mit etwas schräg einfallendem achterlichem Wind zurückkehren.

Es geht darum, ohne Unterbrechung von raumem Wind auf raumen Wind zu drehen und dabei den Spi die ganze Zeit gefüllt zu halten. Um das zu erreichen, muß der Spinnaker während des Manövers von einer Seite auf die andere gebracht werden, was eine gute Koordination der Crewarbeit erfordert.

Nähert man sich dem Punkt, wo gehalst werden soll, fällt der Steuermann langsam ab. Zur gleichen Zeit wird der alte Achterholer angeholt und die alte Schot aufgefiert. Der Achterholer muß nun aus der Baumnock gehakt werden, die abgesenkt wird. Jetzt wird der Baum so schnell wie möglich übergeholt. Wenn die alte Schot aufgefiert wird, sollte ein Besatzungsmitglied das Schothorn nach vorne ans Vorstag tragen, wo er es festhält, bis der neue Achterholer in die Baumnock eingelegt ist. Sobald das geschehen ist, wird der Achterholer durchgesetzt. Jetzt sollte der Rudergänger die Yacht auf den neuen Raumschotskurs bringen, so daß es keinen Grund gibt, den Baum weit nach achtern zu ziehen.

Bei dieser Art Leichtwindhalse ist am wichtigsten, daß der Steuermann einen glatten Bogen von raumem Wind auf raumen Wind beschreibt. Die Trimmer müssen den Spi so schnell auf die andere Seite bringen, wie das Boot dreht. Dabei darf der Spi nicht zusammenfallen.

Das Großsegel muß natürlich auch übergenommen werden. Das sollte vorsichtig geschehen, indem man in die Großschot-Talje faßt und das Groß überlegt.

Durchsteckhalse – Baum mit gleichen Enden

Bäume mit zwei gleichen Enden findet man vorzugsweise auf kleineren Booten bis zu einer Länge von zehn oder elf Metern. In der Halse wird der Baum hierbei vorne nicht auf das Deck weggefiert, wo der Vorschiffsmann den neuen Achterholer in den Nockbeschlag einlegt, sondern jetzt arbeitet der Vorschiffsmann am Mast, um den Baum von einer Seite zur anderen zu schiften. Diese Technik kann nur auf kleineren Yachten angewendet werden, weil der Spibaum während der Halse frei schwingt. Das wäre bei den schweren und langen Bäumen, wie sie auf großen Booten verwendet werden, zu gefährlich.

Eine andere Beschränkung ergibt sich dadurch, daß der Baum auf der neuen Luvseite herausgeschoben werden muß, sobald der neue Achterholer eingelegt ist. Das kann sich als typische Pfeil-und-Bogen-Affäre erweisen, denn der Vorschiffsmann muß die „Pfeilspitze" gegen die Kraft des Segels herausdrücken: nicht gerade ein Traumjob, wenn die Kräfte zu groß werden.

Eine Halse mit einem Doppelenderbaum kann entweder mit einfachen Schoten auf beiden Seiten durchgeführt werden oder mit einem System aus doppelten Schoten und Achterholern. Letzeres System benutzt man auf größeren Yachten und bei starkem Wind. Der Hauptvorteil der doppelten Schoten und Achterholer liegt darin, daß der Spi während der Halse mit den Schoten kontrolliert werden kann, während der Baum zwischen den unbelasteten Achterholern geschiftet wird. Dadurch werden die Kräfte auf den Baum reduziert, es erleichtert dem Bugmann die Arbeit erheblich und macht sie sicherer. Aber dafür hat man zwei Leinen mehr zu bedienen, und bei leichtem Wind hängt unnötiges zusätzliches Gewicht am Schothorn des Spinnakers.

Im allgemeinen wird das Manöver folgendermaßen ablaufen:

1. Ankündigungskommando: „Klar zur Halse!" Danach begibt sich die Crew auf ihre Positionen. Die Vorbereitungen sind dieselben wie bei der Durchschwinghalse, nur daß hier der Toppnant nicht gefiert werden muß; der Vorschiffsmann muß nur bis zum Mast nach vorne, wo er den unbelasteten Achterholer in die Hand nimmt (wenn doppelte Schoten und Achterholer benutzt werden), außerdem legt er sich die Genua-Luvschot auf die Schulter, damit er sie in der Halse frei vom Spibaum führen kann. Ein Mitglied der Cockpitcrew fiert den Spibaumniederholer etwas auf, damit der Vorschiffsmann es leichter hat, den Baum auf der neuen Luvseite herauszudrücken.
2. Der Rudergänger bereitet sich auf die Halse vor und stellt sich so, daß er effektiv hinter dem Spi hersteuern kann. Auf Booten mit Pinnensteuerung kann das bedeuten, daß er vor der Halse die Seite wechselt, so daß er erst in Lee steuert, nach dem Manöver aber schon in Luv steht.
3. Wenn der Steuermann zur Halse abfällt, wird der Baum nach achtern geholt und die Schot gefiert. Der Spinnakertrimmer hat beide Schoten unter Spannung in den Händen, so daß er das Segel während der ganzen Halse kontrolliert.
4. Sobald man vor dem Wind segelt, gibt der Rudergänger das Ausführungskommando. Daraufhin löst der Vorschiffsmann den Baum aus dem Mastbeschlag, legt die Genuaschot über die Baumnock, hakt den neuen Achterholer ein (oder die Schot, falls man nur zwei Schoten benutzt) und schiebt den Baum nach vorn und außen in Richtung des Schothorns. Ist der Baum auf der neuen Luvseite, nimmt der Vorschiffsmann den alten Achterholer aus dem Beschlag und wirft ihn zusammen mit der unbenutzten Genuaschot frei an Deck. Zuletzt pickt er den Spibaum wieder ein – seine Aufgabe ist beendet.

   Anmerkung: Befindet man sich in offenem Wasser und frei von den störenden Einflüssen anderer Boote, kann der Rudergänger dem Vorschiffsmann das Leben erheblich vereinfachen, indem er etwas übersteuert, wenn der Baum vom Mast gelöst wird. Dadurch steht der Spi gut frei vor dem Schiff und vermindert den Gegendruck auf den Baum. Der Vorschiffsmann muß nur einen Augenblick warten, ehe er den Baum aus dem Mastbeschlag nimmt. Aber der nächste Schritt ist viel wichtiger: Wird die Yacht auf dem alten Bug übersteuert, hat der Spi die Tendenz, nach Luv zu ziehen. Obwohl genau das es so leicht macht, den Baum vom Mast zu lösen, wird es dadurch fast unmöglich, den Baum auf der neuen Seite hinauszuschieben. Im Idealfall schwenkt der Rudergänger kurzzeitig wieder auf den alten Bug, gerade so lange, daß der Vorschiffsmann den Baum wieder einhängen kann. Dann geht er wie üblich mit dem Heck durch den Wind.
5. Nachdem der Baum wieder sicher am Mast befestigt ist, ruft der Vorschiffsmann: „Fertig!" Der neue Achterholer wird durchgesetzt (bei doppelter Leinenführung) und die alte Schot aufgefiert. Gleichzeitig wird das Groß gehalst, und die Backstage werden wie bei der Durchschwinghalse behandelt.

Abb. 1.12 Spinnakerhalse mit Nockwechsel

Anmerkung: Für diese Halse benötigt man einen Baum mit speziellen Nockbeschlägen. Sowohl der Toppnant als auch der Niederholer sollten mit einem Hahnepot befestigt sein.

4
Sitzt der Spibaum wieder am Mast, wird das Groß gehalst und der Achterholer dichtgekurbelt, um den neuen Spinnakerhals an die Baumnock zu ziehen. Die alte Schot wird gefiert.

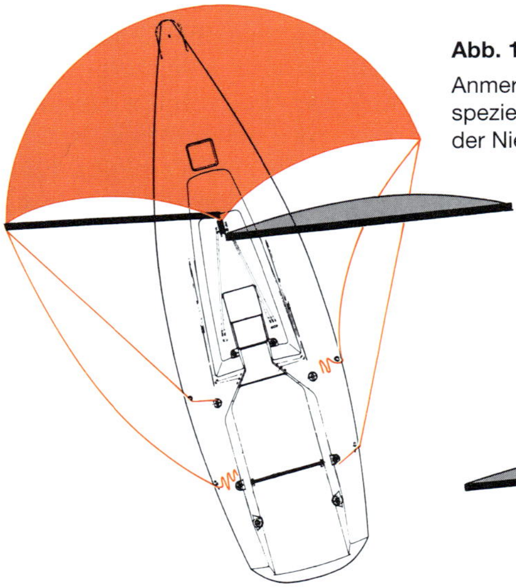

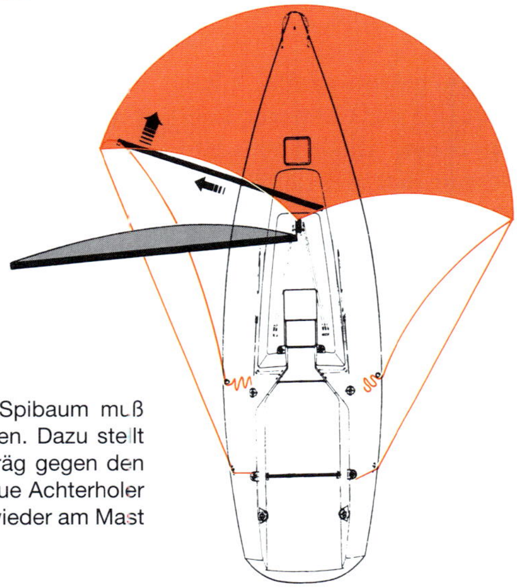

3
Dies kann der schwierigste Teil der Halse werden. Der Spibaum muß gleichzeitig nach außen und nach vorne geschoben werden. Dazu stellt sich der Vorschiffsmann am besten mit dem Rücken schräg gegen den Mast und dem Gesicht nach vorne. Wichtig ist, daß der neue Achterholer vom Cockpit aus vorsichtig bedient wird, damit der Baum wieder am Mast befestigt werden kann.

2
Der Achterholer wird aufgefiert und der Spi jetzt mit den beiden Schoten kontrolliert. Der Vorschiffsmann löst den Spibaum vom Mast, legt den neuen Achterholer in den Nockbeschlag ein und schiebt den Baum über das Boot nach Lee, wobei er den alten Achterholer aus dem anderen Beschlag nimmt.

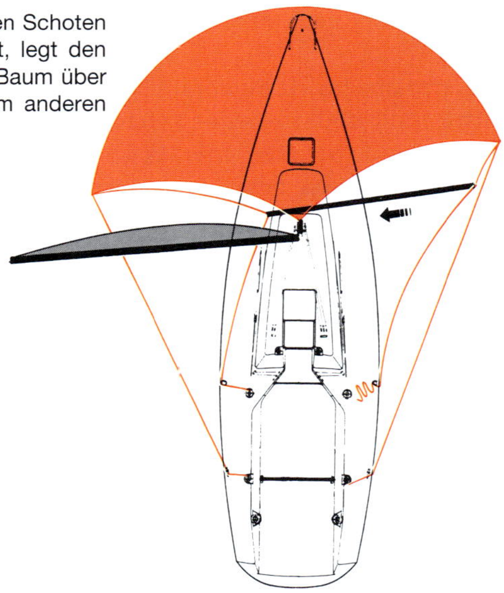

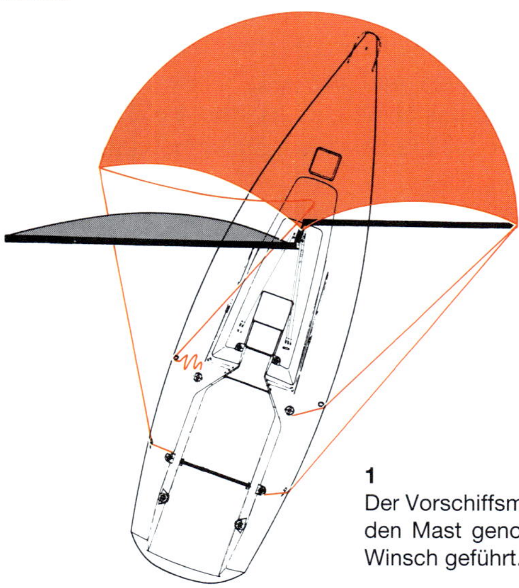

1
Der Vorschiffsmann hat eine Bucht des neuen Achterholers nach vorne an den Mast genommen. Die freie Schot wird durchgesetzt und über eine Winsch geführt.

Halsen mit asymmetrischem Spinnaker

Wie wir später im Kapitel über den Segeltrimm besprechen werden, kann man einen asymmetrischen Spinnaker entweder in der Mittschiffslinie oder am Ende eines normalen Spibaums fahren. Allerdings kann man mit ihm – wie die Bezeichnung „asymmetrisch" schon ausdrückt – nicht genauso halsen wie mit einem gewöhnlichen symmetrischen Spi.

Ist das Segel in der Mittschiffslinie angeschlagen, gleichgültig ob an einem Bugspriet oder nicht, ist die Halse kinderleicht. Der Spi wird vor dem Vorstag stehen, die unbelastete Schot ist vor ihm herumgeführt. Sie hängt am Stevenbeschlag, solange sie nicht benutzt wird. Beginnt die Halse, wirft man die alte Schot los, das Segel weht lustig nach vorne aus, bis die neue Schot dichtgeholt wird und es auf der neuen Seite wieder steht.

Die alte Schot muß losgeworfen werden, bevor man platt vor dem Laken segelt, weil sich sonst das Segel im Vorsegeldreieck verfangen wird und auf die falsche Seite des Vorstags gelangt. Da die Bootsgeschwindigkeit relativ gering sein wird, wenn das Segel frei ausweht, muß die neue Schot so schnell wie möglich dichtgeholt werden. Es könnte günstig sein, wenn man ein Mannschaftsmitglied dazu einteilt, die Schot direkt hinter dem Segel durchzuholen, um den Vorgang zu beschleunigen.

Das Großsegel wird wie immer gehalst.

Wird der asymmetrische Spinnaker am Ende eines Spibaums gefahren, wird das Leben etwas komplizierter. Am einfachsten läßt sich diese Situation beherrschen, wenn man den Hals des Segels zeitweilig mit einem einstellbaren Stropp in die Mittschiffslinie holt, das Segel wie oben beschrieben halst, den Baum auf die neue Seite bringt, den Hals des Segels wieder am Baum befestigt, dann den Hilfsstropp löst – und ab geht's.

Um das Manöver wie beschrieben auszuführen, benötigt man zwei Schoten und zwei Achterholer, die alle vor dem Vorstag laufen müssen, und einen Halsstropp, der am Stevenbeschlag oder Bugspriet befestigt wird und so beschaffen sein muß, daß er während der Halse durchgesetzt werden kann. Die Nockbeschläge des Spibaums sollten nach unten zu öffnen sein, damit der Hals gelöst und zum Steven gezogen werden kann.

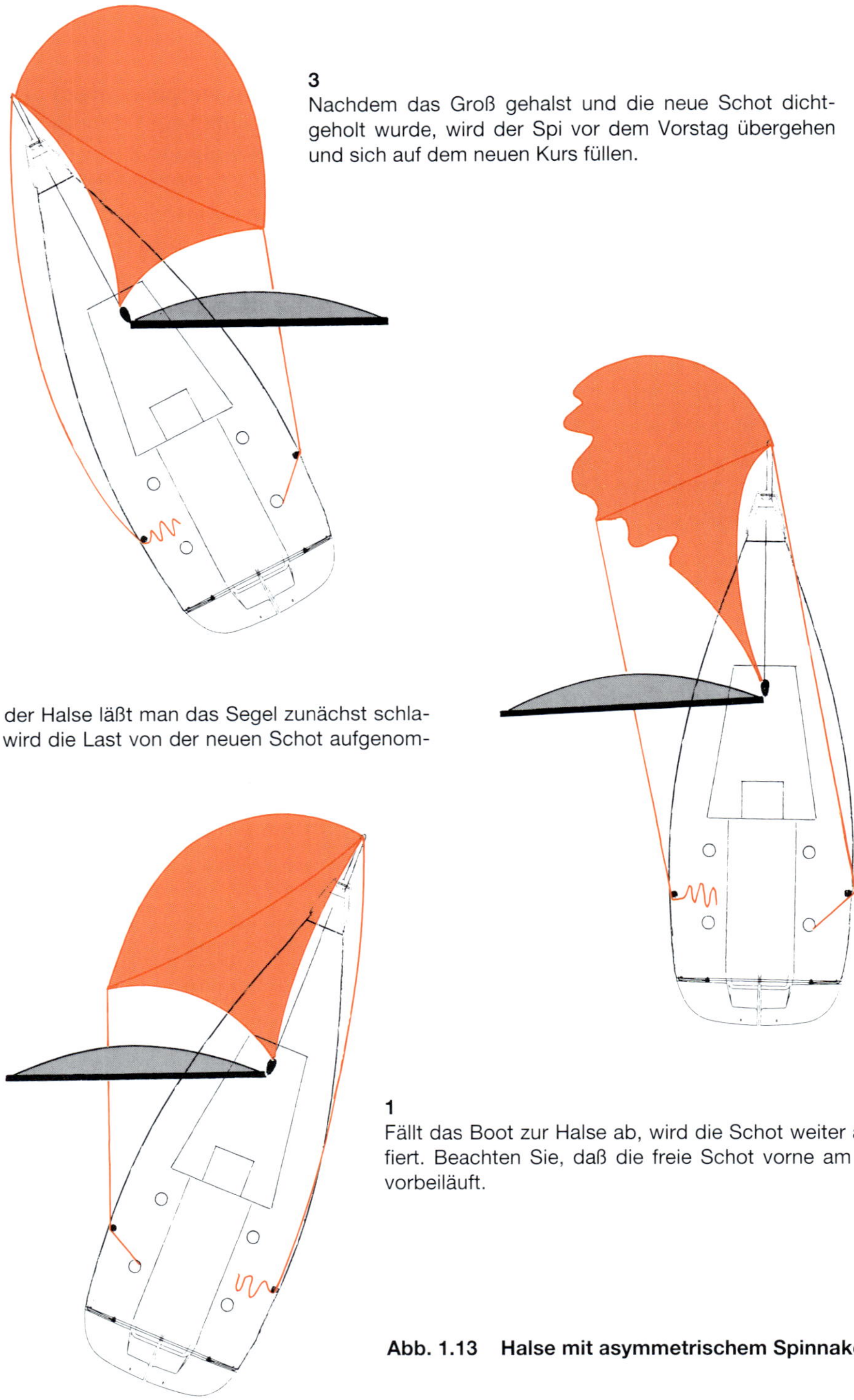

3
Nachdem das Groß gehalst und die neue Schot dichtgeholt wurde, wird der Spi vor dem Vorstag übergehen und sich auf dem neuen Kurs füllen.

2
Zu Beginn der Halse läßt man das Segel zunächst schlagen, dann wird die Last von der neuen Schot aufgenommen.

1
Fällt das Boot zur Halse ab, wird die Schot weiter aufgefiert. Beachten Sie, daß die freie Schot vorne am Segel vorbeiläuft.

Abb. 1.13 Halse mit asymmetrischem Spinnaker

Spinnakerwechsel bei gesetztem Spi

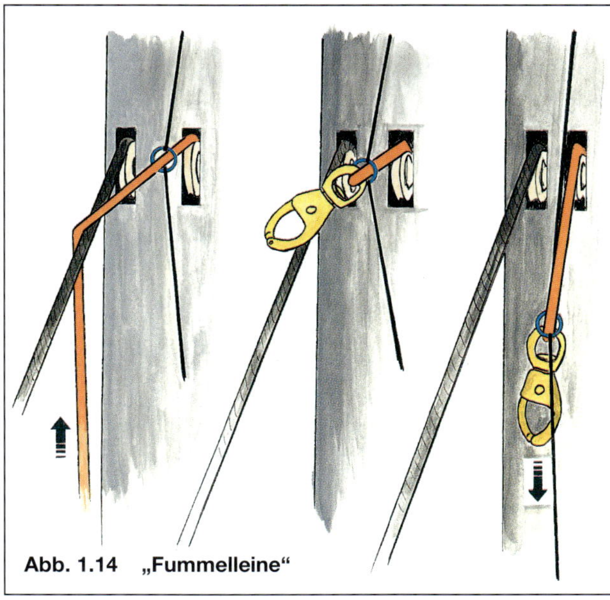

Abb. 1.14 „Fummelleine"

Der fliegende Spiwechsel ist eines jener Manöver, die bei perfekter Durchführung so elegant aussehen, daß viele Crews das Gefühl haben, damit überfordert zu sein. In Wirklichkeit ist es eine sichere Sache und hängt nur von der guten Vorbereitung ab.

Das Prinzip: Der Hals des neuen Segels wird entweder mit einem Wechselstropp am Vorstag oder an der Baumnock befestigt, eine Extraschot und das Fall werden angeschlagen, das neue Segel wird gesetzt, das alte Segel wird vom Achterholer gelöst, der wiederum am neuen Spi angeschäkelt wird, die alte Blase wird geborgen – und schon ist der Job erledigt.

Die wichtigsten Punkte, die man im Kopf behalten muß, sind folgende:

1. Wann immer möglich, sollte das neue Segel am Luvfall gesetzt werden. Das ermöglicht es, den neuen Spi „innerhalb" des alten zu setzen und diesen nach Lee wegzuziehen, ohne daß man einen Törn in die Fallen bekommt.

Benutzt man bei einem inneren Wechsel das Leefall – auch das ist möglich –, bekommt man einen halben Törn in die Fallen, der von jemandem, der in den Mast hochgezogen wird, beseitigt werden muß, und zwar bevor man den Spi wieder fliegend wechselt und sicherheitshalber auch bevor man das neue Segel herunterholt, weil der Törn höchstwahrscheinlich die Fallen beklemmen wird.

Auf größeren Yachten hatte man früher einen Trick, um zu vermeiden, daß jemand in den Mast mußte: Man benutzte eine „Fummelleine". Dabei handelte es sich um eine sehr dünne, leichte Endlosleine pro Spifall, die über kleine Scheibgatts oben aus dem Mast austrat und unten wieder darin verschwand. In die Leine war ein kleiner Metallring eingefügt, durch den das Fall geführt wurde. In der Regel blieb der Ring oben im Masttopp, wo er die normale Arbeit des Falls nicht behinderte; kam aber ein Törn in die Fallen, zog man das störende Fall nach oben in den Masttopp, und wenn es klar war, holte man es mit der Fummelleine wieder an Deck.

2. Wenn das neue Segel innerhalb des alten gesetzt wird (was immer anzustreben ist), muß die Extraschot innerhalb der alten geschoren werden.

3. Benutzt man das Luvfall, muß man es vorne um das Vorstag herumnehmen, bevor man es an den Kopf des neuen Segels anschäkelt.

4. Es gibt zwei Möglichkeiten, den Hals des neuen Segels vorübergehend zu fixieren, während es gesetzt wird:

a) Ein etwa 1,5 m langer Wechselstropp kann am Vorsegel-Halsbeschlag befestigt werden, mit einem halben Schlag wird sein oberes Ende am Vorstag fixiert. Dann wird der Segelhals daran zum Setzen eingeschäkelt. Nachdem das Segel vorgeheißt ist, wird der Baum nach innen geholt, bis der Vorschiffsmann den Achterholer des alten Segels lösen kann. Ist das geschehen, ist der Achterholer ganz loszuwerfen, damit er ihn am neuen Segel befestigen kann. Dann setzt man den Achterholer wieder durch, das nimmt die Kraft vom Halsstropp, der jetzt wieder gelöst wird, damit der Achterholer nach achtern und nach oben gezogen werden kann.

b) Die zweite Methode ist etwas eleganter, aber nur empfehlenswert für Kurse sehr voll und bei oder auf größeren Yachten (etwa über zwölf Meter Länge). Hier wird ein „Peelingschäkel" verwendet. Dabei handelt es sich um einen doppelten Schnappschäkel

Abb. 1.15 Klarierungsstropp

(d. h. die Rückseiten zweier Schnappschäkel sind miteinander verbunden, entweder durch einen Zwischenschäkel oder eine Schweißstelle).

Der Peelingschäkel wird am Spibaum befestigt, normalerweise am Beschlag des Toppnants vorn, dann wird er am alten Segel eingeklinkt. Jetzt wird der Achterholer vom alten Segel gelöst, er bleibt aber in der Baumnock liegen. Dadurch wird der Stand des Segels kaum beeinflußt, sieht man von dem kurzen Ruck ab, während der alte Achterholer abgeschlagen wird. Der Achterholer wird in den Hals des neuen Segels eingeschäkelt, das man jetzt vorheißen kann. Sobald das neue Segel gesetzt ist, wird das alte Segel vom Peelingschäkel gelöst und geborgen, anschließend wird der Peelingschäkel vom Baum abgenommen.

Auf kleineren Yachten können Sie dieses Manöver nur ausführen, wenn Sie sehr voll und bei segeln und die Baumnock von Deck aus (oder auf dem Bugkorb stehend) erreicht werden kann. Auf größeren Yachten klettert der Vorschiffsmann am Niederholer zur Baumnock hoch, wobei er den Hals des neuen Segels mitnimmt. Auf dem Baum sitzend, führt er die Arbeit aus. Diese Situation ist potentiell gefährlich. Wird das neue Segel gesetzt, bevor es mit dem Achterholer verbunden ist, wird der Vorschiffsmann, der es gewöhnlich kurzzeitig an seinem Gürtel eingepickt hat, von dem schlagenden Spi buchstäblich vom Baum gefegt. Nach meiner Erfahrung macht die zum Setzen eingeteilte Crew diesen Fehler nur einmal, denn ein gestandener Vorschiffsmann pflegt mit seiner Empörung nicht hinter dem Berg zu halten, wenn ihm so etwas passiert!

5. Sobald das Segel voll gesetzt ist, wird es wie immer geschotet und eingestellt. Das alte Segel weht frei nach Lee aus, wobei es kaum Schaden anrichtet. Sobald der Achterholer los ist, kann es weggenommen und relativ bequem durch den Niedergang nach unten gezogen werden.

6. Und schließlich können Arbeitsschot und Achterholer, sobald der alte Spi an Bord ist, am neuen Spi befestigt und die provisorische Schot abgeschlagen werden.

1.21 *Der Peelingschäkel ist am Sicherheitsgurt des Vorschiffsmanns befestigt.*

1.22 *Der Vorschiffsmann zieht den Hals des neuen Spinnakers zur Baumnock.*

Bergen des Spinnakers: Allgemeines

Wenn man den Spi birgt, müssen einige grundlegende Punkte beachtet werden. Das Wegnehmen muß sicher sein, was bedeutet, daß es keine Möglichkeit – oder doch so gut wie keine – geben darf, daß einem die Dinge aus der Hand gleiten und der Spinnaker im Wasser landet. Die eingeteilten Crewmitglieder müssen wissen, welche Kräfte plötzlich auf die verschiedenen Leinen wirken, wenn das Bergen beginnt, und sich darauf vorbereiten. Der Spi sollte so weggenommen werden, daß alles andere, was gleichzeitig auf der Yacht passiert, effizient weiterlaufen kann. Wie bei jedem anderen Segelwechsel sind die Schlüssel zum Erfolg Vorausplanung und Vorbereitung.

Es gibt viele Möglichkeiten, einen Spi zu bergen, und im folgenden sehen wir uns einige davon an. Bevor wir in die Einzelheiten gehen, ein paar Techniken, die zu fast allen Bergemanövern passen:

1. Das Fall muß klar zum Laufen sein, d. h. es muß entsprechend aufgeschossen sein, aber nicht in Buchten. Liegt das Fall immer auf einer eigenen Winsch, kann man die Lose in Achten aufschießen und dann über die Winsch legen. Vor dem Bergen nimmt man sie ab, dreht sie um und legt sie an Deck klar. Kommt das Fall dagegen aus dem Niedergang, sollte man es vor dem Bergen herausziehen, um sich zu vergewissern, daß es sich nicht mit anderen Leinen vertörnt oder hinter Einrichtungsgegenständen der Kajüte verklemmt hat.

2. Obwohl es meistens erwünscht ist, daß das Spifall frei ausrauscht, gibt es auch Fälle, in denen man nicht möchte, daß der Spi zu schnell oder zu weit herunterkommt. Aus diesem Grund muß das Fall immer um eine Winsch geführt bleiben, auf der man es abstoppen kann, oder durch einen Stopper laufen. Der Versuch, einen Spinnaker mit nackten Händen daran zu hindern, im Wasser hinterhergeschleppt zu werden, ist gewöhnlich nicht sehr erfolgreich.

3. Sobald das Segel unten ist, kann man mit dem Aufräumen zumindest ein paar Augenblicke warten. Es ist ganz gut, wenn sich die Besatzung und das Boot beruhigt haben, bevor man sich über das Umscheren von Schoten usw. den Kopf zerbricht. Natürlich sind davon die Vorbereitungen für das nächste Manöver ausgenommen, besonders dann, wenn es direkt dem Bergemanöver folgt. Als Beispiel dafür sei genannt, daß der Spibaum weggenommen wird und die Genuaschoten korrekt über ihn hinweggeführt sind, wenn man kurz nach dem Bergen eine Wende fahren muß.

4. Vor dem Wegnehmen des Spi sollte die Genua gesetzt und das Großsegel für den neuen Schlag vorbereitet werden. Beim Laufen unter Spinnaker kann das Genuafall dazu benutzt worden sein, den Mast nach vorne zu holen. Weil es unter Spannung steht und den Mast mit stützt, sollte es mit einiger Vorsicht gelöst werden. Nachdem das Fall lose ist, müssen die Backstage ausreichend dichtgeholt werden, damit das Vorstag nicht durchhängt. Die Großsegel-Kontrolleinrichtungen werden für den neuen Bug eingestellt. Gewöhnlich ist es besser, das nicht erst im letzten Augenblick zu tun – d. h. also vor dem Bergen des Spi.

Spinnakerbergen mittels Achterholer

Meist ist es am einfachsten und zuverlässigsten, wenn man den Achterholer loswirft und dann das Segel mit der Schot oder besser noch mit dem unbelasteten Achterholer nach Lee zieht. Diese Methode birgt aber auch ein paar Tücken, die nicht unbedingt augenfällig sind. Vermeidet man sie sorgfältig, wird man nahezu immer ein sicheres Bergemanöver erleben.

1. Die Genua wird gesetzt und das Groß wie gewöhnlich auf den nächsten Schlag vorbereitet.
2. Die freie Spischot (falls man doppelte Schoten und Achterholer benutzt) und der belastete Achterholer müssen klar zum Laufen vorbereitet werden, ebenso das Fall.
3. Ein oder mehrere Mannschaftsmitglieder packen den freien Achterholer, um das Segel in die Yacht zu ziehen. Die Position, von der aus das Segel geborgen wird, richtet sich nach der Bauart des Bootes, dem Einfallswinkel des Windes und der Windstärke. Aber als meistens mögliche Variante kann man es einfach in den Niedergang unter dem Großbaum ziehen. (Fotos 1.24, 1.25, 1.26 und 1.27 sowie Abbildung 1.16)
4. Der Achterholer und das Fall sollten gleichzeitig aufgefiert werden – das bringt den Spi zum Einfallen. Sobald der Baum nach vorne ans Vorstag geschwungen ist, sollte man den Achterholer aufstoppen, bis das Segel halb im Boot und völlig unter Kontrolle ist.

1.23 *Das Vorsegel wird vor dem Bergen des Spis gesetzt.*

1.24 *Achterholer und Spifall sind aufgefiert. Es ist sehr wichtig, daß diese beiden Leinen und die freie Schot ungestört laufen können. Der Spibaum ist auf dem Weg zum Deck, und der Vorschiffsmann steht an der Baumnock, um den Achterholer aus dem Nockbeschlag zu nehmen. Er ist bereit, ihn wegzustauen, sobald auch das Mastende gefiert ist. Der Fallenmann kontrolliert die letzten Meter des auslaufenden Falls, damit die Blase nicht ins Wasser fällt. Freie Crewmitglieder ziehen den Spi flink durch das Luk ins Boot, damit das Deck klar ist für den nächsten Schlag und eine eventuelle Wende.*

1.25 *Eine hektische Zeit für die ganze Crew: Während der Spi gebändigt unter Deck gegeben wird, ist die Cockpitmannschaft damit beschäftigt, die Winschen zu klarieren, ebenso das unvermeidliche Durcheinander der Schoten, Achterholer usw., damit das Boot auf dem neuen Schlag manövrieren kann. Ein häufiger Fehler ist, daß man die Genuaschot in einer Klemme belegt und sie unbeobachtet läßt. Dabei kann der Vortrieb dieses Segels an der Wendemarke wichtige Plätze sichern und die Bootsgeschwindigkeit maximieren.*

1.26 *Während das Boot hart an den Wind geht, verschwindet der Spinnaker durch den Niedergang. Der Genua- und auch der Großschot-Trimmer holen ihre Schoten dicht, der Vorschiffsmann sichert den Spibaum an Deck, klariert die Vorsegelschoten für die nächste Wende und vergewissert sich, daß der Toppnant am Mast belegt ist. Der Rest der Crew, der gern doppelt so schwer wäre, hockt auf dem Luv-Seitendeck.*

1.27 *Die Beine des Vorschiffsmanns sind unter dem Großbaum zu sehen, während er nach achtern zu seinem Platz auf der hohen Kante in Luv eilt. Die Trimmer versuchen, die optimale Geschwindigkeit herauszukitzeln, der Fallenmann schäkelt die Schoten und Achterholer zusammen, damit sie bei Bedarf von Deck geholt werden können. Das Wichtigste ist, daß das Boot gute Fahrt macht und den optimalen Kurs hält, sobald es am Wind segelt. Das endgültige Aufklaren und das Zusammenlegen des Spi kommt an zweiter Stelle – es sei denn, der Schlag bis zum nächsten Spinnakersetzen wäre extrem kurz.*

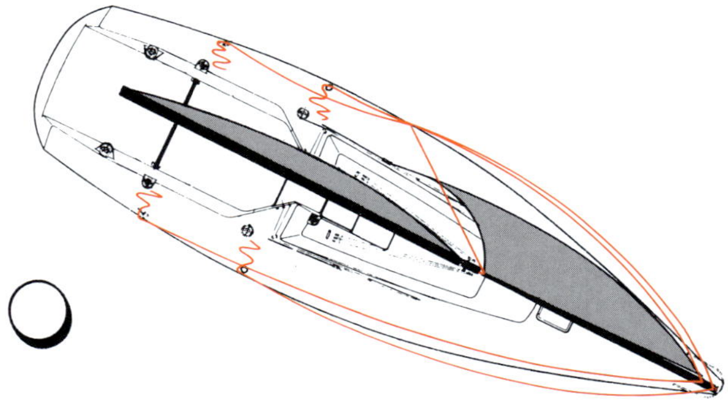

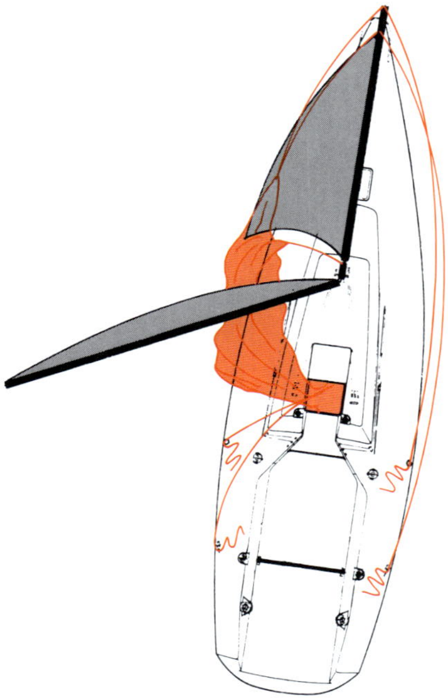

3
Geht das Boot hoch an den Wind, ist es am wichtigsten, auf möglichst ebenem Kiel zu segeln, was immer – außer bei sehr leichtem Wind – bedeutet, daß alle auf der hohen Kante ausreiten sollten. Ein Mannschaftsmitglied kann unten die Achterholer und Schoten zusammen mit dem Fall aneinanderschäkeln. Dann müssen diese Leinen nur noch vom Cockpit aus gespannt und in Klemmen gezogen werden. Ein gründliches Aufräumen kann warten, bis der Rudergänger und die Trimmer alles optimal auf den Kurs nach Luv eingestellt haben.

2
Beim Bergen wird gleichzeitig mit dem Fall der Achterholer losgeworfen und das Segel schnell durch den Niedergang unter Deck gezerrt. (Sowohl der Achterholertrimmer als auch der Fallenmann sollten das Segel dabei im Auge behalten, damit sie verhindern können, daß der Spi ins Wasser fällt. Ein nachgeschleppter Wassersack macht langsam!)
Das Vorsegel wird getrimmt, um das Boot bei der Annäherung und dem Runden der Bahnmarke schnell zu machen. Der Toppnant wird gefiert, damit der Vorschiffsmann das Vordeck für eine schnelle Wende vorbereiten kann, sobald das Boot an den Wind geht.

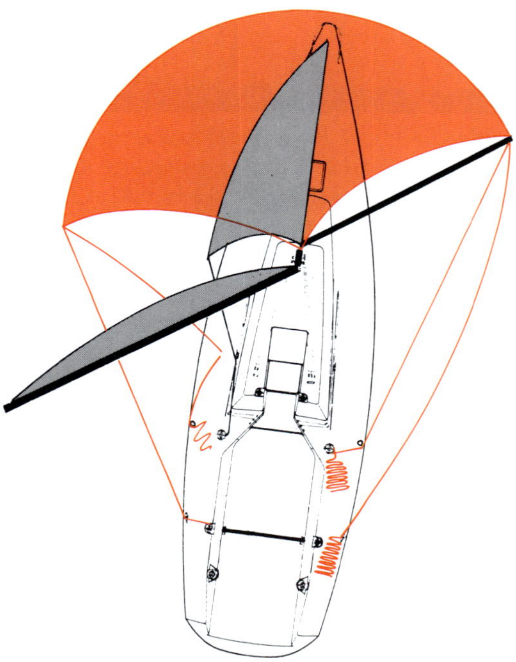

1
Das Vorsegel ist gesetzt und zu dicht getrimmt, damit es die Luftströmung um den Spinnaker nicht stört. Der arbeitende Achterholer liegt noch auf der Winsch, aber die Lose ist klar zum Laufen aufgeschossen. Die freie Spischot ist ebenfalls klar, weil sie um das Vorstag herumlaufen muß, sobald der Achterholer losgeworfen wird. Der freie Achterholer in Lee wird dazu benutzt, den fallenden Spi an Deck zu ziehen.

Abb. 1.16 Spinnakerbergen in Lee

Spinnakerbergen vor dem Wind

Nähert man sich einer Leemarke und muß dort halsen, gibt es zwei Möglichkeiten. Die erste und einfachste ist, den Spi etwas frühzeitig zu bergen, den Baum aus dem Weg zu räumen und dann die Bahnmarke unter Genua und Groß zu runden. Bei Starkwind, bei Annäherung mit raumem Wind oder vor dem Wind mit achterlichem Strom stellt das immer die zu bevorzugende Option dar.

Nähert man sich aber dem Faß vor dem Wind bei leichtem Wind und hat vielleicht auch noch den Strom gegenan, ist es von größter Wichtigkeit, den Spi so lange wie möglich stehenzulassen. Ist das Segel geborgen, wird die Bootsgeschwindigkeit dramatisch abnehmen – und Raum (unter Umständen auch eine bessere Plazierung) geht verloren. In dieser Situation sollte der Spinnaker bis zur Bahnmarke ziehen, aber natürlich muß der Baum aus dem Weg sein, wenn Sie die Genua halsen, sonst gibt es ein wunderschönes Chaos. Hier kommt die zweite Möglichkeit zum Tragen.

Wenn Sie sich der Bahnmarke nähern, bringen Sie Großfall, Unterliekstrecker und Traveller auf die Positionen zum Anluven und setzen wie üblich die Genua. Dann belasten Sie die beiden Spischoten. Sobald das Boot mehr oder weniger vor dem Wind läuft, haken Sie den Baum aus dem Achterholer aus und legen ihn in die Mitte des Vordecks. Der Spinnaker muß während dessen weiter ziehen, trimmen Sie deshalb mit den Schoten, bis Sie die Boje erreicht haben. Dort leiten Sie die Halse ein, und der Spi kann geborgen werden. Normalerweise zieht man ihn in die Vordecksluke, weil dann das Cockpit für die Genuatrimmer freibleibt.

Das Segel kann entweder auf der alten Lee- oder der alten Luvseite gefiert werden. Welche Seite man wählt, hängt vom jeweiligen Windeinfallswinkel ab, unter dem man sich der Markierung nähert. Steuert man die Boje gut voll und bei an, ist es sinnvoll, die alte Leeseite zu benutzen, liegt man aber die letzten Bootslängen platt vor dem Laken, sollte man das Segel in Lee bergen, *nachdem* man gehalst hat. Der Grund dafür: Man verhindert so, daß das Segel ins Wasser fällt und unter den Bug kommt. Laufen Sie gut voll und bei an die Boje, dann steht das Segel zum größten Teil auf der Leeseite und kann problemlos weggenommen werden. Kommen Sie andererseits vor dem Wind zur Bahnmarkierung, wird zumindest die Hälfte des Segels auf der Luvseite stehen, aber sobald Sie andrehen, hat auch der Rest die Tendenz, auf die alte Luvseite überzugehen. Deshalb ist es viel sicherer, es später auf der neuen Leeseite zu bergen.

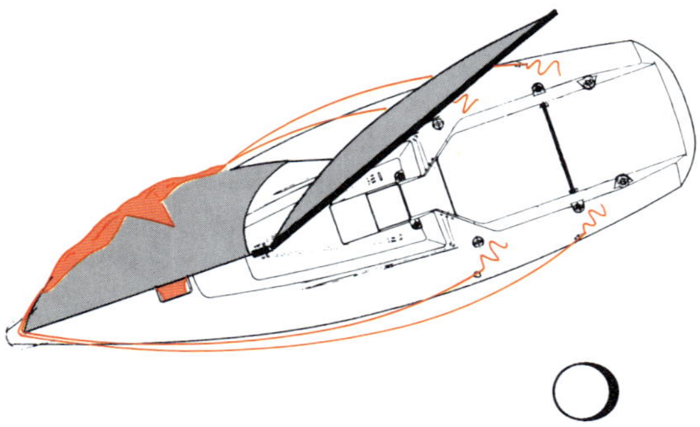

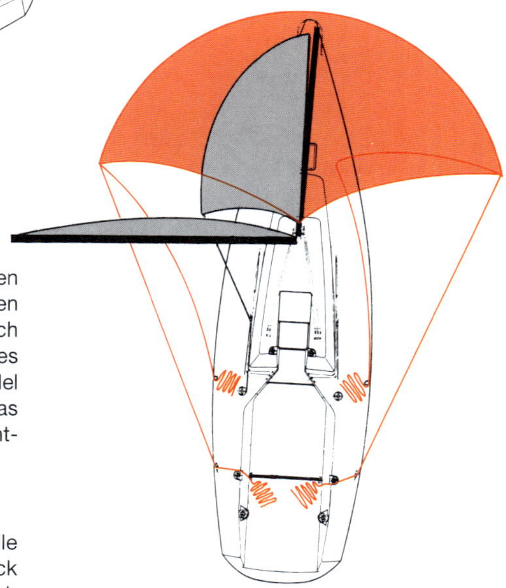

3
Während der Spi bis zum allerletzten Moment stehengelassen wird, halst das Boot um die Tonne. Fall und Luv-Spischot werden gelöst, die Blase wird unter dem Fußliek des Vorsegels hindurch geborgen und gebändigt. Je nach baulichen Gegebenheiten des Boots wird sie danach durchs Vorliek gestopft oder als Bündel nach achtern zum Niedergang geschafft. In beiden Fällen muß das Vordeck so schnell wie möglich von überflüssigem Gewicht entlastet werden.

2
Die freie Spischot wird dichtgeholt und übernimmt die Kontrolle des Vorlieks. Der Spibaum wird abgesenkt und auf dem Vordeck gestaut. Eine Bucht des jetzt überflüssigen Achterholers wird nach vorne geholt, um beim Bergen zu helfen. Beide Achterholer sind von den Winschen genommen und liegen klar zum Laufen. Die beiden Schoten kontrollieren die Blase, aber obwohl sie noch auf ihren Winschen liegen, ist die Lose klar zum Laufen aufgeschossen, damit sie ausrauschen können, sobald sie von den Winschen geworfen werden.

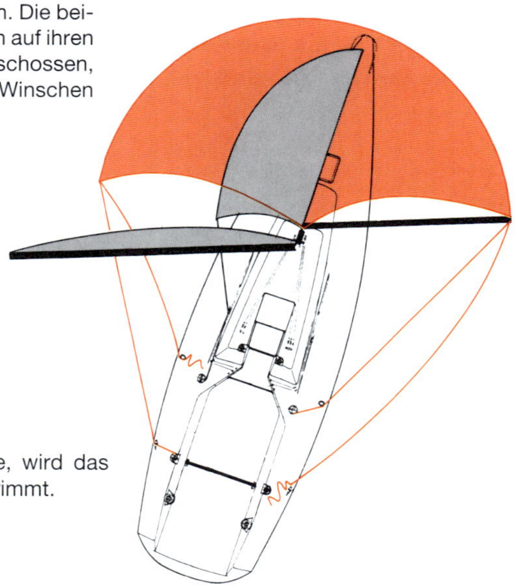

1
Nähert man sich der leewärtigen Tonne, wird das Vorsegel gesetzt und etwas zu offen getrimmt.

Abb. 1.17 Spinnakerbergen vor dem Wind

Die Aufgaben der Mannschaft

In diesem Kapitel betrachten wir jedes einzelne Crewmitglied mit seiner Rolle und seinen Aufgaben. Man könnte es auch so definieren: Die Verantwortlichkeit für einen bestimmten Bereich wird festgelegt. Besprochen werden auch die notwendigen Eigenschaften, die ein Mannschaftsmitglied haben muß, um seinen oder ihren Platz auszufüllen. Außerdem werden wir uns mit den speziellen Aufgaben detailliert befassen.

Im vorigen Kapitel über die Aufgaben der Crew bei Manövern wurde dasselbe Thema aus einem etwas anderen Blickwinkel diskutiert, und das Kapitel über den Segeltrimm wird es noch weiter vertiefen. Wie meistens beim Segeln gibt es viele Wege, etwas zu erreichen, deshalb können diese Anmerkungen nur eine Art Wegweiser sein. Sollten Sie das Gefühl haben, daß Sie nicht ganz meinem Ideal eines Vorschiffsmanns/Trimmers/Fallenmanns oder was auch immer entsprechen, aber trotzdem meinen, daß Sie mit Ihren Fähigkeiten in Ihrer Mannschaft genau an der richtigen Stelle eingesetzt sind, machen Sie sich keine Gedanken. Selbst auf Regattayachten mit höchstem internationalem Niveau sehen manche Crewmitglieder nicht so aus, wie man sie sich nach ihren Aufgaben an Bord vorstellt.

Der Vorschiffsmann

Ein guter Vorschiffsmann hat eine Anzahl körperlicher und geistiger Fähigkeiten, die sich verhältnismäßig leicht beschreiben lassen. Vorab wollen wir jedoch klarstellen, daß man zwar immer von Vorschiffs*mann* spricht, die Arbeit aber natürlich auch von einer Frau gemacht werden kann. Allerdings muß man auf größeren Yachten tatsächlich über ein gewisses Maß an schierer Körperkraft verfügen, deshalb ist dieser Job vielleicht nicht die erste Wahl für eine durchschnittlich gebaute Frau. Auf kleineren Booten bis etwa zehn Meter benötigt man dafür keine besonderen Kräfte.

Körperliche Voraussetzungen jedoch, die immer gefordert werden, sind ein gutes Gleichgewichtsgefühl, Schwindelfreiheit und ein gewisses Maß an Oberkörperkräften. In einigen Fällen kann es helfen, wenn man groß gewachsen ist, obwohl das keineswegs eine unverzichtbare Voraussetzung ist. Wichtig ist ein gutes Verhältnis zwischen Gewicht und Körperkraft, um den eigenen Körper hochziehen zu können – wie bei Klimmzügen in der Turnstunde –, weil man sonst nicht ohne Hilfe auf den Spibaum kommt (wie es auf großen Yachten nötig ist). Auch muß man in den Mast klettern können, wobei das Fall nur als Sicherung benutzt wird. Das tatsächliche Gewicht ist weniger wichtig und muß gegen die Stärke und die Behendigkeit abgewogen werden. Obwohl fast alle Yachten langsamer werden, solange jemand auf dem Vordeck arbeitet, ist es oft besser, dort für kurze Zeit ein Schwergewicht zu haben als einen dünnen Hering, der für dieselbe Arbeit die doppelte Zeit benötigt.

Was die intellektuellen Fähigkeiten angeht, so kann dieser Job ziemlich anspruchsvoll sein. Es gibt zahlreiche Gelegenheiten, bei denen der Bugmann selbständig arbeiten muß, weil er buchstäblich keine Verbindung zum Achterschiff hat. Er wird an Bord oft im Rampenlicht stehen und auch von anderen Booten neugierig beobachtet werden; eine extrovertierte Persönlichkeit kann daher durchaus hilfreich sein. Jemand, der gute Teamarbeit leisten und dabei unauffällig in der Bordgemeinschaft versteckt bleiben möchte, wird in dieser Rolle kaum glücklich werden. Das bedeutet natürlich nicht, daß der Vorschiffsmann sich abseits der Mannschaft halten muß – weit gefehlt! Er muß mit den anderen zusammenarbeiten, denn sie können ihm seinen Job nahezu unmöglich machen.

Neben den vielen Pflichten, die seine Arbeit mit sich bringt, kann der Vorschiffsmann vom Rudergänger leicht zum Prügelknaben gemacht werden. Wenn z.B. eine Halse mißlingt, wird der Vorschiffsmann angeschnauzt, weil er nicht schnell genug war. Es gibt zwei Möglichkeiten, mit dieser Situation umzugehen. Am besten ist es, er ignoriert das Gebrüll und macht seine Arbeit unbeeindruckt weiter, bespricht die Angelegenheit aber später mit dem Steuermann. Oder er wird nervös und begeht dann tatsächlich Fehler.

Die Arbeit auf dem Vorschiff stellt ihn auf den kältesten, nässesten und potentiell gefährlichsten Punkt der Yacht. Deshalb wird ein gewisses Maß an Furchtlosigkeit gefordert sein, die allerdings nicht in Tollkühnheit ausarten sollte. Die Schwindelfreiheit ist erforderlich, weil es von Zeit zu Zeit unvermeidlich sein wird, in den Mast zu klettern. Seekrankheit kann zu einem ernsten Problem werden, wenn man auf der äußersten Spitze des Bootes arbeitet, denn dort sind die Schiffsbewegungen immer besonders heftig. Vorsegelwechsel, wenn der Bug sich in die Seen bohrt, ist fast wie Surfen auf einer Grundsee: Nur Männer mit einem gesunden Magen können bei diesem Job Lustgewinn empfinden.

2.1 *Der Vorschiffsmann hat den feuchtesten Arbeitsplatz an Bord, daher ist für ihn robuste, wasserfeste Bekleidung lebenswichtig. Dieser Anzug hat eine hochgeschnittene Hose mit Klettbändern um die Hosenbeine. Die Jacke verfügt über einen hohen Sturmkragen mit Kapuze und hat vorne einen starken Reißverschluß mit überlappender Leiste. Auch die Manschetten werden von Klettbändern abgedichtet.*
Der Sicherheitsgurt erlaubt es, auf den Mast zu klettern oder auf das Ende des Spibaums bei einer Halse. Die verstärkten Knie sind wichtig, denn der Vorschiffsmann verbringt auf dem Vordeck viel Zeit auf allen Vieren.

Ausrüstung des Vorschiffsmanns

Es ist klar, daß der Bug der feuchteste Platz an Bord ist. Das bringt es mit sich, daß der Vorschiffsmann andere Kleidung trägt als, sagen wir, der Taktiker oder der Steuermann, die im relativ geschützten Cockpit sitzen.

Die meisten Vorschiffsleute bevorzugen einen Trockenanzug oder zumindest Ölzeug mit wasserdichten Abschlüssen an Kragen und Ärmeln, besonders bei Rennen auf Dreiecks- oder kurzen Strecken, wo die Bewegungsfreiheit sehr wichtig ist. Bei Seeregatten muß man bedenken, daß Trockenanzüge alleine nicht wärmen, deshalb sind gute Unterwäsche und eine zweite Bekleidungsschicht notwendig, um in den langen Pausen zwischen den Phasen heftiger Aktivität eine Auskühlung zu verhindern.

Gute, rutschfeste Schuhe sind ebenfalls wichtig. Auf vielen Booten werden Windsurferstiefel mit extrem weichen Sohlen getragen, aber auch Jollenstiefel, die fest an der Seite verschnürt werden. Die klassischen Segelstiefel kommen immer mehr aus der Mode, weil sie zu schwer sind und zu unflexibel. Segelschuhe sind bei warmem Wetter brauchbar, aber nicht am Saisonbeginn auf See in unseren Breiten.

Auf Booten über elf Meter Länge gibt es viele Anlässe, in den Masttopp aufzuentern oder auf das äußere Ende des Spibaums zu klettern. Für diese akrobatischen Aktivitäten braucht man einen Sicherheitsgurt. Er sollte normalerweise zur persönlichen Ausrüstung des Vorschiffsmanns gehören, weil er perfekt passen, aber gleichzeitig auch bequem sein muß. Ein normaler Bootsmannsstuhl ist nicht zu gebrauchen, weil er dem Kletterer keine Bewegungsfreiheit läßt. Man kann ihn nur verwenden, wenn jemand in den Topp gewinscht werden soll. Die meisten Vorschiffsleute bevorzugen einen Karabinerhaken mit Schraubverschluß, um sich am Fall zu befestigen; sie ziehen ihn wegen der größeren Sicherheit einem normalen Schnappschäkel und auch einem umständlich zu handhabenden Schraubschäkel vor. Ausrüster für Bergsteiger bieten sehr leichte Karabinerhaken aus Aluminium an, die für diesen Job ideal sind. Dort bekommt man auch spezielle Gurtsysteme. Ist das Geschirr richtig angepaßt und kann es in Sekundenschnelle angelegt werden, dann wird es auf langen Regatten angenehmer sein, es griffbereit zu halten und nur dann anzulegen, wenn man es benötigt.

Unverzichtbar ist auch ein Satz Schnappschäkel, die auf der Rückseite verbunden sind, um Spinnaker fliegend wechseln und das neue Segel ohne Vertörnen setzen zu können. Hat man ein scharfes Seglermesser dabei, kann man einen Tampen durchschneiden, wenn man z. B. in eine unter Zug stehende Leine vertörnt ist. Obwohl ich wirklich nicht dafür plädiere, daß der Vorschiffsmann die Navigation machen soll, kann ihm ein Handpeilkompaß oft gute Dienste leisten und natürlich auch eine Uhr mit Countdown-Einrichtung, damit er die Zeit bis zum Start mitchecken kann.

Sicherheit ist ein wichtiger Punkt, der bedacht werden muß. Wenn man auf See segelt, besteht die Gefahr besonders in der Dunkelheit, daß der Vorschiffsmann über Bord fällt. Als Minimalausrüstung ist eine Trillerpfeife und eine Taschenlampe vorzusehen. Ist die Lampe stark genug, um damit die Fallen auf eventuelle Törns hin zu untersuchen, um so besser. Eine persönliche Stroboskopboje oder sogar ein EPIRB kann unter wirklich rauhen Bedingungen sehr nützlich sein.

Benutzt man beim fliegenden Spinnakerwechsel getrennte Schoten und Achterholer, können ein Fitt oder Marlspieker nützlich sein, um den alten Spi freizubekommen. Für die verschiedenen Auslöser der Schnappschäkel gibt es Werkzeug in entsprechenden Ausführungen, das zur Ausrüstung der jeweiligen Yacht gehören sollte. Beim Arbeiten auf dem Vorschiff schätze ich es, den Fitt mit einer dünnen, reißfesten Leine am Sicherheitsgurt zu befestigen. Es ist aber eine gute Idee, einen Reservefitt zusammen mit dem Messer und der Zange in einem Holster zu verstauen.

Training des Vorschiffsmanns

Der Job des Vorschiffsmanns auf einer Rennyacht erfordert hohe persönliche Fitneß und kräftige Arme und Finger. Noch wichtiger sind überdurchschnittliche Beweglichkeit und ein gutes Gleichgewichtsgefühl, daher sollte man bei jedem Trainingsprogramm darauf achten, daß diesen Anforderungen Rechnung getragen wird. Denn es kann nur zu schnell passieren, daß einige Muskelpartien überentwickelt werden, die dann den Vorschiffsmann bei einigen seiner Aufgaben behindern. Als Beispiel sei ein Trainingsprogramm genannt, das im wesentlichen auf Gewichtheben aufbaute. Das bringt nicht viel für die Ausdauer und kann Sie unbeweglicher und langsamer machen, als Sie vorher waren.

Aerobic, Schwimmen und ähnliche Aktivitäten sind für die allgemeine Fitneß immer gut, während einige Übungen wie Klimmzüge, Liegestütze und etwas Gewichtheben die Arme und Schulterpartien kräftigen können. Die Beweglichkeit und das Gleichgewichtsgefühl können durch bestimmte Sportarten wie Fußball auf dem Kleinfeld, Tennis oder Judo gefördert werden.

Vorschiffsmann / Vorbereitungen an Bord

Ich bin ein überzeugter Anhänger der Philosophie, daß jedes Mannschaftsmitglied einige Zeit damit verbringen sollte, sich zu vergewissern, daß ihr oder sein Arbeitsplatz so gut wie möglich vorbereitet ist. Für den Vorschiffsmann bedeutet dies, daß er alle offenen Klüsen überklebt, um sicherzustellen, daß sich keine Leinen darin verhaken können. Weiter kontrolliert er, daß alle Teile des Spinnakergeschirrs einwandfrei arbeiten und daß der Toppnant für die Halsen richtig markiert ist usw.

2.2 *Vor dem Zehn-Minuten-Schuß wird man sich bei einem Probeschlag für das Vorsegel entscheiden, das in die Luvnut zum Setzen eingefädelt werden soll. Ist der Wind ungleichmäßig, kann man seine Meinung noch ändern, deshalb liegt ein zweites Segel an Deck.*

Die Rolle des Vorschiffsmanns beim Start

Beim Start einer Regatta muß der Vorschiffsmann nicht nur das gewünschte Vorsegel klar zum Setzen haben, sondern auch den Taktiker und Steuermann mit präzisen Informationen über die Startlinie und Überlappungssituation versorgen.

Die Vorbereitung des Vorsegels für den Start dürfte ziemlich einfach sein, da man das Segel schon vorher ausprobiert und dann bis fünf oder sechs Minuten vor dem Vorbereitungsschuß wieder wegnimmt. Außer bei einer sehr stabilen Wetterlage ist es gewöhnlich empfehlenswert, das Segel nach dem Bergen wieder zusammenzulegen, aber Kopf und Schothorn angeschlagen zu lassen. Das bedeutet nämlich, daß man das Segel sehr schnell auswechseln kann, sollten sich die Windverhältnisse plötzlich ändern. Der Vorschiffsmann muß Verbindung mit dem „Achterdeck" halten, wann das Segel gesetzt werden soll und ab wann er sich keine Gedanken mehr über einen Segelwechsel machen „darf". Denken Sie daran, daß es an stürmischen Tagen länger dauert, ein Segel vorzuheißen und einzustellen als an einem ruhigen Tag mit sanfter Brise.

Beim entscheidenden Anlauf auf die Startlinie ist es von größter Wichtigkeit, daß der Vorschiffsmann die relative Position des Bootes zur Linie genau kennt. Dazu müssen vorher ein paar Überquerungen entlang der Startlinie gesegelt und gegebenenfalls Landpeilungen genommen werden. Wenn er den Abstand von der Linie angibt, ist das gewöhnlich die senkrechte Entfernung und nicht die Distanz, die auf dem augenblicklichen Kurs zurückzulegen wäre. Dadurch bleibt es dem Taktiker überlassen, die noch zu segelnde Zeit einzuschätzen. Oft ist es nicht möglich, die Entfernungen vom Bug aus dem Taktiker zuzurufen, deshalb muß man zwischen dem Vor- und Achterschiff ein leicht verständliches Zeichensystem vereinbaren.

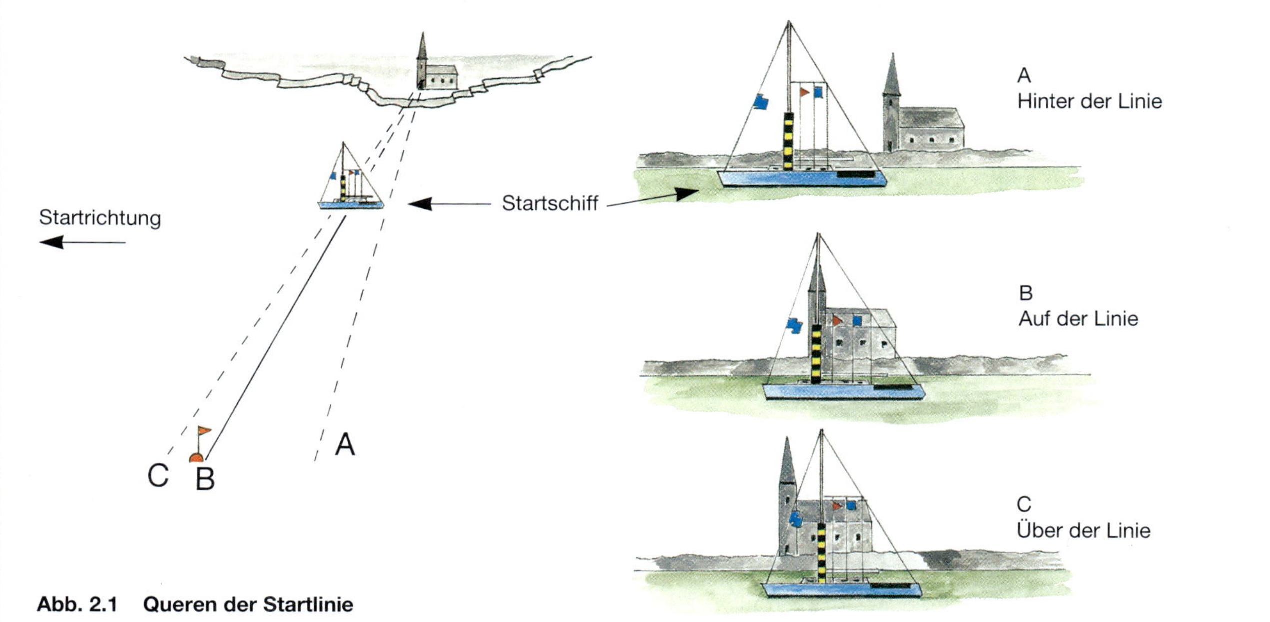

Abb. 2.1 Queren der Startlinie

Das am häufigsten verwendete: Der Vorschiffsmann zeigt mit den Fingern die Bootslängen bis zur Linie an. Eine geballte Faust bedeutet „auf der Linie", und eine Abwärtsbewegung der Hand zeigt an, daß man über die Linie geraten ist und umkehren muß, um korrekt starten zu können.

Eine vergleichbare Zeichensprache wird benutzt, um Überlappungssituationen darzustellen. Der Taktiker wird nur bei minimalen Überlappungen Hilfe benötigen und üblicherweise wissen wollen, ob er abfallen oder hinter dem Heck des anderen Bootes anluven darf. Normalerweise bedeutet ein nach oben gestreckter Daumen, daß *keine* Überlappung besteht und man daher den Kurs frei wählen kann. Ein nach unten weisender Daumen zeigt an, daß eine Überlappung hergestellt wurde.

Der Vorschiffsmann muß folglich die Wettsegelbestimmungen zumindest so weit kennen, wie er davon betroffen ist. Außerdem muß er die relevanten Teile der Segelanweisungen lesen, um zu wissen, wie die Startlinie definiert ist.

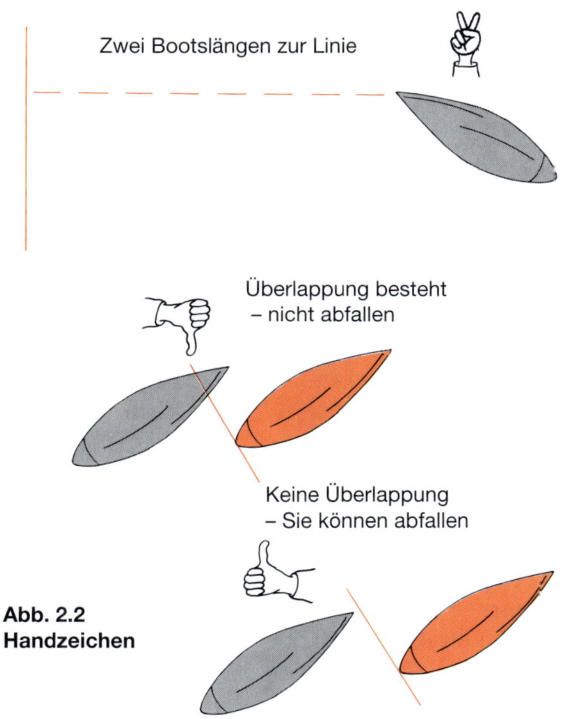

Abb. 2.2 Handzeichen

2.3 *Der Vorschiffsmann muß beim Setzen des Vorsegels sicherstellen, daß das Segel sauber in den Feeder und dann in die Nut läuft. Bei einigen Systemen kann der erste Meter des Profils ausgeleiert sein, was dazu führt, daß das Segel beim Setzen nach hinten herausgezogen wird. Abhilfe schafft nur ein neues Profilstag.*

Die Aufgaben des Vorschiffsmanns während der Wende

Während einer normalen Wende hat der Vorschiffsmann nicht viel zu tun. Seine Hauptaufgabe besteht darin, sicherzustellen, daß die Schoten und das Schothorn in der Wende nicht unklar kommen, und dann das Unterliek des Segels nach innen über die Reling zu ziehen, falls das erforderlich ist.

Vorsegelwechsel

Beim Vorsegelwechsel kann der Moment kommen, da der Vorschiffsmann froh ist, daß er etwas für seine körperliche Ertüchtigung getan hat, denn dies kann – besonders bei schwerem Wetter – ziemlich harte Arbeit werden.

Ein Segelwechsel in der Wende muß blitzartig ausgeführt werden. Während ein anderes Crewmitglied das Segel bringt, bereitet der Vorschiffsmann das Fall vor und überzeugt sich, daß keine Kinken im System sind. Das Fall wird am Kopf des Segels angeschäkelt, das dann an der Luvseite nach vorne gezogen wird. Der Hals wird befestigt und der Kopf durch den Feeder in die Luvnut eingeführt. Sobald das geschehen ist, sollte das Segel klar zum Setzen sein, denn der zweite Mann hat inzwischen die unbelastete Schot umgesteckt und den Holepunkt richtig eingestellt.

Wenn der Sack gut vorbereitet wurde, sollte er aufspringen, sobald das Segel gezogen wird, sonst muß erst der Reißverschluß geöffnet werden. Verfügen Sie über keine Segelsäcke, die sich ganz öffnen lassen, ist es praktisch, wenn der Vorschiffsmann das Segel aus dem Sack zieht, bevor er nach vorne geht. Dabei zieht er das Segel am Zeiser, der das Vorliek zusammenhält. Auf jeden Fall sollten Sie Sorge dafür tragen, daß der Sack nicht verloren geht. Je nach den Gepflogenheiten auf der Yacht geht der Vorschiffsmann dann entweder zum Mast zurück und bedient das Fall, oder er führt das Vorliek in den Feeder ein.

Ist das Segel ganz oben, wendet das Boot, und das alte Segel wird geborgen. Der Job des Vorschiffsmanns ist es, das Segel so schnell wie möglich runterzuziehen. Das alte Fall kann gleich dem Mastmann übergeben werden, der es sichert und dann das Schothorn nach achtern zieht, wo das Segel auf dem Seitendeck zusammengelegt oder nach unten gestaut wird, wo es später aufgetucht wird.

Bei einem überlappenden Segelwechsel und gleichbleibendem Kurs läuft alles genauso ab, außer daß sich der Trimmer darum kümmern muß, daß eine neue Schot an der Arbeitsseite geschoren wird. Erst wenn das neue Segel gesetzt ist, wird der Vorschiffsmann den Unterschied merken, denn er muß jetzt das alte Segel hinter dem neuen herunterziehen, und das ist natürlich schwerer, als es in Luv wegzunehmen. Er muß sich zu dieser Arbeit ganz nach vorne in den Bug setzen, um das Vorstag herumlangen und das Vorliek ungefähr einen Meter herunterziehen, um den Hals abzuschäkeln. Dann zieht er das Segel unter dem Unterliek des neuen Segels hindurch, um zu verhindern, daß es ins Wasser fällt. Auf größeren Yachten wird das eine Arbeit für zwei Männer sein, soll das Segel nicht in der See landen.

Bei einem Segelwechsel ohne Kursänderung, bei dem das neue Segel außen gesetzt wird, laufen die Vorbereitungen etwas anders ab. Der Vorschiffsmann bereitet das Fall vor, dann führt er es außen am alten Segel nach vorne, und jemand anderer holt das neue Segel. Benutzt man Drahtfallen, erleichtert er sich den Job, wenn er ein Segelbändsel am Schnappschäkel befestigt, denn das läßt sich leichter am Unterliek des alten Segels entlangführen.

Hat er den Bug erreicht, kann er das Fall zeitweise an der Reling befestigen, während der Kopf des Segels unter dem Fußliek des alten Segels nach außen durchgeschoben und dann in den Feeder und die Leenut eingeführt wird. Schäkelt man jetzt den Hals des neuen Segels an, macht man sich das Leben nur schwerer. Damit sollte man warten, bis das Segel fast völlig oben ist. Der Vorschiffsmann sollte ganz vorne sitzen, wenn das neue Segel gesetzt wird, das Vorliek unter dem alten Segel durchziehen und so weit wie möglich nach vorne holen, um zu verhindern, daß das Segel aus der Nut gerissen wird. Das Bergen des alten Vorsegels, nachdem die neue Genua gesetzt ist, verläuft nach demselben Schema wie beim Segelwechsel während einer Wende.

Setzen des Spinnakers

Der größte Teil der Arbeiten eines Vorschiffsmanns während dieses Manövers wird lange vor dem eigentlichen Setzen des Spi erledigt. Gute, schnelle Vorbereitung bietet die beste Gewähr für Erfolg. Nehmen wir an, daß das Boot nach Luv zur Wendeboje aufkreuzt, daß die meisten Vorbereitungen auf der Luvseite getroffen werden können und zeitlich mit den letzten Kreuzschlägen zusammentreffen. Der Vorschiffsmann sollte sich mit dem Taktiker abstimmen, damit sein fehlendes Gewicht auf der hohen Kante so wenig Geschwindigkeitsverlust wie möglich hervorruft. Irgendwann muß er aber seinen Platz verlassen, weil sonst das Spinnakermanöver gefährdet wird, und er muß diese Absicht auch klar ankündigen.

Stehen zwei Spifallen zur Verfügung, ist es gewöhnlich am besten, das leewärtige zu wählen. Das erlaubt später den fliegenden inneren Spiwechsel, ohne daß ein Törn in die Fallen kommt. (Das gilt nicht, wenn vor dem Spiwechsel gehalst werden muß, in diesem Fall sollte man das Luvfall wählen.) Welches auch immer benutzt wird, es muß außerhalb der Genua und der Genuaschot nach vorne geführt werden, auf der richtigen Seite des Vorstags verlaufen und nicht mit anderen Leinen unklar kommen (etwa mit dem Toppnant).

3
Wendet das Boot zurück auf Backbordbug, um die Tonne zu runden, wird das Spifall angeschäkelt, und der Spibaum wird in die richtige Höhe gehievt. Jetzt wird auch der Achterholer auf eine Winsch gelegt. Damit ist alles vorbereitet, um gleich nach dem Runden den Spi zu setzen.

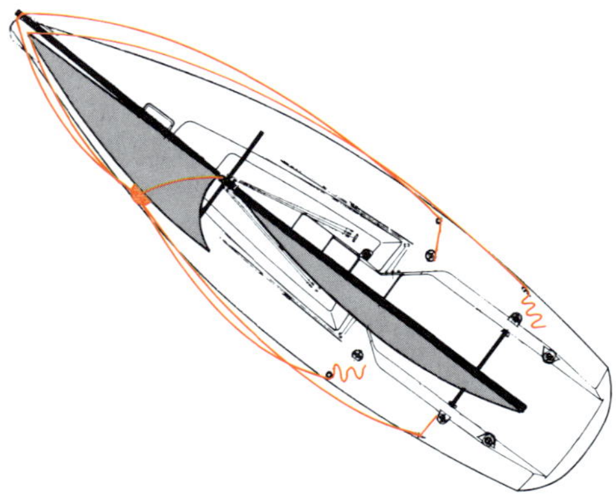

2
Wenn das Boot kurz vor dem Ansteuern der Luvtonne auf den Steuerbordbug wendet, befestigt der Vorschiffsmann den Spisack an der Luvreling und schäkelt die Schoten und den Achterholer an. Die Schot wird auf eine Winsch genommen, der freie Achterholer klar zum Laufen aufgeschossen.

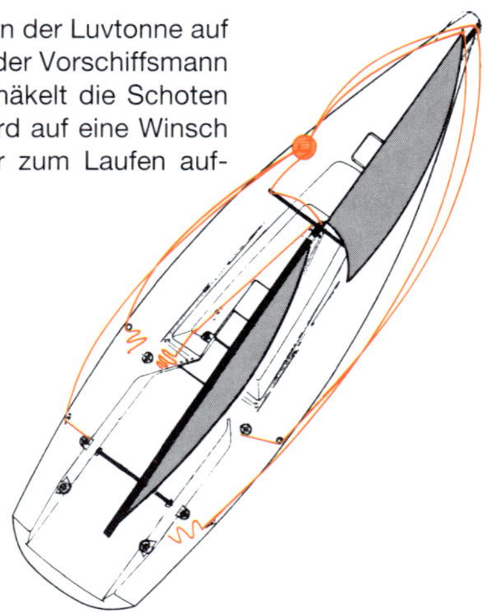

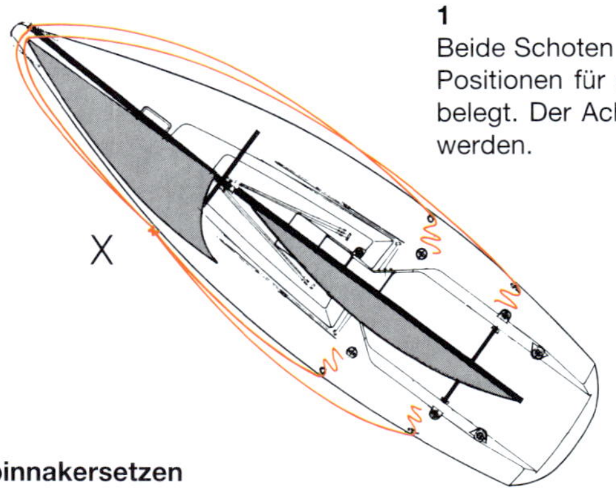

1
Beide Schoten und Achterholer werden an den korrekten Positionen für das Setzen auf Backbordbug (Position X) belegt. Der Achterholer kann in die Baumnock eingelegt werden.

Abb. 2.3 Vorbereitung zum Spinnakersetzen

Häufig ist es nützlich, eine Bucht des Falls hinter die Saling zu nehmen, damit es klar von der Genua bleibt, besonders dann, wenn noch mehrere Kreuzschläge gemacht werden müssen.

Die Schoten und Achterholer (falls doppelte Leinen verwendet werden) müssen am Spi angeschäkelt werden. Wichtig ist, das alle außen frei vom Vorstag und den Wanten verlaufen. Achten Sie darauf, daß keine Leine aus Versehen durch die Relingsdrähte gezogen wurde oder mit den Schoten eines anderen Vorsegels vertörnt ist. Beim Aufklaren nach dem Ablegen oder nach dem Bergen eines Spi schätze ich es, wenn die Schoten und Achterholer zusammengeschäkelt werden, aber ein Schotschnappschäkel frei und offen bleibt, klar zum Einschäkeln am Segel. Es besteht keine Notwendigkeit, die Leinen an der Reling zu befestigen, denn wenn man das unterläßt, können die Schäkel von der Cockpitcrew auf die richtige Seite gezogen werden, ohne daß jemand nach vorne gehen muß.

Für ein normales Spimanöver beim Abfallen an einem windigen, rauhen Tag empfiehlt es sich manchmal, den Spinnakersack auf halber Höhe des Vordecks auf der Luvseite zu befestigen. Die Enden der Schoten, Achterholer und des Falls können unter dem Fußliek der Genua zum Spi nach Luv geführt werden, von wo aus er problemlos gesetzt werden kann. Das verhindert, daß der Spi über Bord geweht wird, besonders wenn Sie auf Ihrem Weg zur Bahnmarke längere Zeit auf diesem Bug bleiben wollen. (Abb. 1.8)

Das innere Ende des Spibaums kann am Mast befestigt, der Toppnant und der Niederholer überprüft und der Achterholer in die Baumnock eingelegt werden. Sind die grundlegenden Vorbereitungen abgeschlossen, muß der Vorschiffsmann so schnell wie möglich wieder seinen Platz auf der hohen Kante einnehmen. Die letzte Aufgabe, den Spibaum in die horizontale Stellung zu bringen, kann bis wenige Sekunden vor dem Setzen warten. Sitzt er wieder auf seinem Platz, sollte sich der Vorschiffsmann umschauen und prüfen, ob nirgends ein Törn ist oder ein Fehler gemacht wurde.

Beabsichtigt man, den Spi während einer Halse zu setzen, sollte der Spinnakersack so weit wie möglich am Bug angebracht werden – wenn er klein genug ist, sogar vorne im Bugkorb. Dadurch bleibt er während der Halse vor der Genua und verhindert ein Durcheinander. Ansonsten ist die Arbeit des Vorschiffsmanns dieselbe wie beim Setzen während des Abfallens. Der einzige bedenkenswerte Punkt ist, ob es nicht günstiger sein könnte, wenn der Spibaum hoch am Mast ansetzt, den Toppnant um das Achterliek und unter dem Unterliek der Genua hindurchzunehmen, bevor man ihn am Baum einschäkelt. Dadurch kann man den Baum etwas früher setzen, denn die Genuaschot verläuft dann innerhalb des Toppnants und muß daher

Führen Sie den Toppnant (rote Linie) am Achterliek vorbei, dann außen am Segel entlang, und ziehen Sie ihn unter dem Fußliek durch, bevor Sie ihn am Spibaum befestigen. Sobald das Boot halst, kann der Baum sofort gesetzt werden – aber denken Sie daran, daß die freie Vorsegelschot glatt auslaufen muß, damit der Baum ungestört hochgeholt werden kann.

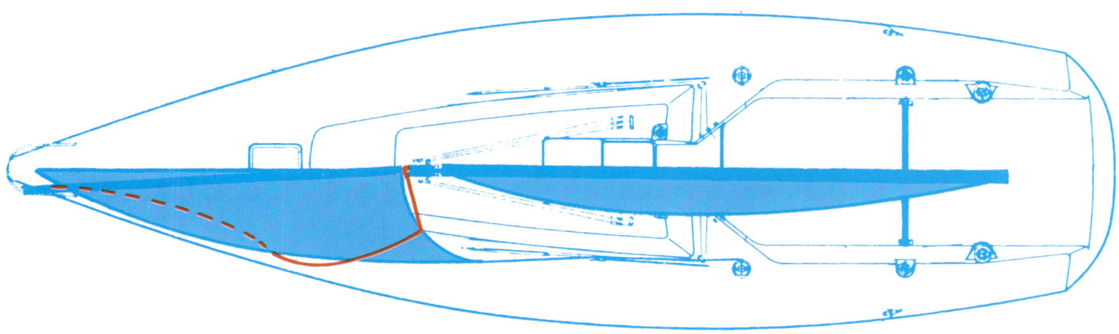

Abb. 2.4 Führung des Toppnants für das Spinnakersetzen während einer Halse

nicht vollkommen entspannt sein, bevor man den Baum setzt.

Welche Technik des Setzens auch gewählt wird, entscheidend ist, daß der Spi schnell hochkommt und eingestellt wird. Das bedeutet: Außer bei wirklich stürmischen Verhältnissen muß die Genua zumindest teilweise gefiert sein, sobald der Spi am Masttopp ist. Der Vorschiffsmann muß bereit sein, die Genua herunterzuziehen und dafür zu sorgen, daß sie nicht ins Wasser fällt. Wie gewöhnlich sollte er sie schnell bergen, sie mit einem Zeiser sichern und sie liegen oder zum Zusammenlegen nach achtern ziehen lassen. Ist der Mast mit geraden Salingen versehen und wird er vor dem Wind nach vorne getrimmt, schäkelt der Vorschiffsmann das Genuafall vom Segel ab und befestigt es am Vorsegel-Halsbeschlag.

Spinnakerhalse

Bei der Halse ist der Vorschiffsmann mehr als bei jedem anderen Manöver gefährdet. Außerdem wird er dabei oft zum Prügelknaben für die Fehler des Rudergängers gemacht.

Bei einer Halse vor dem Wind hat er eigentlich wenig zu tun. Er muß weit vorne stehen, wenn der Baum hereinschwingt und herunterkommt. Dabei hat er eine Bucht des unbelasteten Achterholers in der Hand, um sie in den Schnappverschluß des Baums zu legen. Entweder kann er den Verschluß mit einer langen Reißleine selber öffnen, oder der Mastmann besorgt das für ihn. Sobald er den Achterholer eingelegt und den Verschluß geschlossen hat, muß er laut „Fertig!“ rufen, damit die Cockpitcrew weiß, daß er seine Arbeit beendet hat.

Die beiden häufigsten Fehler, die bei einer Spi-Halse gemacht werden, sind erstens, daß der Achterholer falsch herum in die Baumnock eingelegt wird, was unter Belastung zu einer falschen Zugrichtung führt. Zweitens – und dieser Fehler ist noch häufiger: Läßt der Vorschiffsmann den Baum zu früh los, wenn der neue Achterholer noch reichlich Lose hat, dann kann eine Bucht mit dem Baum unklar kommen und sich unter Last beklemmen. Das erste Problem kann durch Übung vermieden werden, das zweite ist eine Frage des Timing. Sobald der Achterholer in der Baumnock liegt und der Vorschiffsmann „Fertig!“ gerufen hat, behält er ein oder zwei Sekunden den Spibaum in den Händen, bis der Achterholer steifkommt und der Baum aus seiner Hand gezogen wird.

Halst man von gut voll und bei auf denselben Kurs auf dem anderen Bug, wird das Schothorn des Spinnakers weit achtern stehen, wenn sich das Boot der Halse nähert. Wird das Segel jetzt nach vorne geholt, wird im neuen Achterholer sehr viel Lose sein, was das oben angesprochene Problem wieder aufwirft und der Cockpitcrew das Leben am neuen Achterholer schwer macht. In dieser Situation sollte der Vorschiffsmann am Mast mit einer Bucht des unbelasteten Achterholers bereitstehen und erst nach vorne gehen, wenn das Schothorn nach vorne zu wandern beginnt. Auf diese Weise sollte gerade genug Lose vorhanden sein, um die Halse reibungslos ablaufen zu lassen, wenn der Spi vor dem Schiff steht.

Bei Halsen mit symmetrischen Spibäumen auf kleineren Yachten arbeitet der Vorschiffsmann am Mast; ob ihm ein zweiter Mann hilft, hängt von der Windstärke ab. Er muß den Baum vom Mast lösen, den neuen Achterholer in die Baumnock einlegen, dann den Baum nach außen und vorne drücken, bevor er ihn schließlich wieder am Mast einhängt.

Er muß einen festen Stand haben, damit er den Baum nicht dazu benutzt, um sein Gleichgewicht zu halten – er soll den Baum kontrollieren, nicht umgekehrt! Es ist immer notwendig, den Baum gleichzeitig nach vorne und außen zu schieben, und sein Standort sollte das berücksichtigen. Der beste Platz ist mit dem Gesicht nach vorne und etwas in Luv, die Schulter kann sich dabei am Mast abstützen. Im Idealfall liegt die Genua-Luvschot immer über dem Ende des Baums. Das macht es nötig, daß man die alte Schot vom Baum fallen läßt und die neue Schot darüberlegt, bevor man den Achterholer einpickt und den Baum hinausdrückt. Allerdings ist dies der Idealfall, und der Vorschiffsmann sollte bedenken, daß es auch später gemacht werden kann. Vorrangig ist, daß man den Baum schnell wieder an den Mast bekommt.

Fliegender Spinnakerwechsel

Der gesamte Ablauf des fliegenden Spiwechsels wurde schon im ersten Kapitel behandelt. Es reicht aus, hier nochmals festzustellen, daß alles von der guten Vorbereitung – insbesondere durch den Vorschiffsmann – abhängt. Vielleicht sollte man noch erwähnen, daß der Vorschiffsmann auf großen Yachten mit dem Hals des neuen Segels auf den Spibaum muß. Er sollte das bei ruhigem Wetter in Küstennähe üben, bevor er es nachts auf See praktiziert. Fast immer ist es einfacher und sicherer für ihn, wenn er zur Sicherheit ein Fall an seinem Gurt befestigt, außer vielleicht bei extrem leichten Windverhältnissen. Es erfordert verdammt viel Zeit, zwei Spinnaker gleichzeitig zu bergen und dann das Schiff zu wenden, um einen Macho aus dem Wasser zu fischen!

Spinnakerbergen

Wenn es an der Zeit ist, den Spi fallen zu lassen, kommen wieder ein paar hektische Minuten auf den Vorschiffsmann zu. In einer idealen Welt würde er das voraussehen und rechtzeitig so viele Vorbereitungen wie möglich treffen.

Ist das Genuafall an den Vorsegel-Halsbeschlag geschäkelt, kann es nötig werden, es über den Baum zu nehmen, bevor es benutzt werden kann. Angenommen, die Genuaschot liegt bereits über dem Baum, dann kann man hinten am Baum eine Bucht am Fall befestigen. Zieht man nun an der Schot, holt man das Fall mit. Die richtige Genua muß auf dem Vordeck bereitliegen. Es empfiehlt sich immer für den Vorschiffsmann, rechtzeitig nachzufragen, ob noch eine Änderung angeordnet wurde – jedenfalls bevor er das Segel anschlägt. Manchmal waren Steuermann und Taktiker auf dem Vorwindkurs zu beschäftigt, um zu bemerken, daß die Windgeschwindigkeit zu- oder abgenommen hat. Außer auf sehr kleinen Yachten halte ich es für das Beste, die Genua sofort nach dem Bergen zusammenzulegen und im Sack an Deck zu lassen. Das macht eine Änderung der Besegelung in letzter Sekunde für alle Beteiligten leichter. Ist die Genua noch mit dem Vorliek befestigt, und die Yacht segelt jetzt auf dem anderen Bug, muß man sie auf die neue Leeseite bringen. Dabei muß man sie vor dem Niederholer herumtragen und gegebenenfalls dazu die Schoten lösen.

Beim Bergen des Spi hilft der Vorschiffsmann wenn nötig beim Setzen der Genua. Danach muß er schnell den Spibaum wegnehmen, wenn eine Wende zu erwarten ist. Eine nützliche Regel sollte sich jeder merken: nicht zu wenden, bevor der Vorschiffsmann gemeldet hat, daß das Vordeck klar zur Wende ist! Besteht keine Veranlassung, schnell zu wenden, kann das Aufklaren warten (mit der Ausnahme, die Baumnock in die Mittschiffslinie zu holen), bis das Boot die optimale Geschwindigkeit zum Ziel erreicht hat.

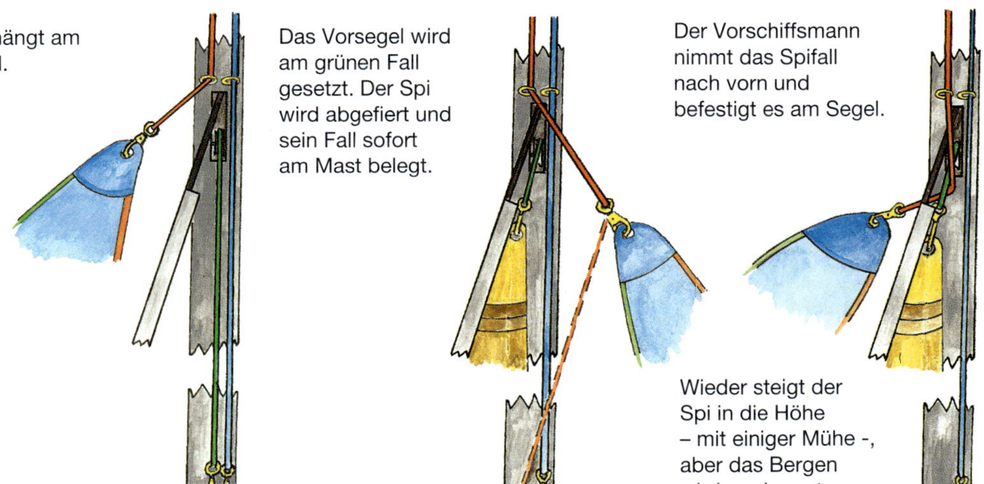

Abb. 2.5
Vertörnte Fallen

Mast und Niedergang

Bis jetzt haben wir uns mit der Rolle und der Position des Vorschiffsmanns beschäftigt. Seine Aufgaben lassen sich verhältnismäßig leicht definieren, zudem sind sie auf allen seegehenden Regattayachten ziemlich gleich. Die Situation wird komplizierter, betrachtet man den Mast, die Fallen und den Niedergangsbereich. Jetzt bestimmen das Deckslayout und die Größe der Yacht, welche Aufgaben von wie vielen Mannschaftsmitgliedern erledigt werden müssen. Um das deutlich zu machen, wollen wir uns drei Beispiele anschauen: Erstens eine kleine Yacht, zweitens eine Vollblut-Rennyacht und drittens einen Cruiser-Racer, auf dem die einfache Bedienung beim Fahrtensegeln den Vorrang vor den Anforderungen einer Rennmaschine hat.

Im Fall der kleinen Rennyacht, sagen wir einer J 24, wird der Vorschiffsmann auch die meisten Arbeiten am Mast erledigen. Ein weiteres Mannschaftsmitglied ist für alle Aufgaben im Niedergangsbereich zuständig. Beim Bergen des Spinnakers kann der Mann im Niedergangsbereich („Fallenmann“) sowohl das Fall kontrolliert fieren als auch den Spi hereinziehen. Nur bei seltenen, stürmischen Gelegenheiten wird der Vorschiffsmann am Mast Hilfe benötigen.

Fährt man auf einer mittelgroßen durchgestylten Rennyacht, werden wir zusätzlich zum Vorschiffsmann einen Mastmann vorfinden, obwohl der Mastmann häufig nur ein Gehilfe des Vorschiffsmanns ist. Aber wieder werden höchstwahrscheinlich alle Fallen und Kontroll-Leinen in den Niedergangsbereich geführt sein und sich dort in der Reichweite eines Mannschaftsmitglieds befinden. Unter allen Bedingungen – außer sehr stürmischen – wird dieser Fallenmann in der Lage sein, den Spinnaker fallen zu lassen und ihn hereinzuziehen, und in den meisten Fällen wird er auch alle Kontroll-Leinen bedienen können.

Erst wenn jemand versucht, Regattamanöver mit einem Boot einzuüben, das fürs Fahrtensegeln gebaut wurde, werden mehr und mehr Crewmitglieder gebraucht, um die Aufgaben zu bewältigen. Ich habe mit einer Swan 53 ausgiebig Regatten gesegelt. Das Boot war nicht nur groß genug, um neben dem Vorschiffsmann auch einen Mastmann erforderlich zu machen, es benötigte außerdem noch einen zweiten Mann als Assistenten auf dem Vordeck. Einen Niedergangsbereich, um den sich alle Winschen konzentrierten, gab es nicht. Die Fallwinschen und die anderen Einstellungsmöglichkeiten waren ringsum an Deck angeordnet. Das sah sehr effektiv aus, weil es für jede Aufgabe eine spezielle Winsch gab. Allerdings konnte man mit einer Winsch – und damit auch mit nur einem Mann – keine zweite Leine bedienen. Deshalb müssen bei Schiffen dieser Art zumindest zwei, wenn nicht drei Personen eingesetzt werden, um die Arbeit eines Fallenmanns zu erledigen.

Trotz der etwas vagen Abgrenzungen gibt es klar zu definierende Jobs, die erledigt werden müssen. In den meisten Fällen wird es nicht sehr schwierig sein, herauszufinden, welches Muster auf die spezielle Yacht anzuwenden ist und wie die Aufgaben mit Ihren eigenen Vorstellungen in Übereinstimmung zu bringen sind. Ich habe daher grob nach den Aufgaben des Mastmanns und des Fallenmanns unterschieden.

Der Mastmann

Das Mannschaftsmitglied am Mast bedient die Fallen und sorgt dafür, daß sie sich nicht vertörnen, ganz gleich, ob sie in Gebrauch oder aufgeschossen sind. Bei jedem Segelwechsel zieht er das neue Segel hoch und hilft dem Vorschiffsmann oft beim Bergen der Genua. Darüber hinaus stellt er die Höhe des Spinnakerbaums am Mast ein. Während einer Halse kann er auch den Baumnockverschluß aufreißen.

Auf Yachten von einiger Größe erfordern manche dieser Aufgaben eine ganze Menge Kraft, besonders das Durchsetzen der Fallen bis zum Anschlag. Dieser besondere Job kann während des Spi-Setzens kritisch werden, wenn der Spi in einem Zug hochsteigen muß. Um diese Arbeit zufriedenstellend ausführen zu können, müssen die Fallen so hoch wie vernünftigerweise möglich aus dem Mast austreten – mindestens aber zwei Meter über Deck –, und der Fallenmann muß im gleichen Takt die Lose wegholen. Ein häufig zu beobachtender Fehler ist, daß der Mastmann das Fall immer nur etwa einen Meter holt, statt seine ganze Größe auszunutzen. Er sollte sich mit ausgestreckten Armen nach oben recken, das Tau packen und es bis fast zum Deck herunterreißen, bevor er sich wieder hochreckt. Wird der Widerstand für einfaches Ziehen zu groß, greift er das Fall etwa auf halber Höhe zwischen Fallaustritt und Deck und zieht es horizontal vom Mast weg. Der Fallenmann muß wieder gut mitarbeiten und die Lose durch die Klemme holen. Segelhandschuhe sind bei diesem Job unverzichtbar, besonders wenn entweder Draht-Tauwerk oder Spektra ohne Mantel für die Fallen Verwendung fand. Beides kann wirklich übel in die Hände einschneiden.

Außer erheblicher Kraft im Oberkörper kann Größe für diese Arbeiten nützlich sein. Je größer man ist, desto mehr Fall kann man mit einer Körperbewegung ziehen. Damit soll aber nicht gesagt werden, daß kleine Menschen diesen Job nicht ausfüllen können, sondern nur, daß Körpergröße ihn erleichtert. Ein großer Mann hat einen weiteren Vorteil: Er kommt leichter an den Spibaum heran (das ist besonders auf großen Yachten wichtig), außerdem kann er beim Reffen höher in das Vorliek des Großsegels fassen. Falls Sie am Mast arbeiten und etwas körperliche Ertüchtigung treiben möchten, dann sollten Sie den Oberkörper kräftigen und für starke Hände sorgen. Aber wie bei allen Crewmitgliedern steht allgemeine Fitneß im Vordergrund.

Das innere Ende des Spibaums muß eingestellt werden, damit der Baum in der Horizontalen bleibt. Auf einigen Yachten wird Gewicht eingespart, indem nur zwei bis drei feste Augbeschläge an der Vorderseite des Masts für die Befestigung des Spibaums vorgesehen werden, aber meistens verwendet man ein verschiebbares Schlittensystem. Was man auch benutzt, man muß die ungefähre Höhe bei den verschiedenen Windeinfallswinkeln kennen und natürlich auch die ideale Höhe beim Halsen. Muß man den Baum unter Last verstellen, geht das am leichtesten, wenn man zuerst das innere Ende einstellt und danach die äußere Nock nach oben oder unten verändert. Ein Problem, das am inneren Beschlag auftritt, verursacht oft die Leine, mit der die Höhe variiert wird. Sie darf weder zu schnell bekneifen, noch darf der Baum unter Belastung hoch oder runter rutschen. Falls das Ihr Arbeitsgebiet ist, müssen Sie dafür sorgen, daß das System einwandfrei funktioniert. Wenn das Problem einfach darin liegt, daß die Leine zu dick ist, kann man sie gegen eine mit geringerem Durchmesser austauschen, und alles ist in Butter.

Der Mast sollte mit den verschiedenen Höheneinstellungen markiert werden. Wenn man Durchschwinghalsen praktiziert, muß auch der Toppnant markiert werden, damit der Baum über die Seereling schwingen kann, aber innerhalb des Vorstags bleibt.

2.4 *Der Mastmann setzt sein gesamtes Körpergewicht ein, um das Vorsegel schnell in die Höhe zu ziehen. Bei den letzten Zentimetern wird er ins Fall einfallen, d. h. er zieht es vom Mast weg und nach unten. Hierbei ist die Abstimmung mit dem Fallenmann äußerst wichtig.*

Ich schätze es, für diesen Zweck eine Kammklemme am Mast zu befestigen, in die der Toppnant eingeklemmt werden kann. Die entsprechende Lose dazu wird aus dem Cockpit gegeben, bevor das Ende auch dort belegt wird. Wird der Achterholer aus dem Baum genommen, reißt man den Toppnant aus der Klemme, und der Baum fällt automatisch in die richtige Höhe. Beim Toppen des Baums nach der Halse ist zu beachten, daß der Baum nie höher steigt als das Fußliek des Spi, bis der Achterholer wieder steifgekommen ist.

Sonst kann man nur zu leicht den Baum durch den Spi bohren.

Beim Reffen ist es die Aufgabe des Mastmanns, das Vorliek herunterzuziehen und die Reffkausch einzuhängen. Auch hier ist die Zusammenarbeit mit dem Pitmann wichtig, der normalerweise das Fall bis zu einer vorgesehenen Markierung fieren wird und es dann wieder durchsetzt, um abschließend den Ausholer steifzuholen.

Der Mann an den Fallen

Dieser Job erfordert jemanden mit Überblick, der vorausschauend zumindest das nächste Manöver planen kann. Besser ist es, wenn er auch schon das übernächste mit berücksichtigt. Handschuhe sind bei dieser Arbeit unverzichtbar; benutzt man keine, kann man sich schwere Verbrennungen an den Handflächen zuziehen, besonders dann, wenn man das Spifall löst.

Die Körpergröße spielt für diese Position keine wichtige Rolle. Tatsächlich ist es sogar negativ, wenn der Fallenmann zu schwer ist, denn er wird sehr häufig der Erste sein, der von der hohen Kante herunter muß. Verlangt werden bei diesem Job starke Arme, und dafür sollte man etwas tun. Eine weitere wertvolle Eigenschaft ist gutes Timing. Besonders beim Fieren eines Falls kann der Bruchteil einer Sekunde entscheiden: etwas zu früh, und das Segel fällt nicht; etwas zu spät, und das Segel bleibt gefüllt und kann nicht binnenbords gezogen werden.

Bevor ein Fall gefiert wird, muß es immer vorbereitet werden, gewöhnlich indem man es in Achten klar zum Laufen aufschießt, um Kinken zu vermeiden. Die meisten Fallenleute lassen beim Setzen die Enden der Fallen lose in den Niedergang fallen und schießen sie erst kurz vor dem Bergen des Segels hinter der Fallwinsch auf, wenn es sich nicht um eine Mehrzweckwinsch mit einer Reihe von Stoppern handelt. Soll ein Fall nach dem Lösen frei ausrauschen, dürfen keine Törns auf der Winsch bleiben, weil das zu große Reibungswiderstände verursachen würde. Bei Stoppern besteht das Problem nicht, denn sollte ein Abstoppen nötig werden, kann man das jederzeit damit erledigen. Kommt die Leine dagegen direkt von einer Winsch, ist es beim Bergen eines Spi bei stürmischem Wetter weise, wenn man einen Törn auf der Winsch für den Fall behält, daß etwas schiefläuft.

Eine Methode, eine Yacht auf schnelle einfache Bergemanöver vorzubereiten, die man oft auf Matchracern sieht und die man vorzugsweise unter Land benutzen sollte: Unter dem Deck der Kajüte werden mehrere Gummistropps gespannt, über die man die verschiedenen Fallen legt. Diese Stropps wirken dann wie eine Art Führungsschienen. Ein weiterer Vorteil liegt darin, daß der Kajütboden und der Fuß des Niedergangs frei von Leinen bleiben.

Beim Bergen eines Spi ist der häufigste Fehler, daß der Mann am Fall übervorsichtig ist. Wird das Fall zu langsam gefiert, bleibt der Spi fast immer gefüllt, und es wird schwierig, ihn zu bergen. Läßt man dagegen das Fall willig auslaufen, wird der Spinnaker zusammenfallen, was der Bergungscrew das Leben sehr vereinfacht. Beim Wegnehmen kleiner Spinnaker (sagen wir, auf Booten bis etwa zehn Meter Länge) kann man mit großer Sicherheit das gesamte Fall einfach ausrauschen lassen. Aber auf großen Yachten kann sich die Notwendigkeit ergeben, es in zwei Stufen zu fieren. Zuerst läßt man etwa zwei Drittel des Falls auslaufen, dann stoppt man es ab, damit der Kopf des Segels nicht baden geht. Sobald die Crew die große Tuchmasse unter Kontrolle hat, kann der Rest des Falls gefiert werden. Handschuhe und/oder gute Stopper sind bei dem Job Voraussetzung. Diese Methode kann aber nicht nach einem fliegenden Spiwechsel benutzt werden, wenn der Spi vorne am Bug weggenommen wird; dabei muß das Fall kontrolliert gefiert werden.

Reißt ein Mastmann das Segel in die Höhe, muß der Fallenmann über eine gute Technik verfügen, um die Lose des Falls wegzuholen. Es ist von größter Wichtigkeit, daß er mit dem Mastmann Schritt hält, weil dieser sonst das belastete Segel halten muß, ohne daß ihm eine Winsch oder ein Stopper hilft – keine schöne Vorstellung. Entsteht zwischen den beiden Lose, so wird das meist mit einem Kinken vor dem Umlenkblock am Mastfuß enden. Die effizienteste Methode scheint zu sein, das Fall abwechselnd mit einer Hand zu packen und in einem weiten Halbkreis nach hinten zu ziehen; dabei drückt man die Ellbogen weit nach oben vom Körper weg, dann greift man mit der anderen Hand nach. Dieser Bewegungsablauf kann für andere Crewmitglieder, die sich zu nahe herangewagt haben, ziemlich gefährlich sein, bringt aber die Leine schnell nach achtern. Normalerweise holt man die Lose eines

2.5 *Der Fallenmann schießt ein Fall sorgfältig auf dem Seitendeck auf, um sicherzustellen, daß es frei ausrauschen kann.*

2.5a *Der Fallenmann muß methodisch und klar denken können, will er Ordnung zwischen den vielen Leinen halten.*

Spifalls durch den geschlossenen Stopper, wobei höchstens ein Törn über der Winsch liegt. Anders bei einem Genuafall, wo man mit großer Wahrscheinlichkeit die letzten Zentimeter mit der Winsch kurbeln muß. Dabei kann man Zeit einsparen, wenn man zwei oder sogar drei Törns auf der Winsch liegen hat.

Es ist wichtig, daß alle Fallen markiert sind, damit sowohl der Mastmann als auch der Fallenmann sehen können, daß das Segel richtig gesetzt ist, ohne nach oben blicken zu müssen. Eine Markierung auf dem Fall, die mit einer anderen am Mast übereinstimmt, ist oft die einfachste Lösung. Aber es gibt für Genuas noch eine zweite Möglichkeit, nämlich daß man das Vorliek des Segels und die Vorliekkiep etwa zwei Meter über Deck markiert – decken sie sich, dann ist das Segel voll durchgesetzt.

Auf ein Genuafall sollte nicht die volle Spannung kommen, bis etwas Druck vom Kopf des Segels genommen wurde. Entweder fiert der Trimmer die Schot leicht auf, oder der Steuermann luvt etwas an – oder beides.

Kurbelt man das Segel unter voller Druckbelastung hoch, kann das eine Delamination des Kopfes zur Folge haben.

2.6 *Mit langen Armzügen hält der Fallenmann beim Durchholen des Falls mit dem Mastmann Schritt. So steht er in einer idealen Position: Er hat viel Platz für seine Ellenbogen und wird vermutlich niemanden k. o. schlagen.*

Der Vorsegeltrimmer

Die Arbeiten der verschiedenen Mannschaftsmitglieder, die wir bis jetzt behandelt haben, setzen bestimmte körperliche Fähigkeiten voraus und das Erlernen einiger Abläufe. Die Aufgaben des Vorsegeltrimmers dagegen erfordern einige Grundkenntnisse, die nicht schwierig zu erlernen sind. Aber wer diesen Posten erfolgreich ausfüllen will, benötigt einen großen Erfahrungsschatz, um jedes Segel unter den verschiedenen Windverhältnissen optimal einstellen zu können. Der Vorsegeltrimmer arbeitet Hand in Hand mit dem Großsegeltrimmer und dem Steuermann, um die vorhandene Windkraft in den größtmöglichen Vortrieb umzusetzen. Es ist wichtig, daß er sich ein Segel anschaut und erkennt, wie man seinen Schnitt verbessern könnte, und dann muß er auch noch in der Lage sein, das im Fachchinesisch der Segelmacher auszudrücken.

Bevor wir uns mit den Einzelheiten des Trimmens beschäftigen, wollen wir uns die allgemeinen Anforderungen für diesen Job ansehen. Der Vorsegeltrimmer muß ein guter Teamarbeiter sein, denn seine Arbeit ist eingebunden ins Gesamtpaket „Antrieb". Weiterhin muß er die Theorie der Segel kennen und wissen, wie sie die Kräfte erzeugen, die auf das Boot wirken;

Abb. 2.6
Vorlieknut mit Segel – Markierung für das Setzen

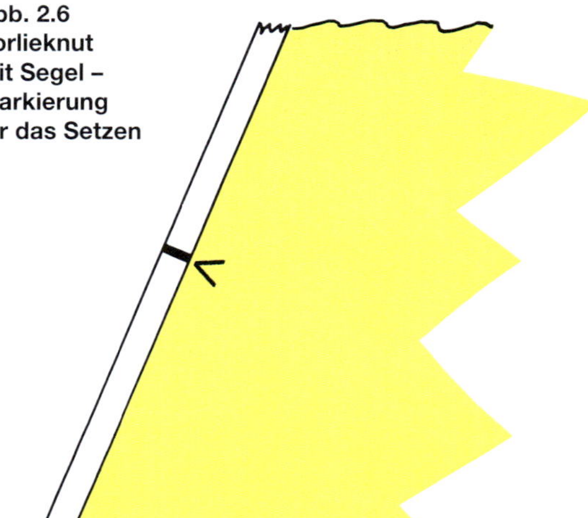

Zum Abschluß sei nochmals betont, daß Mast- und Fallenmann eng zusammenarbeiten müssen, auch und besonders mit dem Vorschiffsmann. Verlangt wird gute Übersicht und gutes Timing. Obwohl sie häufig etwas abschätzig nur als die „Mittelmänner" der Crew bezeichnet werden, sind diese beiden Positionen entscheidend für die meisten Manöver.

außerdem muß er sich über lange Zeit hinweg konzentrieren können. Besondere Stärke ist nicht erforderlich, was diesen Job als sehr gut für weibliche Crewmitglieder erscheinen läßt – zumal diese sich häufig besser konzentrieren können als ihre männlichen Kameraden.

Vorsegeltrimm am Wind

Hier muß der Trimmer sich den allgemeinen Stand seines Segels anschauen, sowohl einzeln als auch im Zusammenwirken mit dem Großsegel. Er wird seine Form den herrschenden Bedingungen anpassen, was mit der Auswahl des richtigen Vorsegels beginnt. Anders ausgedrückt: Heutzutage wechselt man eher auf die Genua Nr. 3, bevor man mehr als das (veraltete) Flachreff ins Groß einsteckt. Die Größe der Genua richtet sich in erster Linie nach der Krängung, die das Boot erreicht, wenn das Segel richtig getrimmt ist. Deshalb muß man die Eigenschaften des Bootes kennen, bevor man diese Entscheidung treffen kann.

Mit den Einstellmöglichkeiten, die dem Vorsegeltrimmer zur Verfügung stehen, befassen wir uns im Kapitel Segeltrimm, aber ein kleiner Ausblick kann hier nicht schaden.

Das Fall

Damit kontrolliert man die Vorsegelspannung und somit die Lage des Bauchs im Segel. Bei zunehmendem Wind wandert der Bauch nach hinten, so daß man die Fallspannung erhöhen muß, damit der Segeldruckpunkt etwa 40 bis 45% hinter dem Vorliek bleibt.

Soll die Fallspannung erhöht werden, denken Sie daran, daß erst die Belastung vom Segel genommen werden muß, will man Beschädigungen vermeiden. Das kann entweder durch leichtes Auffieren der Schot oder in der Wende geschehen, auch durch Anluven, manchmal sogar durch beides simultan.

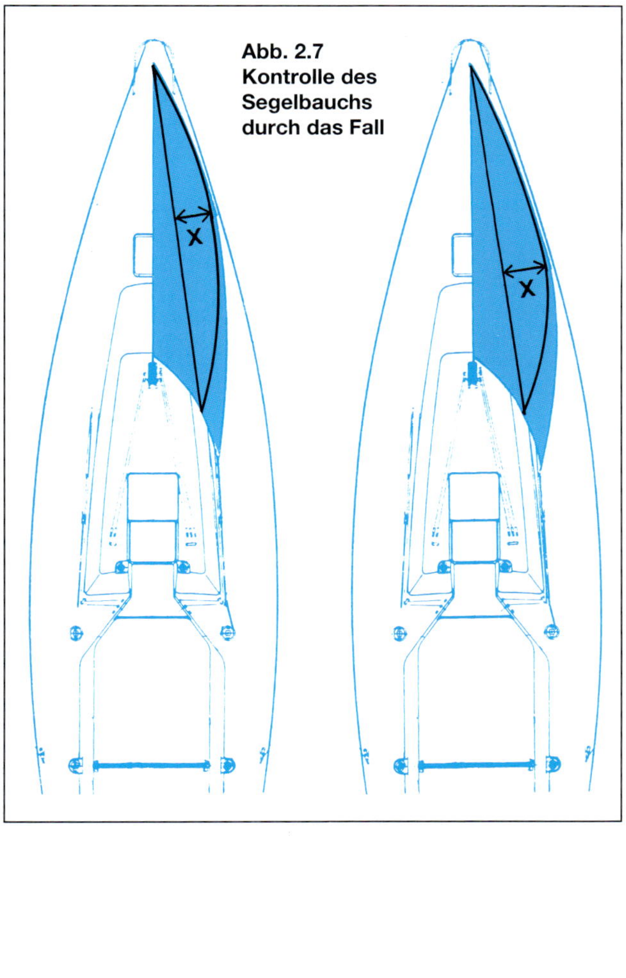

Abb. 2.7 Kontrolle des Segelbauchs durch das Fall

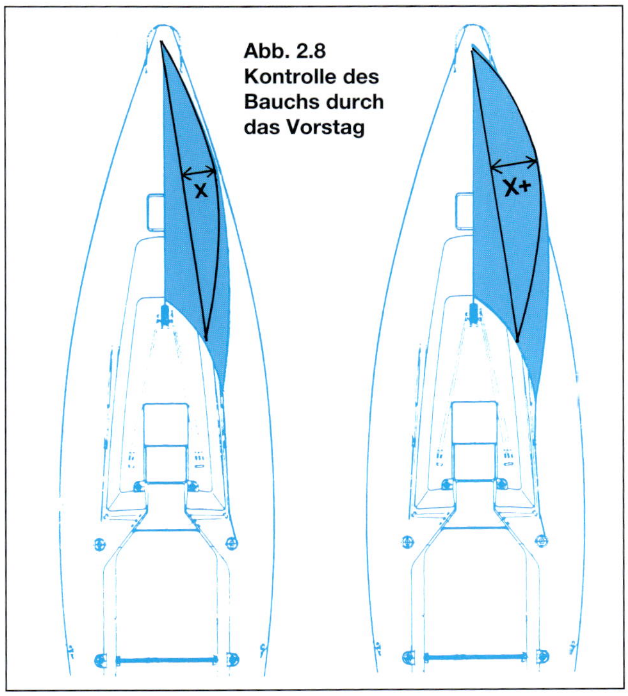

Abb. 2.8 Kontrolle des Bauchs durch das Vorstag

Bei glattem Wasser kann der Steuermann eine schmalere Groove (optimaler Kursstreifen) einhalten, als das bei Seegang möglich ist. Dabei ist es empfehlenswert, etwas weniger Spannung auf das Fall zu geben, das macht die Windanschnittkante flacher und erlaubt es, höher an den Wind zu gehen, aber es erschwert das Steuern nach dem Segel. Nimmt die Wellenhöhe mit der Windstärke zu, benötigt das Segel mehr Fallspannung. Dadurch wird die Windanschnittkante runder, und man erleichtert das Steuern nach dem Segel. Der Rudergänger kann etwas freier segeln, um die Windfädchen fliegen zu lassen.

Als allgemeine Regel gilt, daß Kevlarsegel weniger Nacheinstellung benötigen als solche aus Mylar oder Dacron. Das liegt daran, daß das Hightech-Laminat weniger Reck hat und daher von Windstärkenänderungen kaum beeinflußt wird.

Vorstagspannung
Die nächste Einstellmöglichkeit, die der Trimmer bedenken muß, ist der Durchhang des Vorstags. Während das Fall die Position des Bauchs im Vorsegel bestimmt, kontrolliert das Vorstag die Größe des Bauchs. Sackt das Vorstag durch, wird der Abstand zwischen Vor- und Achterliek kleiner und das Segel voller. Gibt man andererseits mehr Spannung auf das Vorstag, vergrößert sich die Entfernung zwischen Vor- und Achterliek, und das Segel bekommt weniger Bauch. Weil das Vorstag am stärksten in der Mitte durchhängt, wirkt es genau umgekehrt wie die Mastbiegung beim Großsegel.

Bei einem toppgetakelten Rigg wird die Lose im Vorstag mit dem Achterstag kontrolliert. Setzt man das Achterstag durch, zieht man den Masttopp nach hinten und spannt so das Vorstag – solange der Mast nicht zu weit aus dem Lot gerät. Bei Riggs mit verkürztem Vorstag (7/8-Rigg o. ä.) wird das Vorstag üblicherweise durch die Backstage kontrolliert, allerdings kann bei einfachen Riggs, bei denen der Mast nicht nach oben verjüngt ist, auch das Achterstag wirksam sein.

Segelt man mit einem wirklich einfachen Rigg mit verkürztem Vorstag und nach achtern gepfeilten Salingen, aber ohne Backstage, erzeugt man mit den Oberwanten die nötige Vorstagspannung. Das bedeutet, daß man die Wantenspannung je nach der herrschenden Windstärke ändern muß. Viele dieser Boote segeln mit zu losem Rigg und folglich mit einem zu weit durchhängenden Vorstag. Als Beispiel sei hier eine Regatta angeführt, bei der ein Boot erheblich schneller am Wind segelte als seine Schwesterschiffe. Es war klar erkennbar, daß seine Riggspannung erheblich größer war, was ihm erlaubte, mit weniger Vorstaglose höher zu segeln.

Abb. 2.9 Vorstagspannung

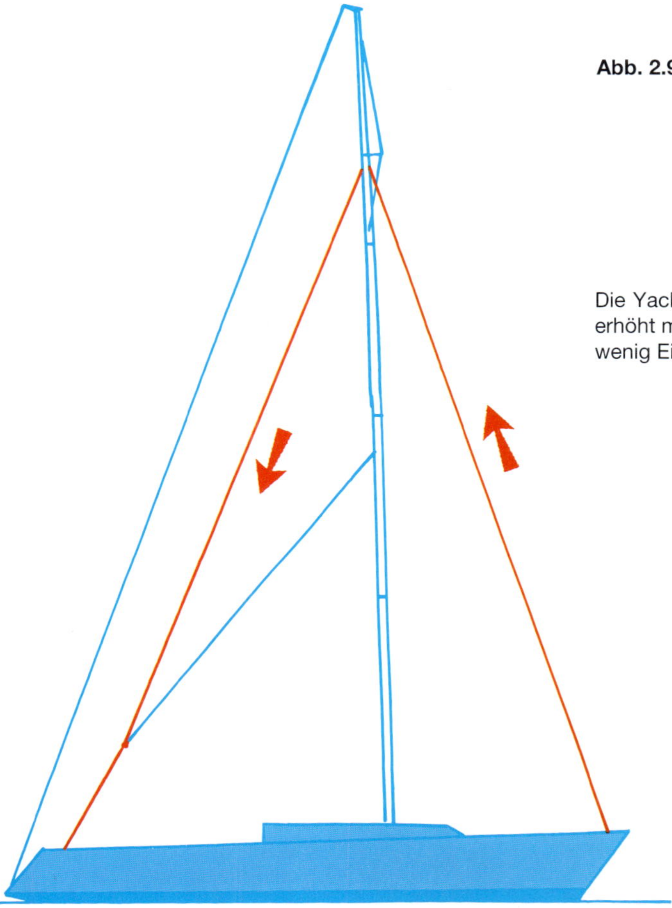

Die Yacht links verfügt über Backstage. Spannt man sie, erhöht man die Vorstagspannung. Das Achterstag hat nur wenig Einfluß.

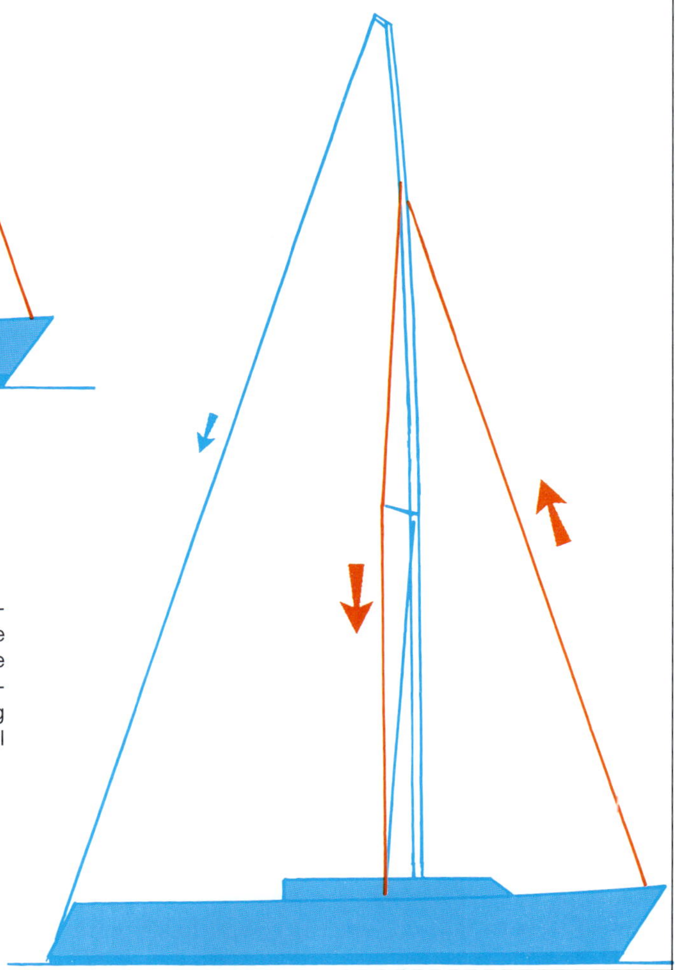

Die Yacht rechts hat gepfeilte Salinge und keine Backstage. Die Spannung des Vorstags hängt in erster Linie von der Spannung der Oberwanten ab. Weil man diese aber nicht einfach nachjustieren kann, muß man seine Entscheidung vor dem Start treffen. Auch das Achterstag liefert zusätzliche Spannung, aber bei weitem nicht soviel wie bei einem hochgetakelten Rigg.

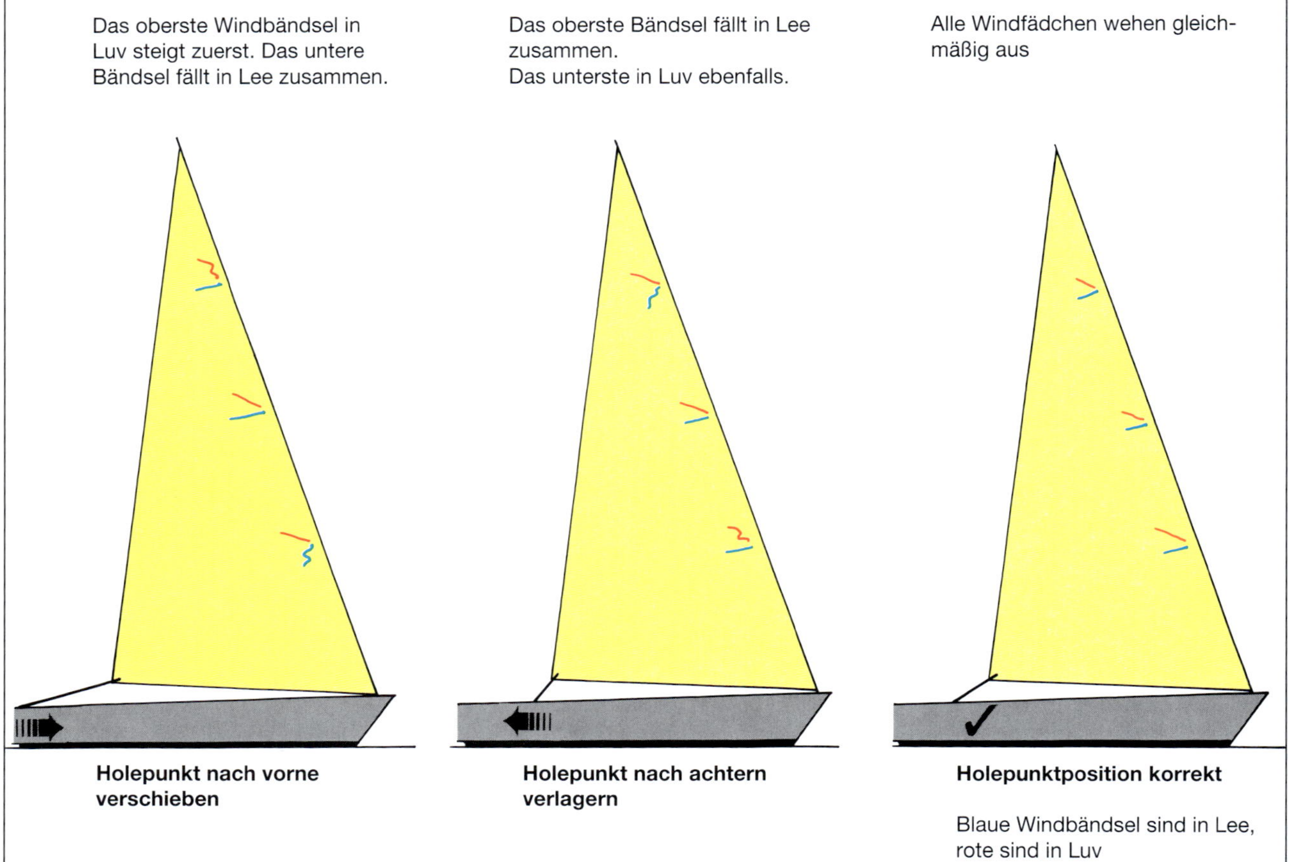

Abb. 2.10 Stellung des Genuaholepunkts

Position des Vorsegel-Leitblocks

Die Position des Genua-Leitblocks kontrolliert die relativen Kräfte auf dem Unter- und Achterliek des Vorsegels. Steht der Block zu weit vorne, wird das Achterliek zu stark belastet, das Unterliek ist sehr lose und krallt, oben zieht das Segel nicht. Ist er zu weit achtern positioniert, passiert das Gegenteil. Das Unterliek wird überdehnt gegen die Wanten gezogen, das Segel hat zuviel Twist, der Topp fällt nach Lee und killt.

Der Weg zur richtigen Einstellung des Vorschot-Umlenkpunkts ist einfach genug. Der Rudergänger sollte so steuern, daß die mittleren Windfädchen perfekt stehen. Dann sehen Sie sich die oberen und unteren Fädchen an. Muß der Topp stärker belastet werden, schieben Sie den Block ein oder zwei Löcher nach vorne. Sieht dagegen das Achterliek sehr stramm aus und die oberen Windfädchen verwirbeln, muß der Umlenkpunkt nach hinten versetzt werden.

Es ist wichtig, daß der Trimmer eine einfache Möglichkeit hat, den Fockschot-Leitblock nach vorne oder achtern zu bewegen. In einer idealen Welt steht ihm dazu ein System aus Flaschenzügen zur Verfügung, damit kann er die Einstellung auch bei voller Belastung des Segels vornehmen. In Ermangelung dessen kann man auch eine zweite Schot benutzen, die durch einen anderen Holepunkt geführt wird und die Kraft so

lange aufnimmt, bis der erste Block richtig eingestellt ist. Man setzt also zuerst die Ersatzschot durch, nimmt dann die Belastung von der eigentlichen Schot, versetzt den Umlenkblock, belastet schließlich die Arbeitsschot wieder voll, überprüft die Position des Holepunkts und nimmt dann die Ersatzschot weg.

2.7 *Ein gutes System, um den Rutscher des Umlenkblocks nach vorne oder achtern zu versetzen. In der Praxis muß der Rutscher nur nach vorne gezogen werden: Die Leine, die innerhalb der Schot und zum vorderen Ende der Schiene verläuft, wird durch einen Block und dann zum Rutscher zurückgeführt, wodurch man ihn gut nach vorne ziehen kann. Der natürliche Drang der Schot, in die Höhe zu steigen, holt den Rutscher selbsttätig nach achtern, wenn die Leine gefiert wird.*

Schotspannung
Das ist die grundlegende, aber auch schwerste Einstellmöglichkeit des Vorsegels. Die korrekte Einstellung ermöglicht dem Steuermann, nach Luv die maximale Geschwindigkeit für eine gegebene Windstärke zu erreichen. Allgemein ausgedrückt: Je dichter die Fock, desto höher kann man an den Wind gehen – aber auf Kosten der Geschwindigkeit.

Der Trimmer benötigt ein System, das es ihm erlaubt, eine gewünschte Schotspannung jederzeit wieder herzustellen. Normalerweise erreicht er das, indem er die Salinge in 25-mm-Abständen mit Tape markiert. Diese Markierungen benutzt er dann, um daran die Distanz des Achterlieks von der Salingnock abzuschätzen. Ein guter Trimmer wird sich sorgfältig mit dem Rudergänger abstimmen, um sicherzustellen, daß er das Segel nicht dichtgeknallt, andererseits aber weit genug durchgesetzt hat, um die optimale Geschwindigkeit zu ermöglichen.

Abb. 2.11
Markierungen an der Saling

Bei Seegang wird es unmöglich, so hoch am Wind zu segeln wie bei glattem Wasser, was bedeutet, daß die Einstellung etwas weicher sein muß. Kommt die Yacht in einen Streifen besonders rauhen Wassers (oder in die Heckwelle eines Speedbootes), sollte man einen Schrick in die Schot geben. Wird aber Segeln hart am Wind verlangt, muß sie steif durchgesetzt sein.

Nach einer Wende sind der scheinbare Wind und die Bootsgeschwindigkeit geringer, was zur Folge hat, daß das Segel etwas gefiert werden muß, bis sich die Geschwindigkeit wieder aufgebaut hat. Im Idealfall sollte die Zugkraft des Segels unterstützt werden, indem man in der Wende die Vorstagspannung verringert und den Umlenkblock weiter nach vorne versetzt. Ist die normale Geschwindigkeit wieder fast erreicht, kann das Vorstag durchgesetzt und der Holepunkt nach hinten in die übliche Position geholt werden.

Schotverlauf innen oder außen
Die andere Einstellmöglichkeit ist die seitliche Position des Vorschot-Leitblocks. Je weiter man ihn binnenbords anordnet, desto kleiner ist der Schotzugwinkel und damit auch der Winkel zum Wind. Die Kehrseite: Je weiter der Holepunkt nach innen versetzt wird, desto mehr wird der Abwind der Genua das Großsegel stören, denn die Düse zwischen beiden wird immer enger. Auf den meisten Cruiser-Racern liegt ein zweites Problem der engen Schotführung darin, daß sie relativ lange Salinge haben, was bedeutet: Schotet man das Vorsegel zu weit nach innen, schamfielt es oben an der Saling oder an den Wanten.

Allgemein ausgedrückt, sollte das Segel so weit wie möglich binnenbords geschotet werden, bis der Wind raumt oder die Yacht mit der benutzten Segelkombination übertakelt ist. Besonders bei weit überlappenden Vorsegeln wird es dem Großsegeltrimmer nicht möglich sein, durch Versetzen des Travellers nach Lee Power aus dem Groß zu nehmen, wenn der Schlitz zu klein ist. Trägt das Boot zuviel Segelfläche, kann man erwägen, ob man den Holepunkt nach achtern (um mehr Twist ins Segel zu bekommen) und nach außen versetzt, um die Düse zu öffnen, wodurch man dann das Groß in Böen auffieren kann.

2.8 *Ist das Boot auf Raumwindkurs abgefallen, segelt der Rudergänger nach Kompaß und nicht nach der Segelstellung zum Wind. Der Vorsegeltrimmer muß sich ganz auf die Windfädchen konzentrieren und die Schot ständig auffieren und wieder anholen, um das Segel voll zu halten und die Bewegungen des Bootes im Seegang auszugleichen. Dabei ist es sehr nützlich, eine Hand um die Törns auf der Winsch zu legen (wie in dieser Abbildung) und die Klemme zu vergessen – so geht es schneller. Achten Sie auch auf den Schotwinkel querschiffs, wenn der Wind weiter raumt oder der Mann am Ruder abfällt. Gibt es eine schnelle Änderung, blicken Sie auf den Kompaß oder vergewissern Sie sich, daß der Kurs noch stimmt – einige Rudergänger lieben es, sich ausgiebig umzuschauen.*

Vorsegeltrimm bei raumem Wind

Hat der Wind geraumt und das Boot segelt weiter mit der Fock, muß die Schot aufgefiert werden. Jetzt wird der Rudergänger vermutlich nach Kompaß steuern. Aufgabe des Trimmers ist es, das Segel immer perfekt eingestellt zu halten. Allerdings muß man dabei auf großen Booten etwas großzügig sein, denn der Wind kann sich schneller ändern, als der Trimm nachjustiert werden kann. Der Steuermann muß daher mit seinem Ruderlegen etwas hilfreich sein.

Ein anderer Effekt, wenn die Schot etwas gefiert wird: Das Achterliek wird davon zuerst mehr betroffen als das Unterliek. Die Folge ist, daß sich das Segel

2.9 *Fällt der Wind raumer ein, sollte der Schotumlenkblock nach außen versetzt werden. Hier wurde ein Klappblock auf der Fußreling so befestigt, daß er verschoben werden kann, und eine zusätzliche Schot ist bereit zum Einschäkeln am Segel.*

inakzeptabel verwindet. Dies bedeutet, daß man nach dem Auffieren der Schot den Holepunkt nach vorne setzen muß, damit die Achterliekspannung erhalten bleibt und übermäßiger Twist vermieden wird. Höchstwahrscheinlich muß der Umlenkblock bei raumendem Wind auch nach außen versetzt werden.

Segelt man mit halbem Wind, kann man mit einem „Raumschotsblock" arbeiten, also mit einem Klappschäkel in der Fußreling. Gewöhnlich ist es sinnvoll, wenn man die Schot über eine Winsch in Luv trimmen kann, denn inzwischen wird das Großsegel auch aufgefiert sein. Dadurch kann man die Windfädchen der Genua von der Leeseite aus nur schwer erkennen. Außerdem bringt das Trimmen in Luv das Gewicht auf die richtige Seite.

Bei raumendem Wind läßt die nach achtern gerichtete Spannung auf das Segeltuch nach, und der Bauch wandert nach vorne, wenn man das Fall nicht ebenfalls etwas auffiert. Als Merkregel sollte der Bauch etwa auf 45 Prozent der Länge hinter dem Vorliek liegen. Trägt das Boot auf dem neuen Kurs zum Wind zu wenig Segel, lösen Sie die Backstage oder das Achterstag etwas, damit das Vorstag durchsackt und die Genua kräftiger zieht.

Vorsegeltrimm in der Wende

Während einer Wende wirft ein Trimmer die alte Schot los, während der zweite Trimmer die neue einstellt. Beim Loswerfen ist zu berücksichtigen, daß sich Kinken in der losen Schot bilden können und sich dann vor den Umlenkblöcken verklemmen. Um das zu vermeiden, sollte man die Schot vor der Wende klarieren (aber nicht aufschießen). Sobald das Boot andreht, nehmen Sie ein oder zwei Törns von der Winsch, bevor Sie die restlichen loswerfen, aber lassen Sie immer einen Törn auf der Winsch, die dann selbsttätig dafür sorgt, daß keine Kinken entstehen, wenn die Leine ausrauscht.

Beim Durchsetzen der neuen Schot denken Sie daran, daß Sie sie nicht ganz dichtknallen sollten, bevor das Boot wieder volle Geschwindigkeit läuft. Erst dann holen Sie die letzten Zentimeter dicht. Auf den meisten Booten holt man die Lose am effektivsten aus der neuen Schot, indem man sie quer über das Cockpit nach oben auf die neue Luvseite gibt. Das läßt dem Winscher/Trimmer viel Spielraum an der Winsch und bringt sein Gewicht so weit wie möglich nach oben.

2.10 *Boot und Crew sind optimal eingestellt für einen Raumschotsgang unter zwei Segeln bei starkem Wind. Das gesamte Gewicht der Crew, einschließlich das des Vorsegeltrimmers, befindet sich in Luv. Er trimmt das Segel mittels einer Raumschotsleine, die außen geführt wird und die übliche Schot ersetzt hat, die auf der Winsch in Lee verbleibt, obwohl sie augenblicklich überflüssig ist. Die jetzt benutzte Schot wurde durch einen Umlenkblock über das Cockpit zur Luvwinsch geführt. Der Trimmer sollte in der Lage sein, von seinem Platz aus alle Windfädchen zu beobachten, damit er sowohl die Schotspannung als auch die Position des Holepunkts anpassen kann.*

2.11 *Nicht immer ist alles so, wie es scheint! Dieses Boot hat sich plötzlich entschieden, von der Küste weg anzuluven, vielleicht, um nicht von den folgenden Booten abgedeckt zu werden oder aus einem anderen taktischen Grund. Der Spitrimmer hat sich auf dem Seitendeck an die Wanten gedrückt, um die Blase von dort aus voll zu halten. Der Achterholer müßte angeholt werden, um den Spibaum nach Luv vom Vorstag zu holen. Bei einem Langstreckenrennen muß ein Trimmer in dieser unbequemen Stellung vielleicht Stunde um Stunde verbringen – ständig bemüht, mit der Schot zu spielen und sein Gleichgewicht zu halten.*

Der Spinnakertrimmer

Einen Spi effektiv zu trimmen, erfordert ein Bewußtsein, das jeden anderen Gedanken ausschließen kann bis auf den, „die Blase am Stehen zu halten". Das Grundwissen dazu ist nicht schwer zu erlernen, aber die Fähigkeit, sich zu konzentrieren und das Segel Stunde um Stunde optimal am Ziehen zu halten, erfordert wahre Hingabe. Für neugierige Blicke auf die Landschaft oder die Gegner bleibt keine Zeit. (Vielleicht ist das der Grund, warum ich festgestellt habe, daß Frauen für diese Arbeit besonders geeignet sind.) Ist das Boot groß genug für eine Spinnakerschot-Winsch und eine Person, die kurbelt, benötigt der Spitrimmer keine großen Körperkräfte, aber Zähigkeit ist eine unabdingbare Voraussetzung. Auf kleinen Booten ist es unwahrscheinlich, daß außer bei wirklich starkem Wind ein Kurbler zur Verfügung steht. Wegen der heftigeren Bewegungen sind dort neben der Ausdauer auch Körperkraft und ausgeprägtes Gleichgewichtsgefühl gefragt.

Der Trimmer sollte für das ganze Segel verantwortlich sein. Das bedeutet, er muß mit dem Bediener des Achterholers kommunizieren, damit der Baum im richtigen Winkel zum Wind steht, mit dem Mastmann, um die Baumhöhe optimal eingestellt zu bekommen, und mit dem Rudergänger, um mit ihm die augenblicklichen Anforderungen an die Bootsgeschwindigkeit in Relation zum Windeinfallswinkel zu diskutieren. Das bedeutet auch, daß der Trimmer auf einem Platz stehen muß, wo er das ganze Segel im Blickfeld hat und nicht nur das Vorliek. Bei achterlichem Wind und schwachen bis mittleren Windstärken ist es unverzichtbar, daß der Trimmer etwas von relativen Annäherungswinkeln und der relativen Annäherungsgeschwindigkeit zum Ziel versteht. Beim Segeln unter böigen Verhältnissen auf Kursen sehr voll und bei muß der Trimmer um die Probleme des Steuermanns mit dem Ruder wissen. Er muß darauf vorbereitet sein, die Schot fliegen zu lassen, sollte alles andere erfolglos bleiben und das Boot Anstalten machen, aus dem Ruder zu laufen.

Ausrüstung des Spinnakertrimmers

Auf Kursen sehr voll und bei wird sich der Trimmer oft an die Wanten gequetscht wiederfinden, damit er das wichtige Vorliek im Auge hat. Bei diesem Kurs zum Wind sind die Belastungen auf der Schot wirklich erheblich, und das Vorliek steht in so ungünstigem Winkel, daß er den Kopf fast ständig in den Nacken legen muß. Dazu kommt, daß nach Murphys Gesetz die Sonne fast immer in einer Linie mit dem Vorliek steht. Selbst wenn das ausnahmsweise nicht der Fall ist, so bedeutet das ständige Starren nach oben doch immer eine starke Belastung der Augen; eine dunkle Sonnenbrille und eine auch bei Wind festsitzende Mütze erleichtern die Mühsal etwas.

Gute Segelhandschuhe sind ein absolutes Muß. Bei Nacht wird eine starke Taschenlampe gebraucht, auch wenn man dann eine dritte Hand benötigt, die sie bei Kursen sehr voll und bei bedient.

Spinnakertrimm

Die Grundlagen des Spitrimms sind Einstellung der Baumhöhe, Trimm des Achterholers (um den Baum auszuholen), Schotwinkel und Schotspannung.

Baumhöhe

Die Einstellung der Baumhöhe bewirkt zweierlei: Wird der Baum gesenkt, strafft sich das Vorliek des Segels, und der Bauch wandert weiter nach vorne (genau in derselben Weise, wie das beim Durchsetzen des Genuafalls passiert). Aus diesem Grund muß der Baum bei einem Kurs sehr voll und bei tiefer stehen. Gleichzeitig wird das Vorliek selbst gespannt, was in der Tendenz eine Stabilisierung des Segels zur Folge hat. Das kann bei sehr windigem Wetter von Vorteil sein. Es muß jedoch bedacht werden, daß das Segel weniger kraftvoll zieht, wenn der Baum zu niedrig steht, das Boot theoretisch also langsamer ist. Deshalb nimmt man bei achterlichem Wind den Baum so hoch, bis beide Schothörner in einer Ebene liegen.

Eine gute Hilfe zum richtigen Einstellen der Baumhöhe ist ein Blick auf das Vorliek bzw. dorthin, wo es zuerst einzufallen beginnt, wenn man die Schot fiert. Im Idealfall beginnt es an der Schnittstelle zwischen den parallelen und den vertikalen Bahnen an der Schulter zu killen (am Ende der radialen Bahnen bei einem Segel mit Radialschnitt). Liegt der Punkt höher, steht der Baum zu hoch und umgekehrt. (Abb. 2.12)

In den meisten Fällen sollte der Baum so waagerecht wie möglich stehen. Er hat dann die maximale effektive Länge und hält den Spi so weit wie möglich vom Großsegel fern, was immer gut ist. (Ein Tip, wenn der Baum höher oder tiefer gesetzt werden soll: Sorgen Sie dafür, daß das innere Ende immer zuerst in Position gebracht wird, weil das dem Mastmann eine Pfeil-und-Bogen-Situation erspart.)

Noch ein Ratschlag, den Sie sich merken sollten: Markieren Sie die Grundeinstellungen des Baums für den Kurs bei halbem Wind, raumschots und vor dem Wind. Diese Markierungen müssen nicht notwendigerweise das Optimum darstellen, geben aber dem Mastmann und seinem Gehilfen einen ersten Anhaltspunkt, wenn der Spi gesetzt wird. (Fotos 2.12 und 2.13)

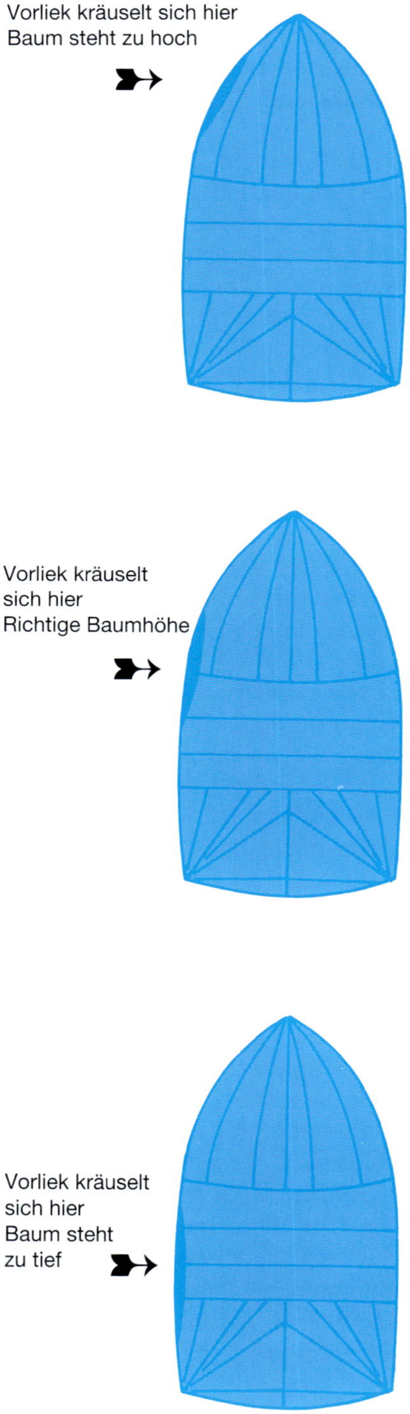

Abb. 2.12
Baumhöhe

Abb. 2.13
Winkel des
Baums
zum Wind

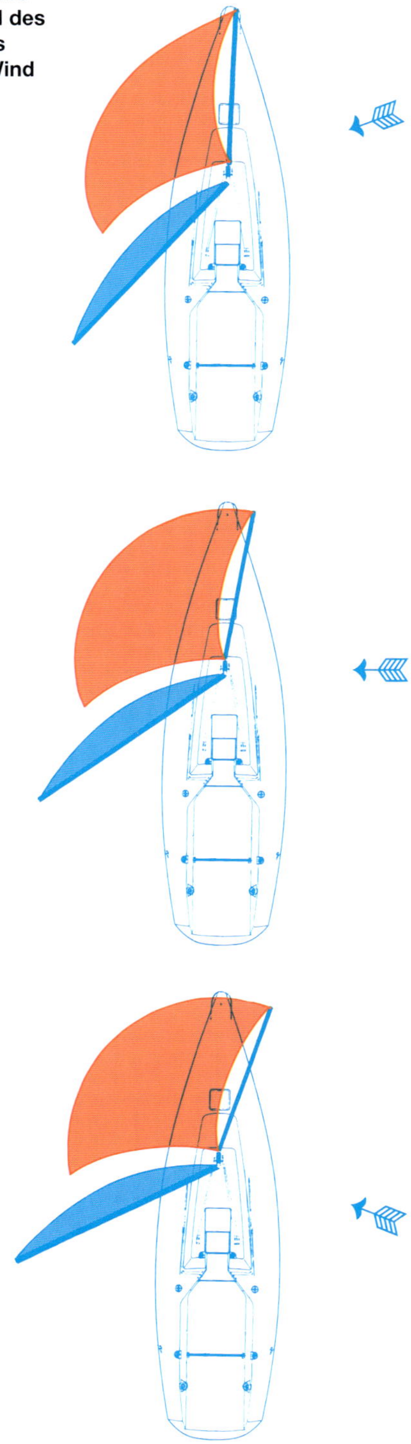

2.12 *Hier scheint die Baumhöhe zu stimmen. Die Mittelnaht des Spinnakers steht senkrecht.*

2.13 *Hals und Schothorn des Spi sind auf einer Höhe – die Baumhöhe stimmt.*

Einstellen des Baums

Ein Fehler, den man häufig beobachten kann: Der Baum steht zu weit vorne, besonders bei knappen Raumwindkursen in böigem Wetter. Auf einem raumen Kurs, wo der Wind etwa unter 130° einfällt, sollte der Baum etwa im rechten Winkel zum scheinbaren Wind stehen. Wenn Sie sich das andere Extrem vorstellen, segeln Sie so hoch wie möglich am Wind, also mit einem Windeinfallswinkel von etwa 75°, und der Baum liegt am Vorstag an. Folglich ist es hier nicht möglich, den Baum auf 90° zum scheinbaren Wind einzustellen, er wird etwa 15° von dieser Position abweichen. Raumt jetzt der Wind, wird man diesen Winkel nur langsam verkleinern, so daß er bei halbem Wind noch immer etwa 10° beträgt. Erst ab einem Windeinfallswinkel von 110° ist die ideale Stellung erreicht.

Eine gute Hilfe für das richtige Ausholen des Baums ist wieder die Beobachtung des Vorlieks. Verläuft es vom Baum bis zur Schulter vertikal, steht der

2.14 *Beim Setzen des Spi sollte der Trimmer die Schot zuerst etwas anziehen, damit das Schothorn aus dem Sack freikommt. Dann wartet er, bis das Segel vorgeheißt ist, bevor er die Schot dichtholt, um das Segel zum Ziehen zu bringen.*

Baum richtig. Neigt sich das Vorliek von der Baumnock nach Lee weg, ist der Baum wahrscheinlich zu weit nach achtern geholt und umgekehrt.

Schotführung

Die Spischot wird normalerweise nahe am Heck umgelenkt. Unter bestimmten Bedingungen wird man sie aber vorher bekneifen müssen: Erstens, wenn man unter normalen Wetterbedingungen ziemlich genau vor dem Wind läuft, um zu verhindern, daß das Achterliek zu weit öffnet (auf Rennyachten hilft hierbei ein Tweaker). Zweitens, um bei schwerem Wetter den Spi nach unten zu würgen und ihn unter Kontrolle zu halten. Bei viel Wind vermeidet man so auch exzessiven Twist während der Böen, der sonst eine Krängung nach Luv bewirken und das verhängnisvolle Geigen in Gang setzen könnte.

Schotspannung

Die Schot bedient der Trimmer persönlich, und sie sollte immer (fast) so lose sein, daß das Vorliek des Segels sich gerade zu kräuseln beginnt. Holt man sie dichter, ist das Segel überzogen, fiert man sie weiter auf, fällt das Segel zusammen. Um das Segel immer optimal ziehen zu lassen, ist ständiges Spielen mit der Schot unerläßlich.

2.15 *Der Spi ist gesetzt, der Trimmer holt die Schot dicht, damit sich das Segel füllt. Dann spielt er mit der Schot, um das Luvliek an der Windkante zu halten.*

Setzen des Spinnakers

Beim Heißen des Spinnakers muß der Trimmer darauf achten, daß er die Schot nicht durchsetzt, bevor das Segel ganz oben ist. Ein Spi, der sich vorzeitig füllt, kann von den Händen, die ihn in die Höhe ziehen, die Haut fetzen, was dazu führt, daß sowohl beim Spi als auch beim Trimmer die Köpfe hängen. Läßt man dagegen das Segel beim Hochziehen schlagen, besteht eine gute Chance, daß es sich vertörnt. Der goldene Mittelweg besteht darin, daß man die Schot kurz anholt, sobald das Unterliek aus dem Sack kommt – dadurch öffnet man den Fuß und vermeidet ein Vertörnen –, dann gibt man wieder Lose in die Schot, so daß das Segel killen kann, bis es ganz vorgeheißt ist. Diese Technik erfordert ein gutes Timing und enge Kooperation zwischen dem Trimmer und seinem Winscher.

Der Achterholer sollte immer möglichst schnell geholt werden, zumindest bis der Hals am Vorstag steht. Sobald das Segel ganz oben ist, muß der Achterholer auf seine richtige Position eingestellt werden – aber es ist nur allzu leicht möglich, daß man den Baum zu weit nach achtern holt, wenn Kurs und Windeinfallswinkel nicht vor dem Setzen des Segels besprochen worden sind.

Halsen mit dem Spinnaker

Bei einer Spinnakerhalse sollte der Rudergänger hinter der Blase hersegeln, und der Trimmer hält sie währenddessen immer gefüllt. In den meisten Fällen (außer bei Booten über zwölf Meter Länge) ist es das beste, wenn der Trimmer bei der Halse beide Schoten in die Hände nimmt. In diesem Fall kann ein Mann beide Schothörner kontrollieren, und die Schoten arbeiten nicht gegeneinander. Halst man vor dem Wind auf vor den Wind, muß der Baum nur wenig nach achtern ausgeholt werden. Aber auf jeden Fall muß die neue Schot gut durchgesetzt sein, bevor die Baumnock abgesenkt oder der Baum vom Mast gelöst wird. Sobald der Baum übergekommen ist, muß die alte Schot aufgefiert werden, wenn der neue Achterholer dichtgeholt wird. Ein potentiell verhängnisvoller Fehler ist es, die alte Schot völlig loszuwerfen, denn dadurch weht der Spi nach vorne aus und fällt zusammen.

Bergen des Spinnakers vor dem Wind

Nähert man sich einer Bahnmarke in Lee, wird der Baum zwei Bootslängen vor dem Faß vom Achterholer befreit. Das wird man nur bei leichten Winden machen, wenn es nötig ist, um die Tonne zu halsen und trotzdem den Spi so lange wie möglich ziehen zu lassen. Sobald der Baum weggenommen ist, muß der Spi weiter stehen, sonst ist es sinnlos, den Baum zu lösen. Folglich wird der Trimmer auch jetzt beide Schoten aus der Hand fahren, wie er das schon bei der Halse gemacht hat. (Üben Sie das Arbeiten mit zwei Schoten nicht erst unter Regattabedingungen.) Der Mastmann kann den Achterholer nach außen drücken. Vergewissern Sie sich, daß Sie Spannung auf der neuen Schot haben, bevor der Baum ausgehakt wird, sonst wird der Spi wieder nach vorne schießen und zusammenfallen.

Trimmen des Spinnakers bei Seegang

Die Anforderungen an die Konzentration des Trimmers, der ständig für die maximale Geschwindigkeit sorgen muß, steigen dramatisch, wenn man bei starkem Seegang segelt. Jedesmal, wenn die Yacht auf der Vorderseite eines Wellenbergs beschleunigt, wandert der scheinbare Wind nach vorne aus. Daher muß der Baum aufgefiert und die Schot angeholt werden. Verliert das Boot am Fuß der Welle an Fahrt oder klettert den Rücken der vor ihr liegenden Welle hinauf, nimmt der scheinbare Wind zu und raumt gleichzeitig, was es nötig macht, den Baum wieder anzubrassen und die Schot aufzufieren. Unter schwierigen Bedingungen ist es äußerst wichtig, im Gleichtakt mit dem Boot zu bleiben und eng mit dem Rudergänger zusammenzuarbeiten, damit verhindert wird, daß das Boot nach Luv aus dem Ruder läuft oder – noch schlimmer – querschlägt.

Trimmen des Spinnakers bei Schwachwind

Achterlicher Wind und eine leichte Brise erfordern ein ausgezeichnetes Verständnis zwischen dem Steuermann und dem Trimmer. Zwischen dem Winkel zum Kurs und der Bootsgeschwindigkeit müssen ständig Kompromisse eingegangen werden. Auch mit den besten Tabellen und Diagrammen kann ein optimales Ergebnis nur selten erreicht werden.

Unter diesen Umständen kann der Trimmer durch den feinfühligen Zug an der Schot am besten erahnen, was vorgeht. Ich schätze es unter Leichtwetterbedingungen, wenn der Trimmer dem Mann am Ruder zuruft: „Anluven!“ bzw. „Abfallen!“, je nachdem, wie der Schotzug zunimmt oder geringer wird. Mit etwas Übung ist es nicht schwierig zu spüren, wieviel tiefer man segeln kann, um den Druck im Spi in Geschwindigkeit umzusetzen, oder wieviel man andererseits anluven muß – vielleicht nur kurzzeitig in einem Aussetzer –, damit der Spi stehen bleibt. Ist das Boot mit hochtechnischen Instrumenten ausgerüstet, die alle nur denkbaren Funktionen anzeigen, kann der Trimmer versuchen, das Beste daraus zu machen.

Der Winschmann

Die Aufgaben des „Kurbelgorillas“ unterscheiden sich sehr stark von denen des Trimmers. Er muß sich körperlich fit halten, besonders der Oberkörper muß muskulös und in der Lage sein, erhebliche Kraft in kurzer Zeit auszuüben, häufig mit relativ kurzen Pausen zwischen den Anstrengungen.

Die Kenntnisse, die ein guter Winschmann benötigt, sind einfach zu erlernen. Aber die meisten Winschleute sind auch auf anderen Positionen an Bord gut einzusetzen. Der „Gorilla“ muß wissen, wie man eine Leine so um die Winsch legt, daß es keine Überläufer gibt, außerdem muß er eine Kurbel effektiv und schnell handhaben können. Wichtig ist, daß er gerade so viel Kraft aufwendet, um seine Arbeit optimal zu leisten, ohne sich dabei zu erschöpfen.

Törns richtig auf eine Winsch zu legen, bedeutet gewöhnlich, nicht zu viele darauf zu nehmen, bevor wirklich Zug auf die Leine kommt – drei Törns reichen normalerweise aus. Wie man eine Kurbel richtig handhabt, scheint eine überflüssige Betrachtung zu sein, aber ich habe schon zu viele Leute auf unmögliche Art mit der Kurbel kämpfen gesehen, weil sie sich darüber nie Gedanken gemacht haben. Am wichtigsten ist es, daß man die Kurbel am Schaft und nicht am Griff packt. Verfügt die Kurbel über eine Sicherung, ist es hilfreich, wenn man vor dem Einführen die Sperre mit dem Daumen herausdrückt.

Beim Einsatz des Oberkörpers ist es wichtig, das Körpergewicht zum Tragen zu bringen. Um seine Stärke auch wirklich ganz umzusetzen, sollte sich der Winschmann über die Winde beugen; dabei sollte seine Haltung bequem und sicher gegen die Bootsbewegungen abgestützt sein. Bei einer Wende sollte ihm klar sein, daß seine Hauptarbeit auf dem neuen Bug anfällt, folglich sollte er für entsprechende Abstützung sorgen. Selbstverständlich sind Kenntnisse über die Funktionsweise der Winschen unerläßlich. Werden z. B. Winden mit verschiedenen Übersetzungen verwendet, sollte der Gangwechsel schnell und reibungslos erfolgen.

Die Arbeit mit zweihändigen Kurbeln, die man auf großen Yachten findet, erfordert eine eigene Technik. Das größte Problem für die Crewmitglieder, die nicht daran gewöhnt sind, im Gleichtakt mit einem anderen zu arbeiten: Sie vergessen, immer fest zuzupacken, damit sie nicht den Griff verlieren. Wenn Sie den Kontakt mit einer Hand oder beiden Händen verlieren, gibt es nur einen Weg, wieder an die Kurbel zu kommen, ohne daß der andere anhalten muß oder Sie ein gebrochenes Handgelenk riskieren: Sie müssen Ihre Hand/Ihre Hände auf die Schultern Ihres Partners legen und sie dann auf seinen Armen bis zur Winsch hinunterrutschen lassen. Auf diese Weise kommen Sie wieder in den Takt.

2.16 *Der Winschmann hilft dem Spitrimmer an der Backbordwinsch auf dem Kajütdeck. Achten Sie darauf, wie er sich über die Winsch beugt, um die größtmögliche Kraft aus den Schultern und sein ganzes Gewicht einsetzen zu können.*

Eine Schot loszuwerfen, ist auch ein Vorgang, der oft nicht richtig praktiziert wird. Befinden sich vor der Wende mehr als drei Törns auf dem Windenkopf, sind die überzähligen vorsichtig herunterzunehmen, sobald die Belastung nachzulassen anfängt. Läßt man die Schot dann ausrauschen, müssen die letzten drei Törns schnell von der Winsch genommen werden. Das Hauptproblem ist, daß sich Kinken bilden können, die die Schot dann vor dem Umlenkblock bekneifen. Es gibt zwei Wege, das zu vermeiden: Erstens muß die Schot so oft wie nur möglich zum Ende hin ausgetörnt werden, um im Entstehen begriffene Törns herauszudrehen. Zweitens sollte man einen Törn auf der Winde belassen, nachdem die Schot losgeworfen wurde; die Winsch „säubert" so die Leine selbsttätig. Aber wenden Sie diese Technik nicht bei selbstholenden Winschen an, weil es dann mit hoher Wahrscheinlichkeit zu einem Verklemmen der Schot am Kopf der Winsch kommen wird.

Die Zusammenarbeit mit den Trimmern ist das ganze Geheimnis eines guten Winschmannes. Ein guter Winscher läßt die Arbeit des Trimmers leicht erscheinen, ein schlechter läßt einen guten Trimmer „alt" aussehen. Zwischen dem Holer/Trimmer der Leine und dem Winschmann muß beste Kommunikation herrschen. Bei guten Partnern genügt ein Augenkontakt, um den Winschmann loslegen zu lassen, lange Kommandos erübrigen sich. Häufig hat der Winschmann die Armmuskeln des Trimmers im Blick und beginnt mit dem Kurbeln, sobald er sieht, daß diese sich anspannen. In einer Wende sollte der Winscher den größten Teil der losen Schot per Hand durchholen, aber es nützt, wenn die Winsch schon dreht, sobald Zug auf die Leine kommt. Dem langsamen Kurbeln, bis das Segel durch das Vorsegeldreieck geschwungen ist, folgt ein kraftvoller Energieausbruch, bis die Schot weit genug durchgesetzt ist, so daß man die letzte Feineinstellung vornehmen kann. Ist der Trimmer der Meinung, daß der optimale Zustand erreicht ist, muß er Bescheid geben, denn es gehört nicht zu den Aufgaben des Winschmanns, das Achterliek zu beobachten. Er soll nur kurbeln.

Der Großsegeltrimmer

Nach meiner Ansicht ist der Job des Großsegeltrimmers der körperlich anstrengendste an Bord. Anders als andere Aufgaben muß er ständig wahrgenommen werden. Außer auf sehr kleinen oder sehr großen Yachten werden viel Kraft und Ausdauer benötigt, um die Großschot, den Strecker und den Traveller zu bedienen.

Der ideale Großschoter ist völlig fit, kräftig gebaut und sehr stark, besonders im Oberkörper- und Rückenbereich. Falls Sie Großschot-Trimmer werden wollen, müssen Sie nicht nur das notwendige technische Wissen erlernen, sondern auch regelmäßig und ernsthaft in einem Fitnesscenter trainieren, um Ausdauer, Gewicht und Kraft zu verbessern. Weil das Groß ein so wichtiger Teil im Vortriebssystem der Yacht ist, muß es stets richtig getrimmt sein – und das nicht nur während der ersten halben Stunde der Regatta.

Es wäre jedoch ein Fehler zu glauben, daß ein Großschot-Trimmer nur stark sein muß. Er muß auch über das Zusammenwirken von Segel, Boot und Rigg Bescheid wissen und außerdem über viel Konzentrationskraft verfügen. Ein weiteres wichtiges Kriterium für einen guten Großschoter ist sein Vermögen, mannschaftsdienlich im Team mitzuarbeiten. Wie wir später sehen werden, muß der Großschot-Trimmer eng mit dem Rudergänger und den Genuatrimmern zusammenarbeiten, um optimale Leistung zu erreichen.

Zusammenfassend kann man sagen: Der ideale Großschoter ist stark und ausdauernd, verfügt über hohe Konzentrationsfähigkeit und arbeitet gern im Team.

Mastbiegung – Vorspannung

Wie der Vorsegeltrimmer, muß sich auch der Großschoter um alle Trimm-Möglichkeiten des Segels kümmern und nicht nur um die Schot. Das beinhaltet die Einstellung der Segeltiefe, die Lage des Punktes, in dem die Windkraft angreift, die Stärke des Twists und den Einfallswinkel des Windes auf die gesamte Segelfläche.

Die Größe des Bauchs wird auf zweierlei Weise kontrolliert: Die Mastbiegung spielt dabei die größte Rolle. An zweiter Stelle rangiert der Unterliekstrecker. Wenn man ein Großsegel setzt, muß zuerst

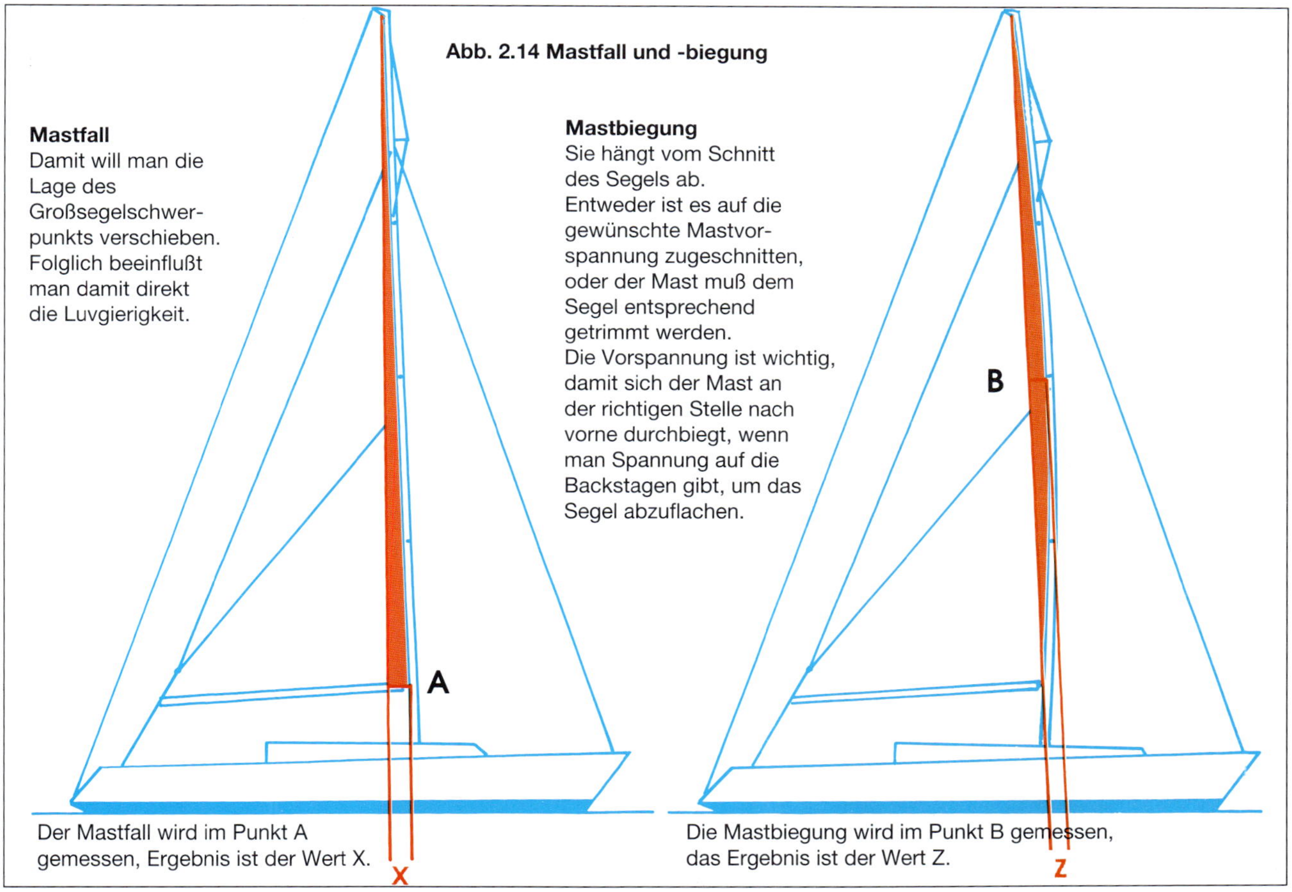

Abb. 2.14 Mastfall und -biegung

der Mast für das Segel passend eingestellt werden. Das geschieht größtenteils mit der Vorspannung, die durch eine Kombination aus der Lage des Mastfußes, aus Keilen im Deck und aus der Vorstagslänge erzeugt wird. Im Idealfall wird der Segelmacher sich erkundigen, wieviel Vorspannung Sie fahren wollen, bevor er das Segel entwirft. Aber meistens müssen wir den Mast den Gegebenheiten des Segels anpassen.

Die Vorspannung vergrößert die Entfernung vom Vor- zum Achterliek, daher erzeugt mehr Biegung weniger Tiefe im Segel. Auf Yachten mit verkürztem Vorstag beeinflußt die Vorspannung nur die unteren zwei Drittel des Segels, weil alles, was über dem Angriffspunkt der Backstage liegt, nicht durch deren Spannung verändert wird. Auf einer toppgetakelten Yacht dagegen ist die Vorspannung über die ganze Segellänge bis zum Topp wirksam. Auf alle Fälle gilt: Zuviel Vorspannung macht das Segel zu flach, zu wenig läßt es wie einen Sack aussehen, was Sie auch probieren. Bei extremer Vorspannung werden sich im Segel charakteristische Falten vom Schothorn bis zur unteren Saling ausbilden. Das hat seinen Grund darin, daß für diese Mastbiegung nicht genügend Stoff im Segel vorhanden ist.

Angenommen, man hat die Möglichkeit, den Mast jeden Tag neu einzustellen, dann werden Sie bei Starkwind mit mehr Vorspannung segeln. In den allermeisten Fällen wird die Riggeinstellung aber so gewählt, daß sie einen Kompromiß für alle Wetterbedingungen darstellt. Wollen Sie die Mastbiegung ändern, gibt es zwei Möglichkeiten, sie zu vergrößern: Entweder verlängert man das Vorstag (was meist nicht ohne Neuvermessung erlaubt ist), oder man setzt die Mastkeile neu. Dabei werden in Deckshöhe hinter dem Mast mehr Keile eingesetzt und vor dem Mast andere entfernt.

Großsegeltrimm am Wind

Am Wind ist dies wirklich eine Arbeit ohne Ende. Normalerweise kontrolliert die Großschot die Achterliekspannung, und der Traveller verändert den Winkel des Segels zur Mittschiffslinie. Über den Daumen gepeilt, kann man sagen, daß die Schot so lange angeholt werden sollte, bis die obere Segellatte mehr oder weniger parallel zum Baum steht, wenn man von unten hochschaut. Genauer wird es, wenn man ein Windfädchen an der oberen Lattentasche hat, dann zieht man so lange an der Schot, bis es fast (aber noch nicht ganz) zusammenfällt. Hat man das Segel zu dicht geholt, strömt die Luft an der Luvseite entlang, und an der Leeseite gibt es Turbulenzen, besonders im Bereich des Achterlieks. Deshalb wird das Windbändsel in der verwirbelten Luft hinter dem Segel verschwinden. Ist das Segel nicht dicht genug geholt, wird das obere Bändsel immer auswehen. Die korrekte Schotspannung ist in den meisten Fällen erreicht, wenn das Windbändsel die meiste Zeit ausweht, aber von Zeit zu Zeit verschwindet. Legt man hauptsächlich Wert auf Geschwindigkeit, sollte das Bändsel fast ständig auswehen, muß man dagegen Höhe kneifen, sollte es überwiegend nach Lee verschwinden.

Hat man die Grundeinstellung des Großsegels vorgenommen, verschiebt man den Traveller, um die gewünschte Luvgierigkeit zu erzeugen – ungefähr vier bis sechs Grad bei Pinnensteuerung und etwa eine Achtelumdrehung bei einem Rad sind gewöhnlich richtig. Schiebt man den Traveller nach Luv, wird die Luvgierigkeit größer und umgekehrt. Bei schwachem Wind wird es nicht möglich sein, eine echte Luvgierigkeit herzustellen. In dieser Situation sollte man den Traveller so einstellen, daß der Baum in der Mittschiffslinie steht. Nimmt der Wind in Böen zu, dehnt sich das Segel, und die Schot muß nachgesetzt werden, um die korrekte Achterliekspannung zu erhalten. Gleichzeitig wird es notwendig, den Traveller etwas nach Lee zu nehmen.

Die Segelform muß verändert werden, wenn der Wind zu- oder abnimmt. Wie man das erreicht, hängt davon ab, welche Einstellungsmöglichkeiten man zur Verfügung hat. Legt der Wind zu, ist es notwendig, das Segel zunehmend flacher zu ziehen, indem man den Unterliekstrecker am Schothorn so lange spannt, bis das Schothorn an der schwarzen Baummarkierung angekommen ist. Möchte man danach das Segel im unteren Drittel weiter flachziehen, muß man das Flachreff einsetzen. Die Mitte des Segels kann man mit mehr Mastbiegung in der Mitte verändern. Bei einem Rigg mit verkürztem Vorstag löst man zu diesem Zweck die Trimmstage etwas und setzt die Backstage durch. Das Fieren der Trimmstage läßt die Mitte des Masts nach vorne wandern, das Ansetzen der Backstage zieht den Mast im oberen Bereich nach achtern. Dadurch wird mehr Biegung erzeugt. Die Backstage wirken gleichzeitig stauchend auf den Mast, wodurch er sich leichter biegen läßt. Bei einem toppgetakelten Rigg kann dasselbe Resultat erreicht werden, indem man das Achterstag weiter spannt und dadurch den Mast staucht, während man gleichzeitig die Back- und Trimmstage fiert, wodurch die Mastmitte nach vorne ausweichen kann.

Bei einem Rigg mit verkürztem Vorstag kontrolliert das Achterstag die Mastbiegung im oberen Bereich. Folglich wird eine Erhöhung der Spannung den Masttopp nach hinten ziehen und das obere Drittel des Segels abflachen. Das Achterstag und die Backstage auf einem Boot mit verkürztem Vorstag erzeugen gleichzeitig eine größere Spannung auf dem Vorstag, wodurch die Genua flacher wird – das ist einer der Gründe, warum Großsegel- und Vorsegeltrimmer eng zusammenarbeiten müssen.

Die Spannung des Vorlieks ist der letzte Teil der Segeleinstellung. Die Lage des tiefsten Punktes des Bauchs (Profilkurve) im Großsegel muß ungefähr in der Mitte zwischen Vor- und Achterliek liegen; man kontrolliert das mit dem Fall und/oder dem Cunningham. Wie bei der Genua auch wird zunehmender Wind das Segel vom Mast wegstrecken, der Bauch muß daher mittels mehr Vorliekspannung wieder in die Mitte des Segels zurückgeholt werden. Nimmt der Wind ab oder fällt der scheinbare Wind achterlicher ein, ist die Tendenz des Segels gering, sich nach achtern zu strecken; daher wird eine geringere Luvspannung erforderlich sein.

Der Großschoter hat also eine Vielzahl von Einstellmöglichkeiten zu bedienen – oder muß zumindest für ihre korrekte Justierung sorgen. Unterliekstrecker und Mastbiegung kontrollieren die Krümmung des Profils, die Vorliekspannung bestimmt die Lage des Bauchs, mit der Schot verändern wir die Spannung des Achterlieks und mit dem Traveller stellen wir die vom

Abb. 2.15 Achterliekspannung des Großsegels

Blickt man von unterhalb des Baums in die Höhe, kann man die richtige Liekspannung erkennen.

Achterliek zu stramm, die oberste Segellatte zeigt nach Luv.

Schot etwas auffieren.

Achterliek zu lose, die oberste Segellatte fällt nach Lee.

Schot etwas dichter holen.

Richtige Einstellung – die oberste Segellatte steht parallel zum Baum.

Rudergänger gewünschte Luvgierigkeit ein. Natürlich haben nicht alle Boote alle diese Möglichkeiten, sofort und direkt auf den Trimm des Groß einzuwirken. Aber je „heißer“ eine Yacht ist, desto wichtiger wird es, alle Trimm-Möglichkeiten zu nutzen.

Auf einigen einfach geriggten Booten, deren Traveller nicht lang genug ist oder bei Starkwind verklemmt, wenn die Schot unter großer Spannung steht, kann man einen starken Baumniederholer benutzen, um die Achterliekspannung zu kontrollieren. Er kann angeknallt werden, um den Baum herunterzuholen, was den Traveller entlastet, der dann vielleicht effektiver eingestellt werden kann. In extremen Fällen, in denen vielleicht gar kein Traveller vorhanden ist, kann es empfehlenswert sein, nur den Niederholer zur Kontrolle der Achterliekspannung zu benützen. Dann erzeugt man über die Großschot die nötige Luvgierigkeit.

Aber es gibt auch Risiken bei diesem Verfahren. Erstens wirken erhebliche Kräfte auf den Lümmelbeschlag und den Baum selber, und zweitens ist es sehr wichtig, daß man *vor* dem Abfallen die Spannung des Niederholers verringert. Versäumt man dies, drückt der Baum den Mast seitlich weg, sobald die Schot gefiert wird, und das kann zum Mastbruch führen.

2.17 *Der Großschot-Trimmer könnte oft vier Hände brauchen – hier stellt er die Spannung des Achterstags ein, welche die Form des Segels im oberen Teil bestimmt. Die wichtigsten Kontroll-Leinen – Traveller und Feineinstellung der Großschot – liegen auf seinem Knie, klar zum Einsatz.*

Abb. 2.16 Kontrollsysteme des Großsegels

1 Großschot
Kontrolliert die Achterliekspannung am Wind und den Einstellwinkel des Segels auf den anderen Kursen zum Wind.

2 Traveller
Legt den Winkel des Segels zum Wind innerhalb seines Einstellbereichs fest.

3 Niederholer
Kontrolliert die Spannung des Achterlieks bei achterlichem Wind oder wenn die Großschot nicht effektiv genug arbeiten kann.

4 Cunningham
Zieht den Bauch im Segel nach vorne, wenn der Wind stärker wird. (Ebenso wirkt das Fall, bis das schwarze Band am Masttopp erreicht ist.)

5 Unterliekstrecker
Kontrolliert die Tiefe des Segels im unteren Drittel.

6 Flachreff
Flacht den unteren Teil des Segels ab.

7 Backstag
Kontrolliert grundsätzlich die Lose im Vorstag – vergrößert aber gleichzeitig den Mastdruck und die Mastbiegung.

8 Trimmstag
Eine weitere Kontrollmöglichkeit, die verhindert, daß die Mastbiegung nach vorne übermäßig zunimmt, die aber aufgefiert werden muß, um ein flacheres Segel zu erhalten, wenn die Backstage durchgesetzt werden.

9 Achterstag
Auf dieser Yacht mit verkürztem Vorstag kontrolliert es die Mastbiegung im oberen Bereich des Segels. Auf einer toppgetakelten Yacht wäre die Wirkung auf das gesamte Segelprofil größer.

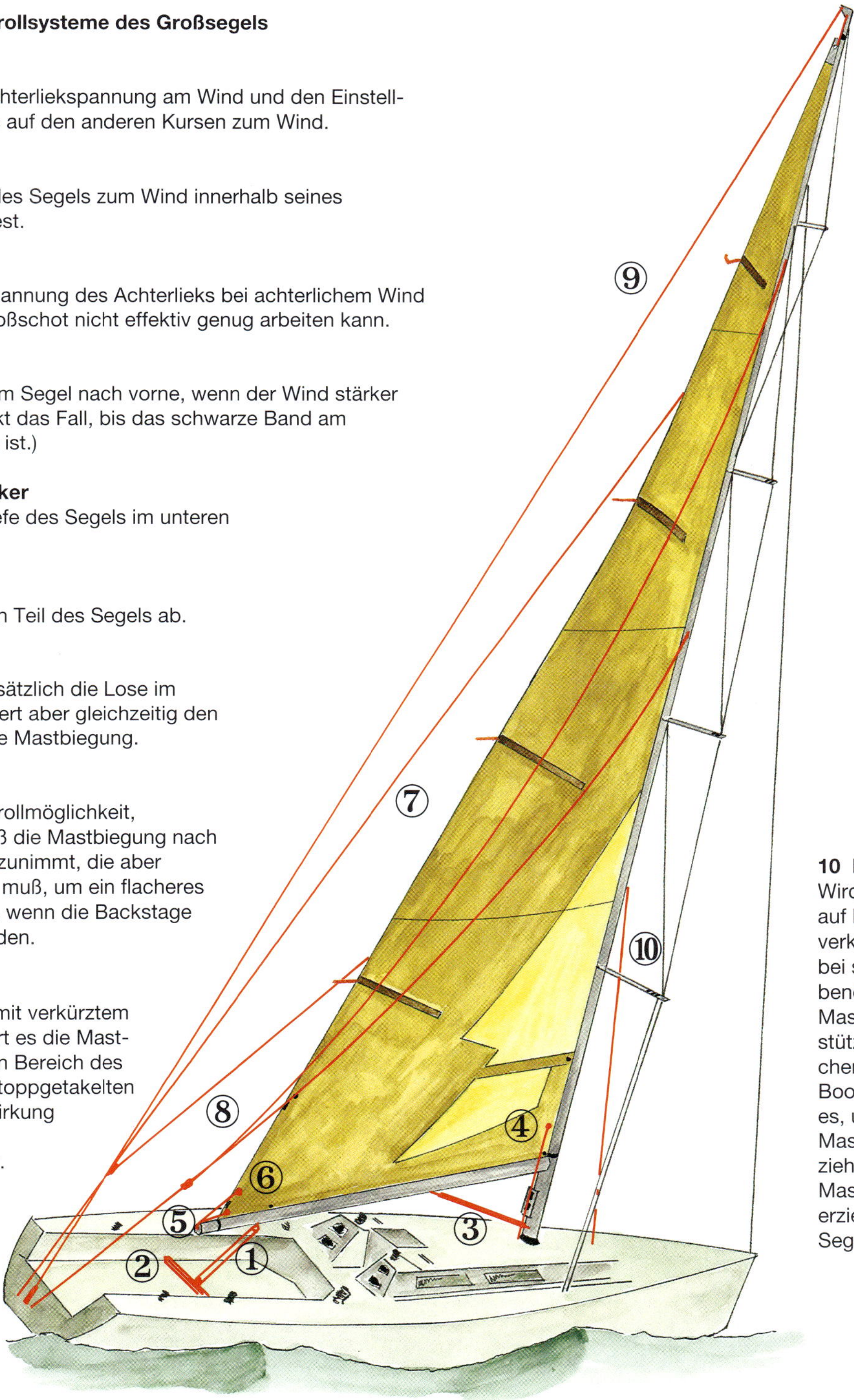

10 Babystag
Wird im Grunde nur auf Booten mit verkürztem Vorstag bei starkem Wind benötigt, um der Mast zusätzlich zu stützen. Auf manchen toppgetakelten Booten benutzt man es, um die Mitte des Masts nach vorne zu ziehen und so eine Mastbiegung zu erzielen, die das Segel abflacht.

Großsegeltrimm in der Wende

Während der Wende verändert sich der wahre Wind erheblich, folglich muß der Großsegeltrimm entsprechend angepaßt werden. Wenn die Yacht in den Wind dreht, wird der Traveller nach Luv geschoben, damit das Segel so lange wie möglich zieht. Sobald das Boot abfällt, müssen zwei Dinge gleichzeitig ablaufen: Zuerst muß der Traveller so weit wie möglich auf die neue Luvseite gebracht werden, damit der Wind in die andere Segelseite einfallen kann. Darüber hinaus muß die Schot etwas geschrickt werden, um der Abnahme des scheinbaren Winds Rechnung zu tragen und einen etwas größeren Einfallswinkel gleich nach der Wende zu gewährleisten. Dann sollte die Schot wieder Schritt für Schritt in ihre „normale" Position gezogen werden, während die Yacht auf maximale Zielannäherungs-Geschwindigkeit beschleunigt. Bei Starkwind machen Sie sich nicht zu viele Gedanken über den Traveller, aber fieren Sie auf alle Fälle die Schot etwas auf. Falls Sie über eine Feineinstellung an der Großschot verfügen, reicht es gewöhnlich aus, wenn man diese auffiert.

Großsegeltrimm raumschots

Bei Halbwindkursen muß das Großsegel weiter so getrimmt bleiben, daß es als Auftrieb erzeugende Tragfläche wirkt; es gelten also weitgehend dieselben Trimmkriterien wie am Wind. Allerdings läßt man den Traveller weit nach Lee rutschen, und der größte Teil der Achterliekspannung wird über den Niederholer erzeugt. Es ist wichtig, den Niederholer nicht zu dicht zu knallen, denn es passiert leicht, daß die Strömung bei zu geschlossenem Segel abreißt. Wieder gibt hier das oberste Windfädchen den wichtigsten Anhaltspunkt für die richtige Achterliekspannung. Auf diesem Kurs wird das Schiff in erster Linie Geschwindigkeit laufen, das Windbändsel sollte also die ganze Zeit nach achtern auswehen. Fällt es ein, dann ist zuviel Luvgierigkeit im Schiff, und die Yacht wird abgebremst.

Die Schot wird so eingestellt, daß das Einfallen am Vorliek auf ein schwaches Zittern reduziert wird. Auf den meisten Yachten wird bei Kursen sehr voll und bei dem Kurs mit der Schoteinstellung Rechnung getragen; die Feineinstellung erfolgt über den Traveller. Raumt der Wind weiter, können Sie mehr Kraft verwerten, wenn Sie das Segel bauchiger fahren. Deshalb sollte jetzt der Mast gerade stehen und der Unterliekstrecker geschrickt werden. Dadurch wird der Bauch notwendigerweise nach vorne wandern und eine Reduktion der Vorliekspannung erfordern.

Bei Seegang wird der Rudergänger das Boot anluven und abfallen lassen, um ständig die größte Geschwindigkeit zu halten. Dabei muß das Groß ständig mitgetrimmt werden. Sobald der Spi gesetzt ist, besteht die Gefahr des Querschlagens, besonders bei böigen Winden. Der Großschot-Trimmer muß eng mit dem Rudergänger kooperieren, um ein Aus-dem-Ruder-Laufen zu verhindern. Das Großsegel stellt den größten Anteil der Kräfte, die versuchen, das Boot in den Wind zu drehen, daher sollte es als erstes etwas aufgemacht werden. Hat das Ruder Schwierigkeiten, das Schiff unter Kontrolle zu halten, fieren Sie die Großschot energisch auf. Sollte das nicht reichen, lösen Sie den Niederholer, um das Achterliek zu entlasten. Das Segel kann sich jetzt frei verwinden und den Wind herauslassen. Sobald die Kontrolle wieder hergestellt ist, setzen Sie den Niederholer langsam durch und holen die Schot dicht – nicht zu schnell, sonst könnten Sie wieder die Kontrolle verlieren.

Großsegeltrimm vor dem Wind

Vor dem Wind oder auf sehr raumem Kurs arbeitet das Segel nicht mehr als Tragfläche. Hier reißt die Strömung immer ab, ganz gleich, was Sie auch anstellen. Trotzdem muß ständig getrimmt werden. Benutzen Sie den Niederholer, um die oberste Latte parallel zum Baum einzustellen (wenn Sie von unten hochschauen), und fieren Sie die Großschot auf. Aber das Segel darf nicht killen. Machen Sie sich keine Gedanken, wenn es an den Wanten anliegt, solange es Doppelungen gegen das Schamfielen an den Salingen hat.

Segelt man auf diese Weise vor dem Wind, spielt das Segelprofil keine große Rolle. Die absolute Segelfläche ist wichtiger. Trimmen Sie also das Schothorn und den Segelkopf, bis sie an ihren jeweiligen schwarzen Markierungsbändern stehen. Übertreiben Sie

2.18 *Hier spielt der Trimmer gleichzeitig mit der Feineinstellung der Großschot und dem Traveller. Die Feineinstellung besorgt – wie schon der Name sagt – kleine Schotveränderungen. Für größere Aktionen muß die Großschot in Reichweite des Trimmers sein. Sie liegt in einer Klemme am Block, der vor dem Traveller auf dem Cockpitboden befestigt ist.*

aber nicht, sonst bekommen Sie Falten ins Segel. (Sollten diese entstehen, fieren Sie den Schothorn-Ausholer und/oder das Fall gerade so weit, bis sie verschwunden sind.)

Läuft man bei stürmischem Wetter vor dem Wind, kann sich ein rhythmisches Rollen einstellen, das sowohl unangenehm ist als auch bremsend wirkt. Einer der Gründe für diese Schwingung kann sein, daß Sie das Achterliek des Groß zu lose fahren. In den Böen wird sich der obere Teil des Segels nach vorne vor den Mast drehen und eine Rollbewegung nach Luv induzieren. Nach den Böen dreht das Segel zurück und drückt das Boot nach Lee. Als Abhilfe können Sie die Großschot etwas dichter fahren oder den Niederholer ansetzen, um zu starkem Twist zu begegnen.

Großsegeltrimm in der Halse

Manchmal ist es möglich, den Baum einfach von einer Seite zur anderen überkommen zu lassen, aber normalerweise wird man während der Halse den Baum wenigstens ein Stück an die Mittschiffslinie heranholen. Denken Sie daran: Wenn das Segel mittschiffs steht, ist das Boot schwerer zu beherrschen. Folglich muß man darauf vorbereitet sein, das Segel so schnell wie möglich wieder aufzufieren. Probieren Sie verschiedene Positionen im Cockpit aus, um den effektivsten und bequemsten Arbeitsplatz während der Halse herauszufinden. Ganz gewiß werden Sie reichlich Ellenbogenfreiheit benötigen, um die Schot einzuholen. Und scheuen Sie sich nicht, bei schwerem Wetter oder auf großen Yachten einen zweiten Mann um Hilfe zu bitten.

Arbeiten Sie konzentriert, beobachten Sie ständig das Segel und besprechen Sie die Anforderungen stets mit dem Rudergänger und dem Vorsegeltrimmer. Die Arbeit eines Großschoters ist nicht übermäßig schwierig – aber ganz bestimmt anstrengend und mühselig.

Ausputzer/Springer – Allgemeines

Auf jeder Yacht mit mehr als zwei Mannschaftsmitgliedern wird jemand gebraucht, der all die diversen Jobs erledigt, die nicht von den Aufgaben der anderen abgedeckt werden. Auf größeren Yachten sind das häufig mehrere Crewmitglieder, auf kleinen Booten dagegen müssen einige aus der Crew diese Extrajobs neben ihren eigentlichen Aufgaben übernehmen.

Diese Rolle ist wahrscheinlich für junge Mannschaftsmitglieder am besten geeignet, die noch nicht zu stolz sind, um Segel zusammenzulegen und aufzuklaren. Das bedeutet keineswegs, daß diese Arbeiten von jedem unerfahrenen Badegast übernommen werden können – weit gefehlt. Aber Aufgewecktheit und ein Blick dafür, welche Arbeit erledigt werden muß, ist wichtiger als spezialisiertes Können.

Weil dieser Job schon per Definition sehr unbestimmt ist, muß dieses Mannschaftsmitglied sehr flexibel sein und überall einspringen, wo es benötigt wird. Mal hilft es vorne am Bug beim Segelwechsel, dann beim Trimmen des Spibaums auf Vorwindkursen, anschließend legt es Spinnaker zusammen usw.

Bei all dem wird dieses Crewmitglied wenig Lob für seine Bemühungen ernten – das ernten der Steuermann und die Trimmer, wenn die Yacht vorne liegt. Trotzdem ist seine oder ihre Rolle sehr wichtig für den reibungslosen Ablauf der Manöver, und es bedarf einer hochmotivierten Person, um diese Rolle voll auszufüllen.

Allerdings ist es ein guter Weg, Ihre Segelkenntnisse zu verbessern. Weil Sie nicht an einen bestimmten Platz des Bootes gebunden sind, können Sie beobachten, wie die einzelnen Experten arbeiten, und auch die Probleme sehen, die mit den jeweiligen besonderen Aufgaben verbunden sind.

2.19 *Kämpft man unter Deck mit einem nassen, vertörnten Bündel aus glitschigem Nylon, während das Boot in die Wellen klatscht, erfordert das einen starken Magen. Die Fähigkeit, einen Spi schnell und ohne Törns zu packen, gehört zu den Aufgaben des Ausputzers oder Springers.*

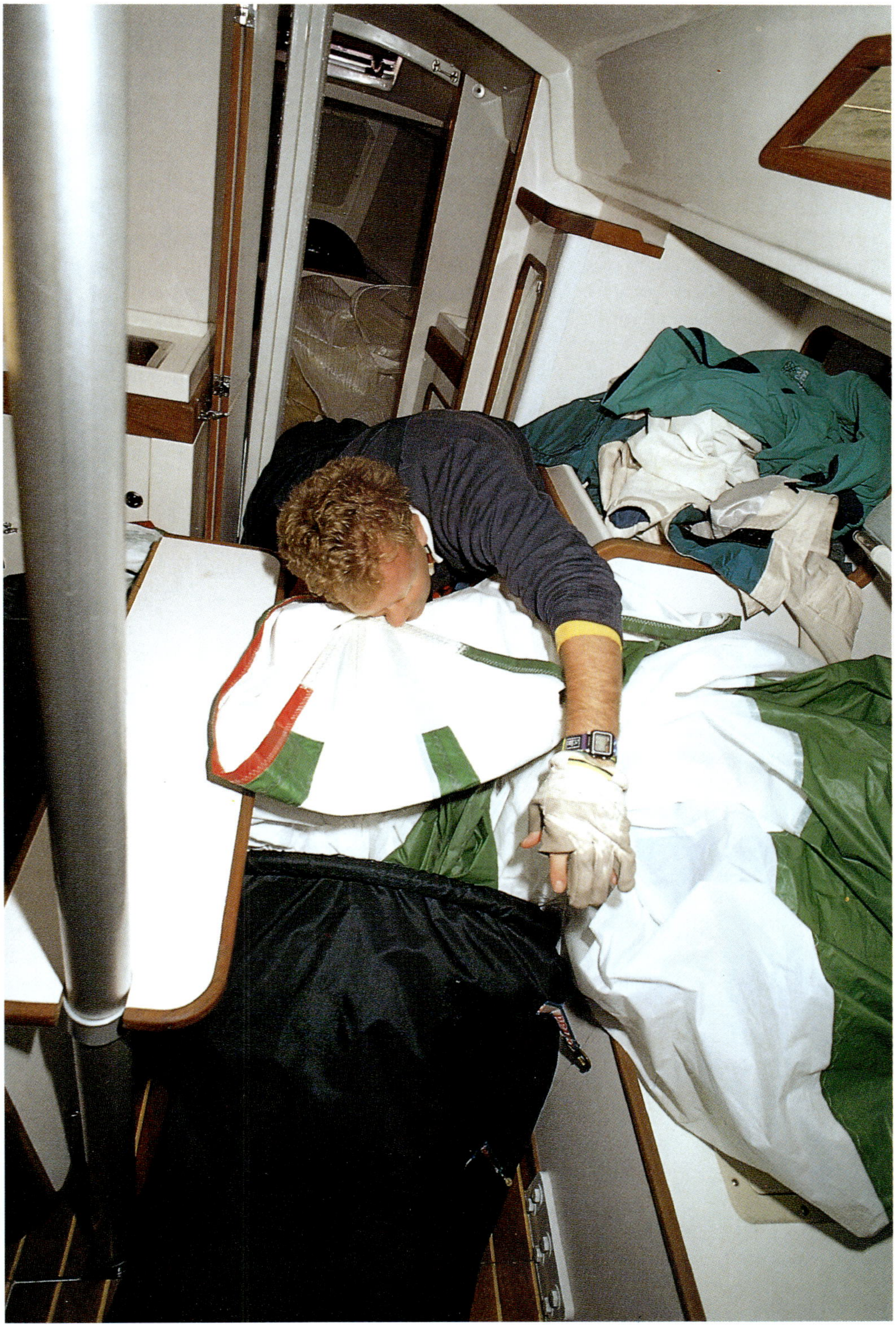

Ausputzer/Springer des Vorschiffsmanns

Der Vorschiffsbereich ist eine der Schlüsselpositionen auf größeren Yachten. Besonders beim Segelwechsel wird der Vorschiffsmann einen Helfer benötigen, der mit ihm das neue Segel vorbereitet, das alte birgt und zusammenlegt. Dazu kann durchaus gehören, daß der Helfer unter Deck muß und das neue Segel holt. Er sollte daher nicht zu anfällig für Seekrankheit sein. Das Zusammenlegen von Segeln unter Deck ist eine schweißtreibende Aufgabe, die den Magen ordentlich in Aufruhr bringen kann.

Auf großen Yachten wird er den Spibaum klarmachen, während der Vorschiffsmann das Segel vorbereitet. Beim Setzen in der Halse wird er den Baum sofort antoppen, sobald die Genua übergegangen und aus dem Weg ist. Bei einfachem Setzen auf raumem Kurs könnte er den Achterholer nach achtern kurbeln; bei leichtem Wind könnte es keine andere Arbeit für ihn geben, als sein Gewicht am richtigen Platz einzusetzen und die Augen offen zu halten für den Fall, daß jemand Hilfe benötigt.

Beim Vorsegelwechsel muß das neue Segel herausgesucht und so schnell wie möglich an Deck gebracht werden. Das Fall muß identifiziert und untersucht werden, ob es keine Kinken hat oder irgendwo unklar gekommen ist. Die Fockschot-Leitblöcke müssen entsprechend dem neuen Segel eingestellt, die Schoten durchgezogen und am Segel angeschlagen werden. Liegt das Segel auf dem Vorschiff, muß der Segelsack unter Deck geworfen werden; dann muß das Fall durchgesetzt und schließlich das alte Segel geborgen werden. Dazu zieht man das alte Segel so schnell es geht vom Bug auf das luvwärtige Seitendeck oder auch unter Deck, wo es zusammengelegt wird. Der Ausputzer muß bei all diesen Arbeiten einspringen können. Einiges wird der Vorschiffsmann erledigen, anderes die Trimmer und wieder anderes der Fallenmann – aber es gibt immer mindestens zwei herumliegende Enden, für die sich niemand verantwortlich fühlt.

Legt man das Segel auf dem Vordeck zusammen, ist es normalerweise von großer Wichtigkeit, das Gewicht des Segels und der Mannschaft schnell vom Vorschiff herunter zu bekommen (außer vielleicht bei sehr leichten Winden und ruhiger See). Das Unterliek des Segels muß so lang wie möglich gezogen werden, wobei das Vorliek in Richtung Bug zeigt. Dann wird das Segel so sauber wie möglich aufgetucht. Denken Sie daran: Es soll kein abendfüllendes Programm werden, mit dem Sie einen Schönheitspreis gewinnen können. Solange das Segel ohne Törns mit zusammengebundenem Vorliek in seine „Wurstpelle" paßt, ist alles in Ordnung. Ich empfehle immer, daß derjenige, der am Vorliek arbeitet, mit dem Zusammenlegen beginnt, der andere folgt danach, wobei er die gröbsten Falten herauszieht. In nahezu allen Fällen wird der Reißverschluß vorne am Segelsack sitzen und so vorbereitet werden, daß er vor dem nächsten Segelsetzen aufgerissen werden kann, so daß der Sack bei Bedarf weit aufgeht.

Der Springer beim Wenden

Beim Wenden sind unspezifische Arbeiten:

1. Die Genua um die Wanten bugsieren und dafür Sorge tragen, daß sie nicht an den Salingen hängenbleibt.
2. Sicherstellen, daß die alte Schot frei laufen kann. Auf großen Booten – etwa ab zwölf Meter – packt der Springer das Schothorn und zieht es auf die neue Seite.

Darüber hinaus gibt es jede Menge andere Arbeiten, so die Bedienung der Wendeleine (die etwa auf halber Länge des Unterlieks befestigt ist), um das Schothorn ums Babystag zu ziehen, oder das Ab- und Anschlagen des Babystags, was während der Wende unter bestimmten Umständen nötig werden kann. Wieder gilt: Falls aus irgendwelchen Gründen – etwa der Schiffsgröße – diese Aktivitäten nicht erforderlich sind, muß dieses Mannschaftsmitglied dafür sorgen, daß sein Gewicht stets an der günstigsten Stelle plaziert ist. Bei schwachem Wind und besonders auf Leichtbau-Yachten ist es sehr wichtig, daß eine perfekte Rollwende gelingt. Das bedeutet, daß die Leekrängung beibehalten wird, bis das Segel über die Mittschiffslinie zu wandern beginnt. Dann muß das Gewicht wirklich schnell auf die andere Seite verlagert werden, und es muß weit ausgeritten werden. Dazu kann man die Relingstützen oder die Wanten zu Hilfe nehmen, bis die Yacht richtig auf dem neuen Kurs läuft. Dann kann das Crewgewicht (vorsichtig) nach vorne und etwas nach Lee verlagert werden.

2.20 *Der Ausputzer hilft grundsätzlich dem Vorschiffsmann bei seiner Arbeit auf dem Vordeck.*

Der Springer in der Halse

Bei der Halse kommt es für den Springer sehr darauf an, welche Aufgaben noch nicht unter den anderen Mannschaftsmitgliedern verteilt sind. Vielleicht benötigt der Großschot-Trimmer Hilfe beim Durchholen der Schot, der neue Achterholer muß schnell dichtgekurbelt oder der Toppnant aufgeschossen werden, nachdem der Vorschiffsmann den neuen Achterholer eingeklinkt hat. Verfügt das Boot über ein Rigg mit verkürztem Vorstag und Backstagen, muß vielleicht eines davon bei starkem Wind aufgefiert oder nachgesetzt werden. Bei leichtem Wetter reicht normalerweise ein Mann zur Bedienung beider Backstage aus.

Sobald der Spi geborgen ist – entweder im fliegenden Wechsel oder an der Leemarke –, muß das alte Segel zusammengelegt werden. Das ist eine der typischen Aufgaben des Springers. Übernehmen Sie diesen Job auf einem neuen Schiff, lassen Sie sich vor dem Rennen erklären, wie die Crew das Segel vorbereitet haben möchte – werden Gummibänder oder Wollfäden als Stopper verwendet? Wurde der Spi an der Leetonne weggenommen, gehen Sie nicht sofort nach unten, um ihn zusammenzulegen, sondern warten Sie ab, bis sich alles wieder beruhigt hat und die Yacht volle Geschwindigkeit läuft. Dann fragen Sie, ob jetzt ein guter Zeitpunkt wäre, nach unten zu verschwinden.

Gewicht und Platz

Die meisten modernen Yachten reagieren sensibel auf jede Gewichtsverlagerung, und je leichter sie sind, desto mehr wird diese Aussage stimmen. Sie müssen wie alle anderen Crewmitglieder immer daran denken, wo Ihr Körpergewicht am besten nützt, und dann versuchen, so oft wie möglich diesen Platz einzunehmen. Haben Sie eine Aufgabe zu erledigen, bei der Sie sich von diesem idealen Platz entfernen müssen, arbeiten Sie so schnell und effektiv wie möglich und kehren Sie dann unverzüglich auf den Platz zurück, an dem Sie Ihr Gewicht optimal einsetzen können.

Am Wind sollten die Beine über die Seite hängen, der Kopf sollte unter dem obersten Relingsdurchzug durchgesteckt sein und die Rippen sollten sich gegen den unteren Relingsdraht pressen. Darüber hinaus ist es wichtig, ein Gefühl für die Krängung des Boots zu entwickeln, damit man sich beim Ausreiten besonders dann anstrengt, wenn jemand kurzzeitig seinen Platz auf der hohen Kante verläßt. In einem kurzen Aussetzer, wenn sich das Boot aufrichtet, muß man darauf vorbereitet sein, sich gerade zu setzen und vielleicht sogar etwas nach Lee zu rücken. Bei sehr leichtem Wind, besonders wenn noch alte Dünung steht, wird zumeist nur ein Teil der Mannschaft für die Segelmanöver benötigt. Unter diesen Umständen ist Ihr Gewicht am besten unten in Lee und vorne aufgehoben, damit das Stampfen reduziert wird.

Vor dem Wind überlegen Sie sich, wie weit vorne oder achtern Sie sitzen sollten, und zögern Sie nicht zu fragen, wenn Sie sich darüber nicht klar werden. Während eines heißen Ritts bei Starkwind kann es nötig sein, daß die gesamte Crew so weit wie möglich achtern sitzt. Aber sobald der Rudergänger das Boot voll und sicher unter Kontrolle hat, wird es sich auszahlen, wenn man das Gewicht etwas nach vorne verlagert. Sobald der Wind nachläßt, sollte die Crew weiter und weiter nach vorne rutschen.

Aufklaren

Darunter ist nicht Deckschrubben oder Messingputzen zu verstehen, sondern das Aufklaren des Spaghettihaufens aus Leinen, der nach jedem Manöver das Cockpit füllt. Vielleicht wird auch Hilfe beim Sortieren der Schoten und Achterholer nach einem Spinnakermanöver benötigt. Lernen Sie, welche Leine welche Aufgabe hat und wie die einzelnen Mannschaftsmitglieder, die mit Ihnen arbeiten, sie vorbereitet haben wollen. Einige Enden werden in den Niedergang geworfen, andere durch die Luken, wieder andere werden in kleinen Segeltuchtaschen aufgeschossen. Insbesondere die Genuaschoten – aber auch andere Leinen, die schnell frei ausrauschen müssen (Fallen, Spinnaker-Achterholer usw.) – dürfen nicht als Bunsch aufgeschossen werden, weil sie sich dann leicht vertörnen, wenn sie auslaufen sollen. Diese Leinen sollten immer klar zum Laufen liegen oder in losen Achtern aufgeschossen werden. Außerdem müssen die Kinken zum losen Ende hin ausgetörnt werden. Wenn Sie im Cockpit sitzen und nichts Besseres zu tun haben, blicken Sie sich um, welche Leinen kritisch aussehen, und klarieren Sie sie schnell.

Zusammenfassend kann man sagen, daß ein guter Ausputzer/Springer bei den meisten Aufgaben helfen kann, ohne ein Experte zu sein. Halten Sie die Augen

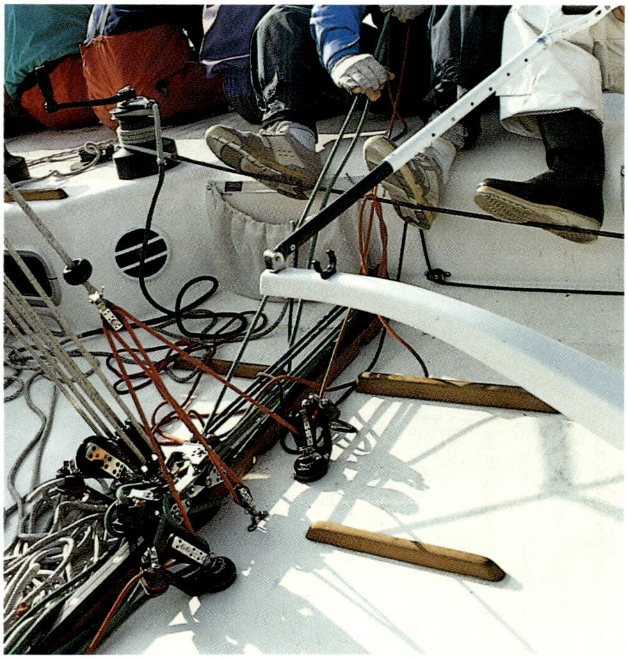

2.21 *Sooft sich Gelegenheit dazu bietet, sollte man die Leinen klarieren und aufschießen. Denn falls etwas mit einer Leine schiefgehen kann, wird das gewöhnlich auch passieren.*

offen, seien Sie empfänglich für Ratschläge der Spezialisten und hören Sie auch denen zu, die vielleicht weniger Erfahrung als Sie selbst haben, aber älter als Sie sind oder in der Hierarchie des Bootes über Ihnen stehen – dann werden Sie schnell Fortschritte machen.

Der Rudergänger

Der Mann am Ruder wird oft als die wichtigste Person der Crew angesehen. Meiner Meinung nach hat er zwar eine Schlüsselposition, aber die meisten Aspekte dieses Jobs können von jemandem, der die Voraussetzungen dazu mitbringt, schnell erlernt werden. Das führt zu dem Schluß, daß andere erfahrenere Mannschaftsmitglieder andere Aufgaben übernehmen können, die mindestens genauso anspruchsvoll, wenn nicht sogar wichtiger sind, z. B. als Taktiker.

Eines der häufigsten Probleme, dem ich immer wieder begegne, wenn ich ein Regattateam betreue oder selber Wettfahrten segele: Der Rudergänger versucht, gleichzeitig Taktiker und Segeltrimmer zu sein und will am liebsten auch alle anderen Funktionen ausüben, die für ein erfolgreiches Boot wichtig sind.

Selbstverständlich muß er ein Gefühl für die taktische Situation haben, und manchmal ist ja auch niemand mit entsprechender Erfahrung an Bord, der als Taktiker fungieren kann. Aber auf einem gut besetzten Boot sollte sich der Rudergänger auf das Steuern konzentrieren können und alles andere aus seinen Gedanken verdrängen.

Ich hatte die große Freude, mit vielen erstklassigen Steuerleuten segeln zu dürfen, und alle waren in ihrer Art anders. Doch bestanden trotzdem Übereinstimmungen zwischen ihnen. Das Handwerk kann erlernt werden, aber es gibt bestimmte Verhaltensweisen und Eigenschaften, die es einem erleichtern, sich von einem brauchbaren Steuermann bei Vereinsregatten zu einem Mitbewerber unter den absoluten Spitzenleuten zu entwickeln.

Konzentrationsfähigkeit ist ohne Zweifel eine dieser Eigenschaften, besonders wenn man unter Glattwasserbedingungen segelt. Von den vielen, mit denen ich gesegelt bin, ist der Engländer Rodney Pattison (Goldmedaillengewinner) vielleicht das extremste Beispiel. Er rückt sich in seiner Position zurecht, sucht sich seinen idealen „Kursstreifen“ und hält dann das Boot (fast jedes Boot) Stunde um Stunde mit einer Abweichung von einem Zehntelknoten auf der optimalen Geschwindigkeit. Seine riesige Erfahrung auf Jollen erlaubt es ihm, alles wahrzunehmen, was um ihn herum geschieht, ohne daß es seine Konzentration stört. Er ist nicht gerade ein Plappermaul, wenn er steuert, aber eine Offenbarung, wenn man ihm dabei zusehen darf.

Eine weitere, genauso wichtige Eigenschaft des guten Rudergängers ist das Gefühl fürs Boot. Er muß in jahrelanger Übung einen siebten Sinn dafür entwickeln, wie es beschleunigt, dreht oder in rauher See steuert. Ich hatte das Glück, mit dem Italiener Mauro Pelaschier zu segeln, der ein begnadeter Rudergänger ist. Er hat seine Meriten in den olympischen Klassen und in zwei Ausscheidungen zum America’s Cup gesammelt, außerdem in zahllosen „normalen“ internationalen Regatten auf allen Bootsgrößen. Dadurch verfügt er über einen gewaltigen Erfahrungsschatz,

2.22 *Der Sitz des Rudergängers sollte bequem sein und dem Rücken eine gute Stütze bieten (ein paar Plastikröhren oder Polster an den Relingsdurchzügen helfen da beachtlich). Außerdem sollte er sich mit den Füßen abstemmen können und freien Blick auf die Vorsegel-Windfädchen, die Instrumente und die anrollenden Seen haben.*

von dem er zehren kann, wenn er ein neues Boot betritt. Nach nur einem Trainingstag konnte er eine Swan 53 in wenigen Sekunden auf maximale Zielgeschwindigkeit bringen und spüren, ob eine Wende schnell abgelaufen war oder nicht. Dafür brauchte er keinen Blick auf den Deckcomputer zu werfen. Außerdem konnte er mit dem Boot bei über 30 Knoten Wind halsen, als ob er es sein Leben lang gesegelt hätte.

Der Engländer Lawrie Smith ist ein weiterer Weltklasse-Steuermann, mit dem zu segeln ich die Ehre hatte. Seine Hauptstärke scheint darin zu liegen, daß er jederzeit die absolut höchste Geschwindigkeit aus einer Yacht kitzeln kann. Er steuert mit einer Leichtigkeit und einem Gefühl bei achterlichem Wind, die selbst auf diesem Leistungsniveau ungewöhnlich sind. Sein Stil ist viel auffallender als der Rodneys, aber die beiden gaben ein unschlagbares Duo ab, als wir zusammen den Eintonner JAMARELLA segelten. Rodney steuerte zumeist die Kreuzkurse, Lawrie übernahm die Vorwindkurse. Der jeweils andere erfüllte dann die Aufgabe eines Taktikers, so daß sich der Rudergänger völlig aufs Steuern konzentrieren konnte.

Alle guten Steuerleute verfügen über die Eigenschaften, die ich an diesen drei Beispielen deutlich gemacht habe. Allerdings sind diese Männer bemerkenswert, weil sie einen sehr unterschiedlichen persönlichen Stil haben und jeder eine absolute Ausnahme auf seinem speziellen Gebiet ist.

Steuern am Start

Am Start muß der Rudergänger unbedingt ein Gefühl für das Beschleunigungspotential seines Bootes haben. Ein gutes räumliches Gefühl für den Abstand von der Linie und den anderen Booten ist eine weitere wichtige Eigenschaft. Um erfolgreich zu starten, muß man einen gehörigen Schuß Aggression besitzen, der durch Vorsicht gezügelt wird. Außerdem müssen Sie Ihrem Taktiker und Vorschiffsmann blind vertrauen können.

An einer dicht bevölkerten Startlinie bleibt dem Taktiker selten Zeit, die Schüsse zu zählen, und der Steuermann muß in Sekundenschnelle seine Entschlüsse selbst fassen (außer bei Matchrennen). Er muß wissen, ob es besser ist, langsamer zu werden, um in eine sich öffnende Lücke zu stoßen, oder lieber in das sich bietende Loch hinein zu beschleunigen. Diese Entscheidung muß er mehr oder weniger intuitiv fällen. Bei der letzten Annäherung an die Linie, während der Vorschiffsmann den Abstand anzeigt, ist das Gefühl für die augenblickliche Geschwindigkeit der Yacht ein Muß.

Sie sollten sich aber stets Ihrer Grenzen bewußt bleiben. Es macht wenig Sinn, einen perfekten Start an der begünstigten Seite der Linie zu versuchen, wenn Sie nicht sicher sind, daß Sie ihn auch durchziehen können. Es kann weise sein, etwas Raum zu verlieren, wenn man dafür einen guten und sicheren Start eintauscht.

Steuern auf der Kreuz bei Schwachwind

Beim Steuern auf glattem Wasser muß man sich auf die bekannte Funktion zwischen Windeinfallswinkel und Geschwindigkeit konzentrieren. Bedienen Sie sich der Windfädchen am Achterliek der Genua zum Steuern, aber sagen Sie dem Vorsegeltrimmer, was Sie beabsichtigen. Ist das Boot nur Ihrem Gefühl nach zu langsam oder auch tatsächlich langsam (verglichen mit einem Konkurrenten oder der bekannten optimalen Bootsgeschwindigkeit), lassen Sie den Trimmer die Schot etwas schricken. Das gilt auch, wenn Sie in einen Böenstreifen segeln und mehr Vortrieb benötigt wird. Allgemein gesagt: Ist das Wasser glatt und der Wind ziemlich gleichmäßig, sollte man den idealen Kursstreifen ziemlich einfach herausfinden, wo man mit maximaler Geschwindigkeit den optimalen Raumgewinn erzielt.

Sind die Fähigkeiten des Bootes akkurat gemessen und dokumentiert worden, kann die Verwendung von Zielgeschwindigkeiten hilfreich sein. Allerdings ist es auch richtig, wenn Ihnen das Boot relativ unbekannt ist, die Geschwindigkeit zu suchen, bei der sich das Boot wohlfühlt, und dann mit geringen Abweichungen diese Geschwindigkeit beizubehalten – jedenfalls so lange, wie sich die Windstärke nicht ändert. Benutzen Sie vorgegebene Zielgeschwindigkeiten mit Vorsicht, denn selbst wenn die Instrumente gut geeicht sind, beeinflussen eine Vielzahl von Faktoren den optimalen Kompromiß zwischen Windeinfallswinkel und Geschwindigkeit. Zu diesen Faktoren gehören Winddrehungen, wie weit die Crew ausreitet, die genauen Seegangsbedingungen und vieles andere mehr. Falls Sie Zielgeschwindigkeiten benutzen, rufen Sie sich in Erinnerung, daß sie die optimale Geschwindigkeit zum Ziel angeben, nicht jedoch die Geschwindigkeit, die unter den gegebenen Umständen übertroffen werden kann. Sollten Sie schneller segeln als die Zielgeschwindigkeit, bedeutet das wahrscheinlich, daß Sie zu weit vom Wind abgefallen sind und daher Ihre Annäherungsgeschwindigkeit an das Ziel nicht optimal ist.

Versuchen Sie nicht, durch Ruderlegen die Zielannäherungsgeschwindigkeit (engl. VMG = velocity made good) zu maximieren! Sollten Sie das probieren, wird die VMG auf- und abschnellen wie ein Jo-Jo. Das liegt im Beharrungsvermögen begründet, das jedem Boot innewohnt und es mit einer gewissen Verzögerung auf das Ruderlegen reagieren läßt. Lassen Sie die Trimmer etwa dreißig Sekunden lang mit den Trimmeinstellungen spielen, um die VMG zu maximieren, dann übernehmen Sie den gefundenen Winkel und die Geschwindigkeit als Richtwert auf diesem Kurs für die herrschende Windgeschwindigkeit.

Wenden können bei ruhigem Wasser ziemlich flott gefahren werden. Das Anluven kann schnell erfolgen, außer bei sehr schwachem Wind. Nach der Wende sollte es möglich sein, um etwa ein Grad weiter abzufallen, als es normal wäre, damit sich die Geschwindigkeit wieder bis auf einen Zehntelknoten unter die Richtgeschwindigkeit aufbauen kann. Ist das erreicht,

Abb. 2.17
Polardiagramm

Das Beispiel zeigt die mögliche maximale Geschwindigkeit einer Yacht bei einem wahren Wind von zehn Knoten. Es kann entweder von der Bauwerft und dem Konstrukteur erstellt worden sein oder von der Besatzung selbst. Auf einer Yacht, die ernsthaft bei Regatten mitmischen will, ist es eine wichtige Informationsquelle, wird hier allerdings in vereinfachter Form gezeigt. Diese Datensammlung hat viele Stunden Segeln und Auswertung gekostet und erfordert zahlreiche Diagramme, die für unterschiedliche Windstärken erstellt wurden.

Es ist üblich, in die Diagramme weitere Informationen über die gefahrenen Segelkombinationen einzutragen, mit denen die eingezeichneten Geschwindigkeiten erreicht wurden. Dabei wird auch der kritische Punkt benannt, wann es bei raumem Wind besser ist, von zwei Standardsegeln auf den Spi zu wechseln. Viele dieser Daten können in einen Bordcomputer eingegeben werden, um zahlreiche Segel- und Navigationsinformationen im voraus abrufen zu können.

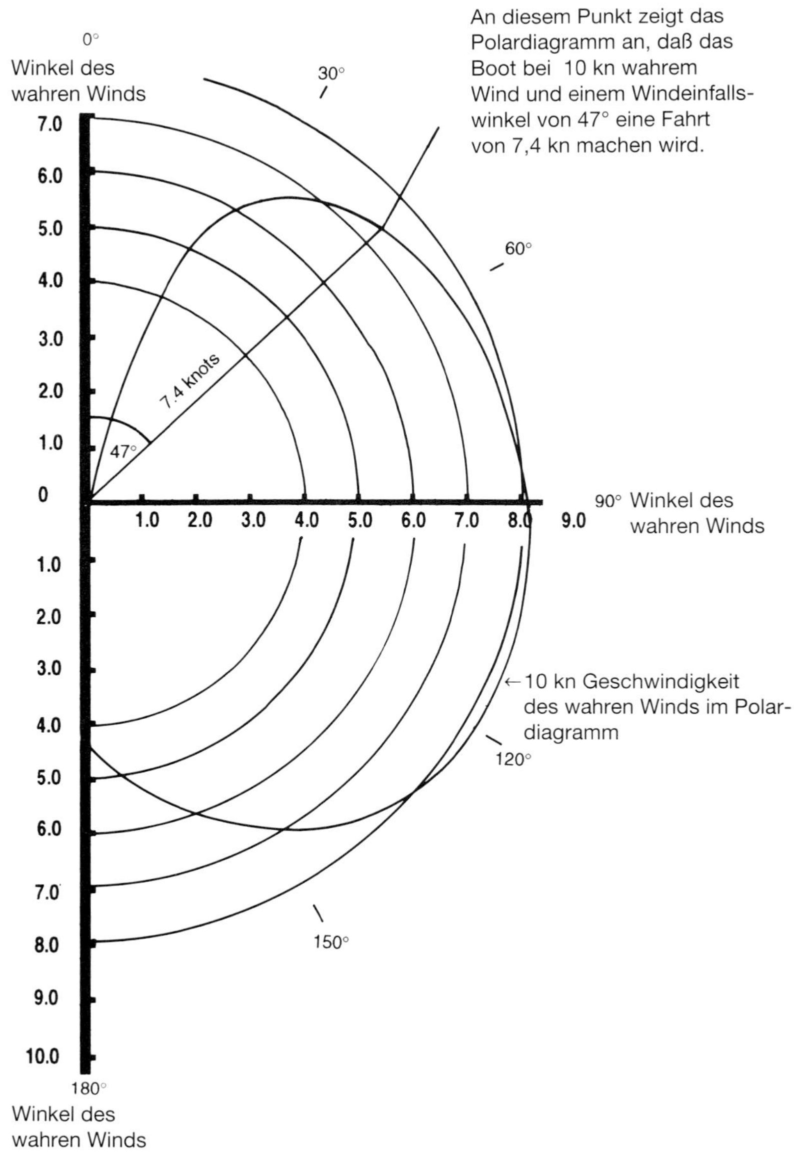

können Sie wieder auf den alten Winkel zum Wind gehen. (Versuchen Sie nie, zu tief zu segeln, während Sie beschleunigen, denn dabei würden Sie nur unnötig Luvraum verlieren). Benutzen Sie eine weit überlappende Genua, die das Boot unter den Windbedingungen gerade noch verträgt, dann verlangsamen Sie die zweite Hälfte der Wende, damit die Winschmänner Zeit haben, die Schot einzustellen.

Steuern auf der Kreuz bei Seegang

Jetzt wird es schwer, einen optimalen Kursstreifen zu finden, in dem man sich mit maximaler Geschwindigkeit dem Ziel nähert. Um so wichtiger ist es, ein Gefühl für das Wellenmuster zu entwickeln. Das bedeutet, daß Sie so sitzen müssen (oder stehen, sollten Sie eine Radsteuerung benutzen), daß Sie die nächsten Wellenzüge überblicken können. Ein Crewmitglied auf der hohen Kante muß besondere Kawenzmänner ankündigen. Das ist vor allem bei Nacht sehr wichtig.

Die am häufigsten benutzte Technik besteht darin, daß man auf dem Wellenberg höher steuert und auf seiner Rückseite abfällt. Denn der scheinbare Wind raumt, wenn der Bug oben bremsend einsetzt, und schralt wieder, sobald der Bug ins Tal schießt. Diese leichte Kursänderung sorgt dafür, daß das Segel stets mit voller Kraft zieht. Obwohl sich das ziemlich einfach anhört, muß man sich in der Praxis erst an diese Technik gewöhnen. Das Problem ist, daß man ein oder zwei Sekunden vorher entscheiden muß, was zu tun ist, und dann das Ruder entsprechend legt, bevor die Drehung tatsächlich nötig wird. Wartet man einfach ab, bis der tiefste Punkt des Wellentals erreicht ist, um erst dann anzuluven, wird das Boot erst oben auf dem Kamm ansprechen und umgekehrt. Das endet damit, daß man völlig aus dem Wellenrhythmus kommt und sogar langsamer segelt, als wenn man das Ruder stur mittschiffs gehalten hätte.

Das Wenden im Seegang sollte keine Probleme bereiten. Wenn möglich wartet man eine relativ ruhige Phase ab, bevor man die Drehung einleitet. Gibt es solche glatten Flächen nicht, stellen Sie sicher, daß sich der Bug nicht auf halbem Weg in einer See verbeißt.

Man kann auch bei rauhem Wasser Zielgeschwindigkeiten benutzen, muß aber größere Toleranzen einkalkulieren. Keinesfalls darf man Höhe kneifen. Dies endet immer damit, daß sich das Boot in den Seen feststampft und erheblich an Geschwindigkeit verliert. Vergewissern Sie sich, daß die Trimmer die Segel ein paar Grad tiefer einstellen als unter Glattwasserbedingungen.

Abb. 2.18
Steuern am Wind gegen die Wellen

Steuern auf der Kreuz in Böen

Bei schweren Böen ist wieder eine andere Technik erforderlich. Üblicherweise wird das Boot die Segel tragen, die der durchschnittlichen Windgeschwindigkeit angemessen sind. Während der Böen ist das Boot jedoch übertakelt und in längeren Aussetzern fehlt ihm Segelfläche. Um mit derart unterschiedlichen Windverhältnissen fertig zu werden, muß man in den Böen anluven. Versuchen Sie nicht, stur den geraden Kurs beizubehalten, denn das würde zu extremer Krängung führen, die wiederum starke Abdrift hervorruft. Der Genuatrimmer muß die Schot in den Böen wirklich stramm durchsetzen, gleichzeitig sollte der Großschot-Trimmer den Traveller nach Lee rutschen lassen. Spüren Sie, daß sich das Boot bei nachlassendem Wind aufrichtet, fallen Sie leicht ab. Die Genua wird zur gleichen Zeit etwas gefiert und der Traveller nach oben gezogen. Wenn möglich, sollte das Achterstag ein wenig gelockert werden.

Versuchen Sie, sich ein Bild über die Richtungsänderung des Windes in den Böen zu machen. In der nördlichen Hemisphäre haben Böen oft die Tendenz auszuschießen (auf der Südhalbkugel ist die Tendenz rückdrehend), was bedeutet, daß der Wind auf Backbordbug raumt und auf Steuerbordbug schralt. Teilen Sie ein Mannschaftsmitglied ein, das alle Veränderungen der Windstärke ansagt.

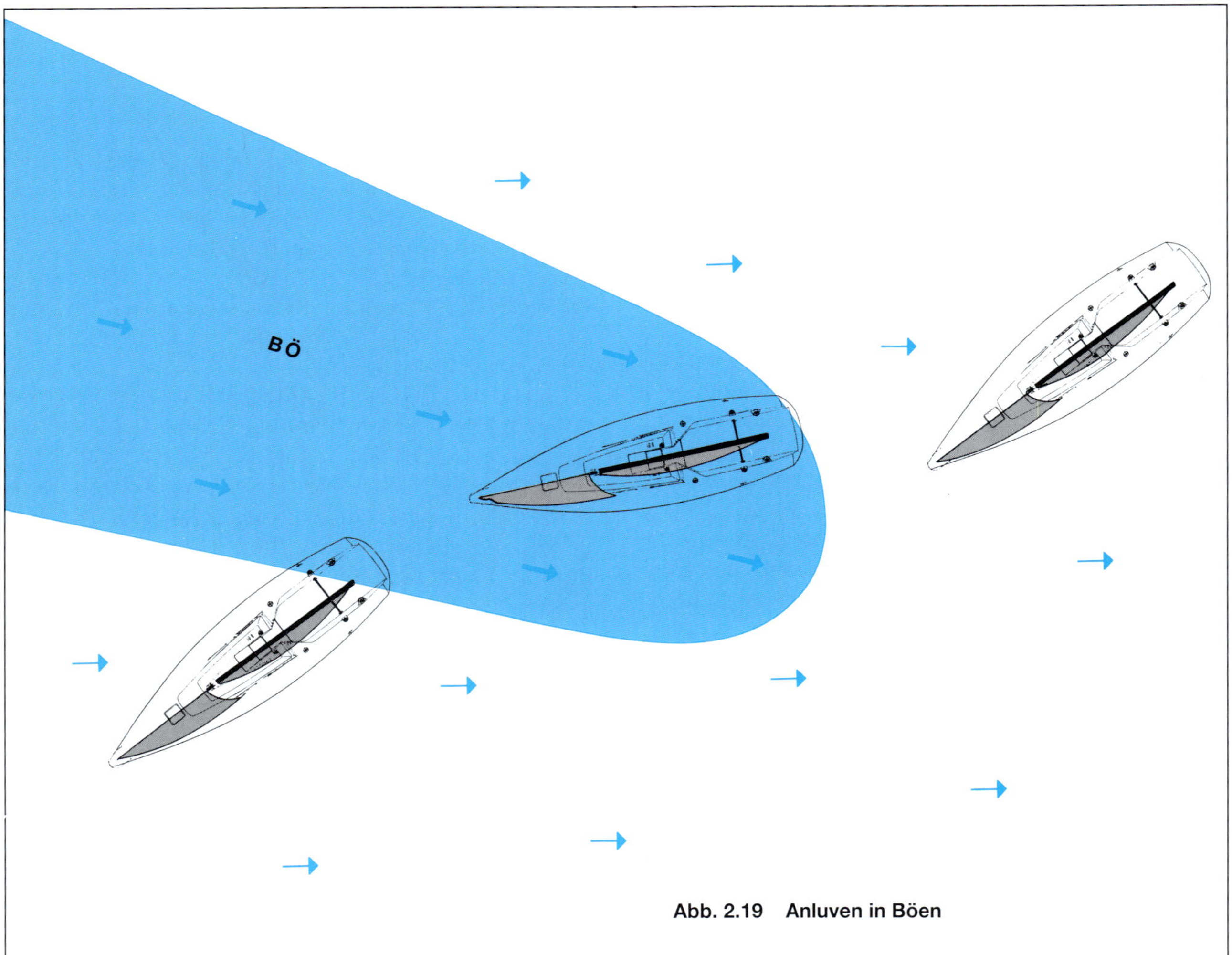

Abb. 2.19 Anluven in Böen

Steuern auf raumen Kursen

Das allgemeine Prinzip des Steuerns auf raumen Kursen ist, das Schiff so schnell wie möglich laufen zu lassen und gleichzeitig den geforderten Kurs zu halten. Nur wenn die Wetterbedingungen ideal und gleichmäßig sind, sollten Sie versuchen, den gegebenen Kompaßkurs zu halten. Sonst spielen Sie mit den Wellen, den Böen und Aussetzern, um die höchste Geschwindigkeit herauszukitzeln und auf einem guten Generalkurs zu bleiben.

Je nach dem Einfallswinkel der Wellen zu Ihrem Kurs können Sie versuchen, ins Surfen zu kommen. Experimentieren Sie ein wenig, steuern Sie ein paar Grad höher und tiefer, um herauszufinden, was machbar ist. Teilen Sie dem Navigator mit, was Sie vorhaben, denn es macht wenig Sinn, einen halben Knoten Geschwindigkeit zu gewinnen, aber dreißig Grad vom Kurs abzuweichen.

Steuern, um einen „Schlepp“ zu bekommen

Bei Regatten mit Handicap-Berechnung ist es häufig wichtig, vor jenen Booten an der Luvtonne zu sein, die auf dem folgenden Raumschotsgang schneller sein werden. Hat man ein Boot, das raumschots nicht sonderlich „heiß“ ist, sollte man versuchen, auf der Heckwelle eines vorbeikommenden schnellen Bootes einen „Schlepp“ zu bekommen. Ihr Taktiker sollte entscheiden, ob das eine gute Option ist. Wenn der Rudergänger seine Zeit damit verbringt, sich nach einem geeigneten Schlepper umzusehen, wird er höchstwahrscheinlich vom Kurs abkommen.

Die Grundlagen für das Trittbrettfahren auf einer Heckwelle sind:

1. Setzen Sie sich so nahe wie möglich hinter das Heck des anderen Bootes, im Idealfall auf die erste Heckwelle.
2. Decken Sie es nicht ab, wenn Sie auf der Welle sind.
3. Lassen Sie es nach Möglichkeit in Lee überholen, aber bremsen Sie es nicht unnötig ab, es sei denn, es ist erheblich schneller als Sie. Das kann bedeuten, daß Sie ziemlich hoch steuern, damit das andere Boot mehrere Bootslängen in Lee passieren kann. Sobald es dann aus Ihrer Verwirbelung heraus ist, stoßen Sie von Luv herunter.
4. Arbeiten Sie hart daran, auf der Heckwelle zu bleiben. Werden Sie nicht zu schnell, denn das könnte dazu führen, daß Ihr Boot aus dem Ruder läuft, wenn sich die Welle des anderen Bootes darunter schiebt. Steuern Sie das Boot wie ein großes Surfbrett, sobald Sie auf der Welle sitzen.

Damit das alles auch klappt, ist es unverzichtbar, daß beide Trimmer und der Taktiker wissen, was Sie vorhaben. Wenn Sie erst auf der Welle reiten, ist es zu spät, lange Erklärungen abzugeben.

Steuern bei Raumwindkursen in böigem Wetter

Die Bö muß erkannt werden, bevor sie einfällt, weil sich das Boot sonst nur weit auf die Backe legen würde, ohne zu beschleunigen. Unter Umständen kann es sogar querschlagen. Ein Mannschaftsmitglied sollte ständig in Luv nach Böen Ausschau halten. Dabei kann es eine sich nähernde Bö an der Veränderung der Wasseroberfläche oder am Verhalten anderer Boote erkennen.

Sobald die Bö einfällt, sollte der Rudergänger etwas abfallen (die Trimmer fieren die Schoten, um optimalen Vortrieb ohne Krängung zu erhalten). Beschleunigt dann die Yacht in der Bö, können Sie sich ganz sanft und mit Samtpfötchen wieder an den alten Kurs herantasten. Für Aussetzer gilt das Umgekehrte. Hier müssen Sie etwas anluven, um während der Schwachwindphase eine gute Geschwindigkeit beizubehalten.

Sogar wenn Sie ohne Ruder zu legen durch die Böen steuern, müssen die Trimmer die Schoten auffieren, sobald die Bö einfällt, denn der Wind raumt.

Abb. 2.20 Im „Schlepp" auf einer Heckwelle

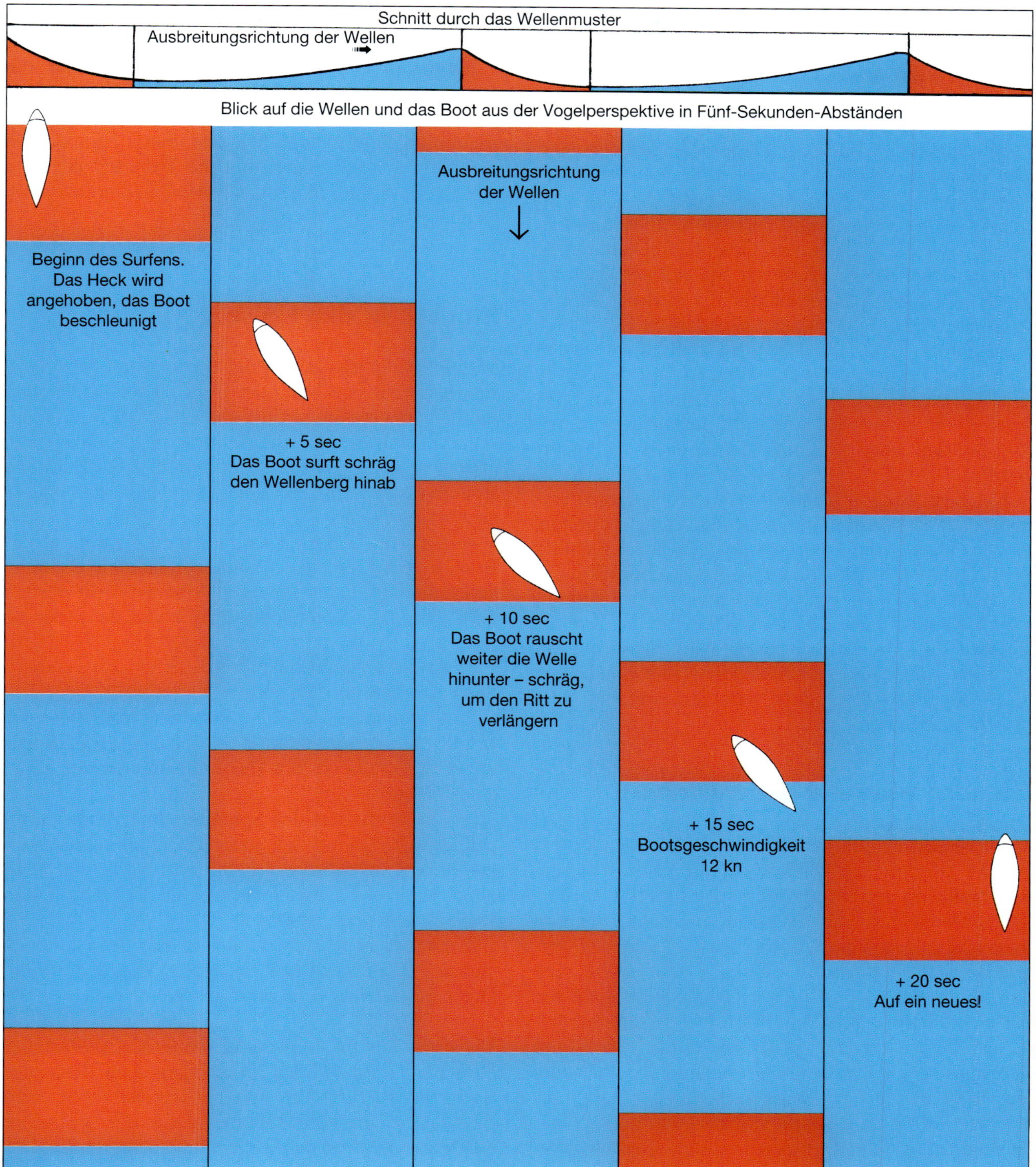

Abb. 2.21 Surfen auf dem Wellenberg

Steuern vor dem Wind

Vor dem Wind arbeiten wir wieder mit der VMG (für die Trimmer) und mit Zielgeschwindigkeiten und Winkeln für den Rudergänger.

Bei leichtem Wind ist der Spinnakertrimmer jetzt der wichtigste Mann. Er kann fühlen, ob Sie genug Druck im Segel haben, um weiter vor den Wind zu gehen, oder ob der Druck nachläßt und Sie deshalb etwas anluven müssen, um Geschwindigkeit aufzubauen. Das bedeutet, daß der Spitrimmer und der Steuermann eng zusammenarbeiten müssen, als eingespieltes Team.

Allgemein kann gesagt werden, daß Sie versuchen sollten, so tief wie möglich zu segeln und dabei eine gute Geschwindigkeit aufrecht zu erhalten. Das führt immer zu einem Kompromiß, der ständig durch Windstärke und Seegangsbedingungen verändert wird.

Machen Sie Gebrauch vom Gewicht der Mannschaft, um das Boot in ausgeglichener Lage zu halten. Bei leichtem Wind kann es mit Leekrängung häufig schneller laufen, weil dadurch der Segeldruckpunkt über dem Kiel zu liegen kommt, was zu einer verminderten Benutzung des Ruders führt, um auf Kurs zu bleiben. Falls Sie bei stärkerem Wind Probleme mit der Steuerung haben, geben Sie dem Boot eine leichte Leekrängung, das wird dazu beitragen, ein Querschlagen zu vermeiden.

Steuern während der Surfphase

Gute Rudertechnik kann den entscheidenden Unterschied zwischen einer durchschnittlichen Bootsgeschwindigkeit und einem wilden Ritt unter Surfbedingungen bedeuten. Surft das Boot einen Wellenkamm hinab, kann sich seine Geschwindigkeit leicht um vierzig bis fünfzig Prozent erhöhen. Daher sollte man immer versuchen, das Boot so lange wie möglich am Surfen zu halten. Sobald eine Welle das Heck anhebt, fallen Sie ab (unter Umständen ziemlich hart), um direkt die Wellenfront hinunterzulaufen. Jetzt sollte das Boot ins Surfen kommen. Ist das geglückt, versuchen Sie, diesen Zustand so lange wie möglich beizubehalten, um die dramatisch erhöhte Geschwindigkeit voll auszunutzen. Wie ein Surfer vor Malibu kann man das häufig dadurch erreichen, daß man ein wenig schräg auf der Wellenfront segelt, um so die Zeit zu verlängern, bevor man ins Wellental fällt.

Beim ersten Abfallen müssen die Trimmer die Schoten auffieren. Sobald die Yacht beschleunigt und der scheinbare Wind schralt, müssen die Schoten wieder angeholt werden. Wie fast immer beim Segeln müssen der Steuermann und die Trimmer als Team zusammenwirken, damit das Surfen erfolgreich wird. (Abb. 2.21)

Steuern in der Halse

Meiner Meinung nach ist der Steuermann beim Halsen der wichtigste Mann an Bord. Oft wird der Vorschiffsmann verantwortlich gemacht, daß er zu langsam war und deshalb die Spihalse in die Hose ging, aber ein guter Rudergänger sollte eine Halse so steuern können, daß er das Segel voll hält, wie lange es auch dauern mag.

Außer beim Halsen in sehr leichtem Wetter, wo das Boot in einer einzigen ununterbrochenen Drehung von raumem Wind auf raumen Wind gebracht werden muß, gelten die folgenden Prinzipien für das Steuern:

1. Ankündigungskommando: „Klar zur Halse!" Die Crew bereitet sich vor.
2. Kommando: „Ich falle ab!" Die Großschot wird geholt, während das Boot platt vor den Wind gesteuert wird. Kurz bevor die Yacht übersteuert, rufen Sie: „Ausreißen!"
3. Die Crew fiert den Spibaum, der Trimmer kontrolliert den Spi mit den Schoten, und der Rudergänger steuert so, daß das Segel gefüllt bleibt und nicht außer Kontrolle gerät. Vollenden Sie die Halse in diesem Stadium noch nicht.
4. Ist der neue Achterholer in der Spibaumnock und der Baum nach achtern geholt, beenden Sie die Drehung, und das Groß wird übergeholt.

Die kritischen Momente sind, wenn der Achterholer ausgepickt wird und der Spi frei fliegt. Um alles unter Kontrolle zu behalten, müssen Sie fast (aber nicht genau) vor dem Wind steuern, solange der Spi frei ist, damit Sie nicht von den Wellen auf einen raumen Kurs gedrückt werden (und querschlagen) oder die Halse vollenden, bevor der Spi geschiftet worden ist.

Der Rudergänger – Zusammenfassung

Es gibt noch viele Aspekte des Steuerns, die in diesem Kapitel nicht behandelt sind, aber ich hoffe, daß die Bereiche, die angesprochen wurden, Ihnen helfen, Ihre Technik zu verbessern. Dabei wird Ihnen auch von Nutzen sein:

a) Verbringen Sie soviel Zeit wie möglich am Ruder auf dem Wasser. Dabei spielt es keine Rolle, auf welchem Bootstyp Sie segeln. Je mehr unterschiedliche Boote Sie gesegelt haben, desto besser ist das auf lange Sicht. Ein guter Teil dieser Übungen sollte aber im Regattamilieu absolviert werden.

b) Segeln Sie mit Steuerleuten, die besser als Sie sind. Beobachten Sie sie, sprechen Sie mit ihnen und kopieren Sie ihre Stärken.

Das Team als Ganzes

In diesem Kapitel haben wir uns bisher die einzelnen Arbeitsplätze und Aufgaben der Mannschaft angeschaut. Dieser letzte Abschnitt beschäftigt sich jetzt damit, wie man aus den einzelnen Crewmitgliedern ein Team zusammenschweißt. Ohne diese innere Einheit wird die Mannschaft eine zusammengewürfelte Ansammlung von Individualisten bleiben, und das Boot wird nicht seine optimale Leistung erbringen.

Verständnis für den anderen

In einem Team, das auf einer Yacht zusammenarbeiten muß, gibt es viele Facetten. Eine der wichtigsten ist, daß jeder die Stärken des anderen respektiert und Verständnis für eventuelle Schwächen hat. Um zu einer Siegermannschaft zu werden, sollte man regelmäßig zusammen segeln, damit man sich gut kennenlernt. Es ist möglich, daß ein Weltklasse-Vorschiffsmann einen fliegenden Vorsegelwechsel hinter dem alten Segel bei sieben Windstärken ohne Hilfe und in weniger als dreißig Sekunden bewältigt, aber wenn Ihr Vorschiffsmann dafür drei Minuten benötigt, müssen Sie dies akzeptieren. Gute Steuerleute sollten normalerweise immer in der Lage sein, einen perfekten Start hinzulegen, hat aber Ihr Steuermann Bedenken, sich bei frischem Wind in das Gewühl vor der Startlinie zu stürzen, weshalb Sie regelmäßig nur einen mittelmäßigen Start erwischen, so sei es drum. Mit zunehmender Übung werden alle besser werden. Es hat keinen Sinn, daß ein Mannschaftsmitglied einen Mäuseaufstand macht und damit zusätzlichen psychischen Druck auf jemanden ausübt, der ohne Zweifel sein Bestes gibt.

In den meisten Fällen hilft es, wenn die Crew nicht nur zusammen segelt, sondern auch an Land gemeinsame soziale Kontakte pflegt. So lernt man sich viel besser kennen und kann Probleme bei einem Bierchen diskutieren, ohne daß der Leistungsdruck der Regatta im Nacken sitzt. Manöverkritik nach dem Rennen kann diesen Prozeß fördern, allerdings müssen diese Besprechungen so offen und informativ sein, daß auch das unerfahrenste und jüngste Mannschaftsmitglied etwas dazu sagen kann, ohne von den alten Hasen abgebügelt zu werden.

Eine Yacht, auf der ich viele Regatten gesegelt habe, ist eine Swan 53. Hier haben wir nach jedem Rennen und am Ende der Trainingssaison eine Besprechung veranstaltet. Gewöhnlich eröffnete ich sie mit einem kurzen Abriß des Rennverlaufs und arbeitete ein, zwei Punkte heraus, die mir während des Tages aufgefallen waren. Danach bekam jedes Mannschaftsmitglied – ohne feste Reihenfolge – Gelegenheit, seine Meinung dazu zu sagen, sei es über die eigene Leistung, sei es über den Rest der Mannschaft oder über Teile der Yacht und ihre Ausrüstung, die seine Arbeit beeinflußten. Auf diese Weise kamen alle „Bauchschmerzen“ und Befürchtungen ans Tageslicht und konnten entsprechend abgehandelt werden. Nachdem sich jeder geäußert hatte, faßte ich die wichtigsten Punkte zusammen, dann fügte der Eigner seine Ansichten über den Verlauf des Tages hinzu, und wir erstellten eine Arbeitsliste, entschieden über Änderungen und notwendige weitere Trainingseinheiten. Schließlich gingen wir auseinander mit dem festen Willen, im nächsten Rennen alles besser zu machen.

Das gemeinsame Ziel

Während meiner vielen Betreuungen auf den verschiedensten Booten war das häufigste Problem das Fehlen eines Ziels. Die gesamte Crew muß die anvisierten Ziele kennen und voll dahinterstehen; das kann eine Regatta sein, ein Trainingssegeln oder eine Fahrt zur Justierung der Instrumente.

Bei der Teilnahme an Regatten muß man sich realistische Ziele setzen. Wenn normalerweise zwei Drittel der Flotte im Ziel vor Ihnen liegen, spricht nicht sehr viel dafür, daß Sie plötzlich gewinnen. Vielleicht können Sie es sogar einmal schaffen, aber wenn Sie nur in der vorderen Hälfte landen und dann darüber enttäuscht sind, war das Ziel einfach zu hoch gesteckt. In diesem Fall sollten Sie froh sein, daß Sie Ihren üblichen Platz deutlich verbessert haben, und sich nicht darüber ärgern, daß Sie nicht gewonnen haben. Das heißt nicht, daß man nicht jedesmal mit dem Willen an den Start gehen sollte, auch zu gewinnen, weit gefehlt. Aber bleiben Sie realistisch.

Wenn Sie sich an einer Regattaserie beteiligen, müssen Sie nach denselben Prinzipien vorgehen. Die Crew als Ganzes muß entscheiden, was die Ziele der Serie sind. Einige der Regatten kann man mit einem Teil der Stammcrew bestreiten und dazu Freunde oder Ehefrauen mitnehmen, allerdings in dem Bewußtsein, daß dann die Ergebnisse nicht so gut ausfallen werden wie normalerweise. Das ist kein Problem, solange sich jeder darüber klar ist; aber es gibt Spannungen, wenn Mitglieder der Stammcrew nicht rechtzeitig darüber informiert worden sind. Bei anderen Regatten können ein oder zwei Spezialisten hinzukommen, die das normale Team verstärken. Auch das ist kein Problem, solange man diesen Crew-Wechsel sensibel handhabt und jedem Mitglied der Stammcrew genau erklärt, warum man es diesmal zurückläßt oder erwartet, daß es eine andere Aufgabe an Bord übernimmt.

Bei Trainings- oder Justierungsfahrten versuchen Sie, realistisch einzuschätzen, welche Crewmitglieder davon profitieren. Nehmen Sie besonders im letzteren Fall nicht zu viele Crewmitglieder mit. Zum Kalibrieren der Logge benötigen Sie nur drei Personen. Justiert man die Anzeige des wahren Windes, braucht man ein paar mehr, aber es verschafft kaum der gesamten Crew ein Erfolgserlebnis. Nichts demotiviert Crewmitglieder während einer Regattaserie mehr, als daß man sie zur Teilnahme einlädt und sie dann feststellen, daß sie eigentlich gar nicht gebraucht werden. Die meisten Mannschaftsmitglieder haben Familien oder andere Verpflichtungen zusätzlich zum Regattasegeln (außer wenn es bezahlte Profis sind), und das sollte man sich bei der Planung immer vor Augen führen.

Machen Sie Ihren eigenen Job vorbildlich

Auf einigen Booten gibt es verschiedentlich Crewmitglieder, die sich entweder in die Jobs der anderen einmischen oder – noch schlimmer – andere Crewmitglieder kritisieren, obwohl ihre eigenen Aufgaben nicht korrekt erledigt sind.

Konstruktive Kritik ist fast immer hilfreich, muß aber diplomatisch vorgebracht werden und nicht gerade dann, während eine stressige Aufgabe erledigt wird. Beispielweise kann man dem Vorschiffsmann kaum erklären, daß es einen leichteren Weg gibt, die Genua fliegend hinter der alten zu wechseln, wenn er gerade bis zu den Achseln im Wasser steht und das Segel halb hochgezerrt hat. Vor dem Beginn des Manövers wäre es ideal gewesen, aber auch hinterher ist es bestimmt hilfreich, nur nützt es ganz sicher nichts, den unglücklichen Burschen anzuschreien, der sich abmüht, um seinen Job zu bewältigen. Anderen Mannschaftsmitgliedern bei der besseren Erfüllung ihrer Aufgaben zu helfen, ist gewiß verdienstvoll, darf aber nicht zu Lasten anderer gehen, die am selben Manöver beteiligt sind.

Training

Um die allgemeine Leistungsfähigkeit zu steigern, ist es absolut unverzichtbar, daß Sie zusammen trainieren. Auch hierbei können wieder Probleme beigelegt werden, ohne daß Ihnen der Regattastreß im Nacken sitzt.

Ist ein Trainingschlag angesetzt, müssen die Ziele klar definiert sein. Sollten sich die äußeren Umstände so verändern, daß diese Ziele kaum oder nicht erreichbar sind, dann ändern Sie Ihre Pläne – und stellen Sie sicher, daß jedes Mannschaftsmitglied weiß, was los ist.

Training kann sogar intensiver als eine Regatta sein, daher sollte man nicht zu viel in zu kurzer Zeit erreichen wollen. Kurze, intensive Übungen von einer halben bis zu einer Stunde Dauer, die von einer Pause mit Besprechung unterbrochen werden, sind produktiver als zwei bis drei Stunden Übung ohne Pause. Im letzteren Fall werden einige Crewmitglieder müde werden, und die meisten Menschen können sich bei der Arbeit nicht länger als fünfundvierzig Minuten konzentrieren. Die Übungen sollten so aufgebaut sein, daß jeder einbezogen wird. Das ist besser, als daß zwei oder drei Leute wirklich schuften und der Rest untätig herumsitzt.

Wollen Sie ein neues Manöver ausprobieren, weisen Sie die Mannschaft vor Beginn sorgfältig ein und diskutieren Sie die verschiedenen Aspekte des Manövers, die bestimmte Probleme aufwerfen können.

Ein potentiell sehr fruchtbarer Weg, das Team zusammenzuschweißen, ist es, für ein oder zwei Trainingseinheiten einen professionellen Trainer zu engagieren. Selbst wenn Sie das Gefühl haben, daß die Arbeit der Crew ganz gut klappt, wird ein Außenstehender, der das Team beobachtet, erstaunlichen Nutzen bringen. Es ist nicht erforderlich, daß der Trainer über mehr Erfahrung als andere auf dem Boot verfügt. Wichtig ist aber, daß man konstruktive Kritik von einem Außenstehenden leichter schluckt als von einem Bordkameraden. Stehen schwere Entscheidungen bezüglich der Crewpositionen an, kann der Coach mitsegeln, seine Empfehlungen aussprechen und dann verschwinden. Das Team wird auch zukünftig zusammenarbeiten müssen, und so gibt es keine Bitterkeit in der Crew oder das üble Gefühl, daß jemand „verschaukelt" wurde.

Verständigung

Anlaß zu Beschwerden gibt oft die mangelnde Verständigung zwischen der Crew. Die Bedeutung guter Kommunikation kann gar nicht genug betont werden und durchzieht alle Bemühungen, das Beste aus dem Boot und der Mannschaft herauszuholen.

Die Anreisedaten zu einer Regatta, was an Ausrüstung benötigt wird oder erlaubt ist und was von der Crew mitgebracht werden soll, mit welchen zeitlichen Verpflichtungen außerhalb der eigentlichen Regatta zu rechnen ist: Das sind einige Beispiele dafür, bei denen der Skipper sicherstellen muß, daß alle Crewmitglieder informiert werden. Beim Segeln ist die Verständigung innerhalb des Teams von außerordentlicher Bedeutung. Der Vorschiffsmann muß dem Rudergänger mitteilen können, wie weit das Boot noch von der Startlinie entfernt ist, außerdem muß ein Signalsystem abgesprochen sein, das es dem Vorschiffsmann erlaubt, Überlappungssituationen beim Start und an den Bahnmarken anzuzeigen. Der Steuermann muß den Trimmern mitteilen, was er unter den gegebenen Umständen erreichen möchte, und diese müssen andererseits den Rudergänger z. B. wissen lassen, ob er zu hoch oder zu tief segelt, um die optimale VMG zu erreichen. Der Taktiker sollte nicht nur den Kompaßkurs und die Entfernung/Peilung zur nächsten Bahnmarke berechnen, er muß auch in der Lage sein, verschiedene Varianten anzubieten und die Konsequenzen, die sie seiner Meinung nach haben. Und so weiter und so weiter!

Zusammenfassung

Jede Crew besteht aus einer Anzahl Individuen. Damit sie effektiv zusammenarbeiten, müssen sie sich als Team begreifen und nicht als eine Ansammlung von Primadonnen. Dem Skipper fällt eine entscheidende Rolle dabei zu, das Team zusammenzuschweißen. Er muß jede Mißstimmung und jede Cliquenbildung erkennen und restlos beseitigen. Gemeinsame Ziele und erreichbare Vorgaben sind wichtig, und es bedarf zumindest eines harten Kerns von „Profis", die in der Lage sind, die Yacht in Regatten auf dem angestrebten Standard zu halten.

Segeln mit einem guten Team, in dem jeder seine Aufgabe kennt, und das genug trainiert hat, um mit jeder Situation problemlos fertigzuwerden, ist eine wunderbare Sache. Besonders bei einem wilden Ritt in finsterer Nacht, bei schwerer See und auf Halse stehenden Segeln ist es aber sehr angenehm, die Mitsegler gut zu kennen. Andererseits ist das Segeln mit einer Horde, in der jeder unterschiedliche Ziele hat und man nur wenig Respekt für einander empfindet, in der die anderen Mannschaftsmitglieder hinter ihrem Rücken kritisiert werden, eine Garantie für allgemeine Unzufriedenheit. Hat man die Wahl zwischen einer Mannschaft aus relativen Anfängern, die ihr Segeln genießen und ihre Defizite kennen, und einer Crew aus „Experten" für jede Position, die einander aber nicht über den Weg trauen und unfähig sind, als Team zusammenzuarbeiten, würde ich mich jederzeit für die erste entscheiden. Schließlich soll Segeln ja auch Spaß machen!

Segeltrimm

Das Segeltrimmen ist vergleichbar dem Motortuning bei einem Rennwagen. Wenn die Segel nicht ständig richtig getrimmt sind, werden sie an Vortrieb verlieren, und folglich wird die Bootsgeschwindigkeit absinken. Es ist von größter Wichtigkeit, außer unter sehr gleichmäßigen Witterungsbedingungen, daß die Segel ständig nachgestellt und nicht in Klemmen belegt werden, wie das auf Fahrtenschiffen üblich ist. Nicht ganz so häufig getrimmt werden die neuen 3 DL-Segel, bei denen das Kevlar nicht genäht, sondern über Formen geklebt wird. Diese Segelprofile stehen optimaler.

Auf jeden Fall ist es wichtig, die Wirkungsweise der verschiedenen Einstellmöglichkeiten zu kennen, mit denen die Segeltrimmer ständig „spielen“. Jeder der folgenden Abschnitte beschäftigt sich mit den einschlägigen Kontrollen, die für das behandelte Segel und den Windeinfallswinkel relevant sind.

Vorsegel

Die erste Einstellmöglichkeit, mit der man sich beschäftigt, ist wohl das Fall. Es wirkt auf das Vorliek des Segels, das um so stärker gespannt wird, je mehr Spannung man auf das Fall bringt. Ist das Vorliek stramm durchgesetzt, wird „überflüssiges“ Segeltuch von der Mitte des Segels nach vorne gezogen; damit wandert auch der Bauch des Segels nach vorne. Dadurch wird der vordere Segelbereich runder und das Achterliek flacher. In den meisten Fällen sollte die Fallspannung so eingestellt werden, daß das Segel seine größte Tiefe auf etwa vierzig bis fünfundvierzig Prozent der gesamten Strecke zwischen Vor- und Achterliek erreicht. (Abb. 2.7)

Als nächstes betrachten wir die Spannung des Vorstags. Sie ist während des Segelns meist nicht einfach zu verändern, aber eine wichtige Kontrollmöglichkeit. Da man normalerweise Genuas fährt, wenn man am Wind oder voll und bei segelt, wird die Mitte des Vorstags in der Regel die Tendenz haben, durchzuhängen. Damit wandert aber auch der vordere Teil des Segels nach hinten, und je mehr das geschieht, desto voller wird die Mitte des Segels werden. Daraus folgt: Wenn wir das Segel flach trimmen wollen (um bei starkem Wind die auftretenden Kräfte zu verkleinern), müssen wir das Vorstag spannen. Wollen wir dagegen eine vollere Genua haben, darf das Vorstag ruhig etwas Lose haben. (Abb. 2.9)

Als nächstes stehen der vordere und hintere Holepunkt der Genuaschot an. Damit kontrollieren wir die relative Spannung des Achter- und des Unterlieks. Bei den alten Crosscutsegeln lief eine Naht wie eine Winkelhalbierende aus dem Schothorn bis zum Vorliek. Es war üblich, die Schot so zu justieren, daß sie in der Verlängerung dieser Naht wirkte. Heutzutage bestehen viele Genuas entweder aus horizontalen oder vertikalen Bahnen, und alle Bahnen verlaufen also waagerecht oder senkrecht im Segel. Viel häufiger sind aber Regattasegel aus einer komplexen Anordnung der Bahnen, mit der die Zugkräfte im Segel optimal aufgefangen werden sollen. Keines dieser Segel hat eine winkelhalbierende Naht, die uns die richtige Einstellung des Segels anzeigen könnte. Allerdings verfügen einige Segel über eine Pfeilmarkierung in der Nähe des Schothorns, die uns einen Hinweis auf den richtigen Winkel gibt.

Mit der richtigen Einstellung des Holepunkts wollen wir erreichen, daß das ganze Segel zieht und ausreichend Twist vorhanden ist, um den Unterschied im Einfallswinkel des scheinbaren Windes auf den verschiedenen Ebenen des Segels auszugleichen. Dabei helfen uns wieder die Windfädchen, die auf der Luvseite in der Nähe des Vorlieks angebracht sein sollen. Ein Paar sollte auf einem Viertel der Vorlieklänge vom Hals, ein zweites auf der Hälfte und das dritte ein

Viertel vom Kopf entfernt sitzen. Mit dichtgeholter Schot kann man langsam anluven und dabei die Fädchen beobachten. Im Idealfall, unter mittleren Bedingungen, sollten alle gleichmäßig ansprechen. Aber oft wird es passieren, daß das oberste Windbändsel vor den anderen zusammenfällt, dann liegt der Holepunkt zu weit achtern, wodurch das Achterliek zu weit nach Lee öffnet und das Segel oben an Kraft verliert. Fällt dagegen das untere Bändsel zuerst ein, ist der Topp des Segels zu geschlossen, das Achterliek zu stramm, und die Schot muß weiter nach vorne versetzt werden. (Abb. 2.10)

Wenn man ein zu großes Segel für die gegebenen Windverhältnisse benutzt, weil man es nicht wegen einer Bö wechseln will, ist es weise, die Kraft aus dem Segel zu nehmen. Das erreicht man, indem man den Holepunkt nach hinten versetzt, wodurch das Segel oben aufmacht und das krängende Moment verkleinert wird.

Eine weitgehend gleiche Stellung des Holepunkts ist erforderlich, wenn man bei hohem Seegang am Wind segelt. In diesem Fall wird sich der scheinbare Wind ständig ändern, wenn Sie den Wellenkamm erklimmen und auf der anderen Seite wieder ins Tal rauschen. Sie werden es nie schaffen, alle Windfädchen ständig optimal auswehen zu lassen, und müssen einen Kompromiß finden. Wenn der Bug auf dem Rücken der Welle heruntergleitet, nimmt der scheinbare Wind am Segel zu und schralt. Andererseits raumt der scheinbare Wind und nimmt leicht ab, sobald sich das Schiff nach oben arbeitet. Da es uns nicht gelingt, die gesamte Segelfläche bei diesen un-

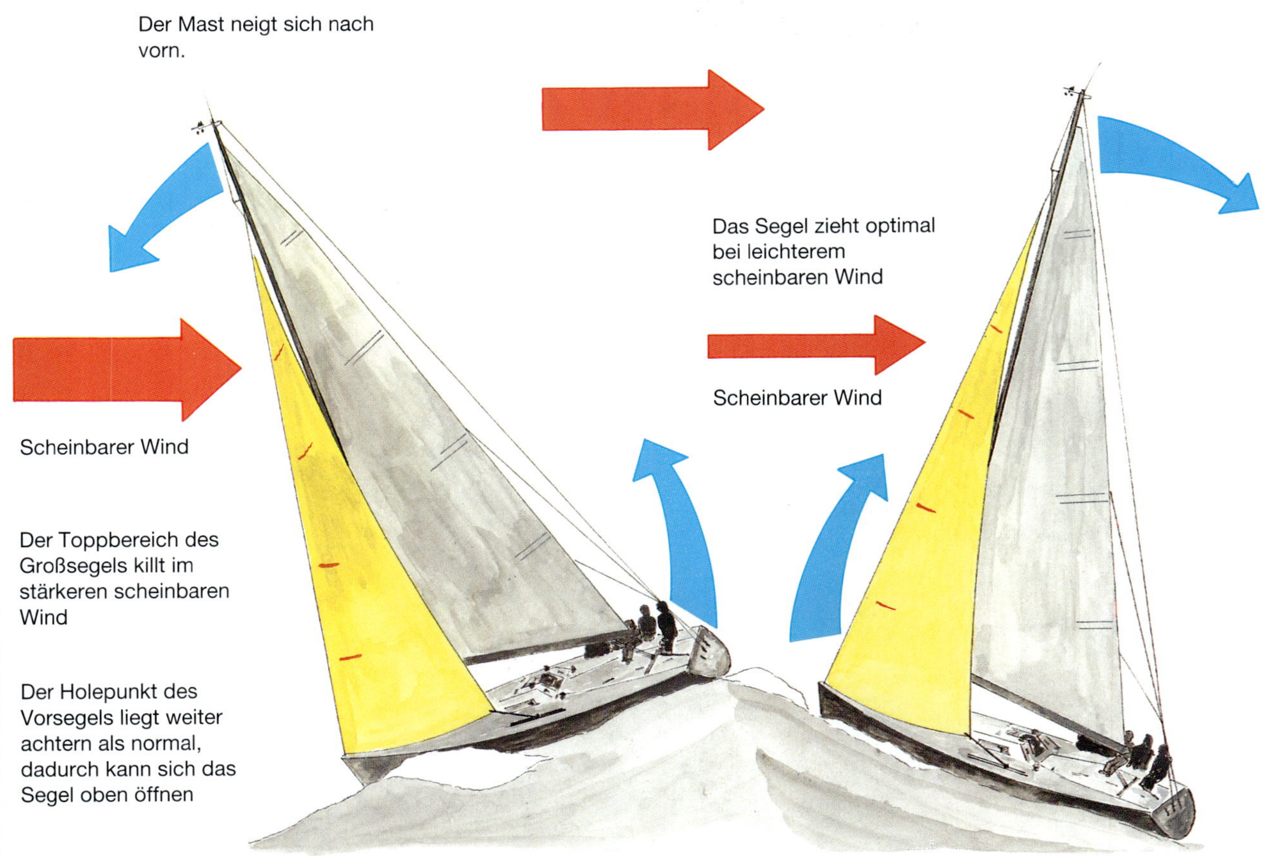

Abb. 3.1 Segeln am Wind bei hohen Wellen

K9799
eerex

3.2 *Blick über das Leedeck: Ein kleineres Vorsegel ist gesetzt worden, um am Wind zu knüppeln. Das Unterliek ist so geschotet, daß sich das Schothorn praktisch in Linie mit dem Unterwant befindet – ein Beweis für das Können des Trimmers.*

3.1 *Blick auf den Mast: Die Genua ist fürs Segeln am Wind eingestellt. Beachten Sie die Markierungen an den Salingen, mit deren Hilfe man den Abstand des Segels von der Salingnock schätzen kann. Auch der Schamfilschutz ist gut zu erkennen.*

terschiedlichen Windeinfallswinkeln optimal zum Tragen zu bringen, macht es den meisten Sinn, den Holepunkt etwas nach achtern zu ziehen, damit der Topp des Segels mehr Twist als üblich bekommt. Das bedeutet, daß der Segeltopp killt und an Vortrieb verliert, sobald das Schiff den Wellenberg hinabschießt und der Wind zunimmt. Nimmt dagegen der Wind ab, weil das Boot den Wellenberg erklimmt, arbeitet das Segel auch im Toppbereich richtig und verleiht dem Schiff mehr Vortrieb, gerade wenn er am nötigsten gebraucht wird.

Die nächste Kontrollmöglichkeit ist die Spannung der Schot selbst. Da der Rudergänger nach den Windfädchen steuert, ist der Trimmer für die Geschwindigkeit und den Winkel zum Wind verantwortlich. Je dichter die Schot geholt wird, desto höher kann die Yacht an den Wind gehen, aber desto langsamer wird sie auch. Fiert man dagegen die Schot etwas auf, zwingt man den Rudergänger, tiefer, aber schneller zu segeln. Am Wind ist es immer ein Kompromiß zwischen Geschwindigkeit und Höhe, und die Crew muß wissen, wie schnell das Boot unter den gegebenen Umständen laufen sollte. Das kann entweder aus entsprechenden Poldiagrammen und Fahrttabellen abgelesen werden, oder man findet es durch Vergleich der Geschwindigkeit und der Höhe zum Wind bei den anderen vergleichbaren Booten in der Nähe heraus. Mit einer überlappenden Genua, die für das Schiff maßgeschneidert wurde, sollte es möglich sein, das Segel so zu trimmen, daß es gerade die Salingnock berührt, während das Unterliek hart an den Wanten anliegt: Das ist die Segelstellung, die durch Anholen der Schot nicht weiter verbessert werden kann. Die Salingnock darf sich niemals ins Segel bohren, denn dies macht nicht nur langsam, es kann auch schwere Schäden an der Genua hervorrufen, insbesondere während einer Wende. Der Genuatrimmer und der Steuermann sollten sich ständig darüber abstimmen, was im Augenblick gewünscht wird: Möchte der Rudergänger etwas tiefer, aber schneller segeln, um einen Streifen rauhen Wassers zu queren, dann muß der Trimmer ihm das ermöglichen, indem er die Schot etwas fiert. Will der Steuermann dagegen Höhe kneifen, entweder weil die See ruhig ist und weniger Vortriebskraft benötigt wird oder weil er in Luv einer anderen Yacht bleiben möchte, dann muß der Trimmer das Segel dichter holen, als es sonst üblich ist. (Fotos 3.1 und 3.2)

Auf der Kreuz kann es sehr nützlich sein, wenn man eine Anzeige für den gutgemachten Weg zum Ziel (VMG) an Bord hat, denn wenn man diese optimiert, erreicht man den maximalen Kompromiß zwischen Geschwindigkeit und Höhe. Die VMG-Anzeige ist ein Gerät für den Trimmer und nicht für den Rudergänger! Bedenken Sie das, denn sonst könnten alle möglichen Desaster die Bootsgeschwindigkeit drosseln. Die VMG-Anzeige reagiert sofort auf jede Änderung des Windeinfallswinkels, die Bootsgeschwindigkeit hinkt auf Grund des Trägheitsmoments einige Sekunden hinterher. Wenn der Steuermann versucht, die Bootsgeschwindigkeit zu maximieren, ist es häufig sein Bestreben, das Schiff schnell nach Luv zu knüppeln. Luvt er an, nimmt die VMG zeitweise zu, aber bald fällt die Geschwindigkeit wieder ab und damit auch die VMG-Anzeige. Doch jetzt killen schon die Segel, und wertvoller Raum ist verloren. Am günstigsten ist es, wenn der Trimmer die VMG-Anzeige etwa

3.3 *Nicht auf jedem Regattaboot findet man solch einen Luxus wie diese großen Anzeigenmonitore. Aber wenn man darüber verfügt, sollten sie für die Trimmer und den Rudergänger gut zu sehen sein.*

dreißig Sekunden lang beobachtet. Hat sich die Anzeige stabilisiert, kann er vorsichtig mit dem Trimmen fortfahren, um dann wieder abzuwarten, wie die Anzeige darauf reagiert. Sollten die neuen durchschnittlichen Werte besser als die vorigen sein, kann er die Schot noch etwas mehr anholen. Schließlich wird der Punkt erreicht sein, an dem die Durchschnittswerte wieder fallen, dann weiß er, daß das Segel übertrimmt ist, und fiert die Schot wieder auf die ideale Position.

Die letzte Einstellmöglichkeit für die Genua ist die Möglichkeit, den Holepunkt nach innen zu verlegen. Einfach ausgedrückt: Je dichter der Holepunkt an der Schiffsmittellinie liegt, desto enger kann das Segel geschotet werden, und desto höher kann das Boot auch an den Wind gehen. Allerdings ist zu bedenken: Wandert der Holepunkt binnenbords, wird der Schlitz zwischen der Genua und dem Groß schmaler, und das hat gute und schlechte Folgen. Bei mittlerem Wind, wenn nur eine abschätzbare Luftmenge über die Genua streicht und die auftretenden Kräfte nicht zu groß sind, ist es von Vorteil, die Düse zu verengen, weil dadurch die Strömungsgeschwindigkeit der Luft erhöht wird, wodurch sowohl die Genua als auch das Groß effektiver ziehen. Bei sehr leichtem Wind können wir den Schlitz nicht so stark verengen, weil dann die Luftgeschwindigkeit zu gering ist, um durch die enge Düse zu fließen. Allerdings kann man den Schotwinkel eng halten, denn durch Auffieren der Schot ist der Schlitz entsprechend weit zu öffnen.

Segelt man bei Starkwind am Wind, ist ein weit geöffneter Spalt erforderlich, damit man das Großsegel auf dem Traveller nach Lee setzen kann. Das gilt auch für Raumschotskurse, damit man das Groß weit genug auffieren kann. Bei dieser Segelstellung würde eine zu enge Düse erheblichen Abwind in das Groß drücken. Trägt das Boot unter den vorgegebenen Umständen zuviel Segelfläche oder müssen Sie abfallen, ist es sehr wichtig, daß der Holepunkt weiter nach außen versetzt wird. Auf raumen Kursen hilft der außenliegende Holepunkt auch, die Genua richtig zu trimmen, wenn man die Schot auffieren muß.

Allgemein gesprochen: Wenn Sie die Wahl zwischen einer inneren und einer äußeren Holepunktschiene haben, wird es am besten sein, bei leichten und mittleren Winden die innere zu benutzen und auf die äußere zu wechseln, sobald die Kräfte zu groß werden. Segelt man mit der Genua sehr voll und bei, sollte der Umlenkpunkt so weit wie möglich außen liegen, ggf. sogar an der Fußreling.

Bei raumen Kursen wird der Rudergänger mehr oder weniger den geforderten Kurs steuern, und der Trimmer wird die Windfädchen alle am Fliegen halten, die Schot also auffieren, wenn sie einfallen und diese durchsetzen, sobald die Bändsel in Luv killen.

Obwohl es theoretisch denkbar ist, daß der Trimmer ständig alle seine Kontrollmöglichkeiten verändert, dürfte das in der Praxis kaum möglich sein. Ändert sich die Windgeschwindigkeit sehr schnell, kann er nicht schnell genug trimmen, und am Ende wird das Segel immer falsch eingestellt sein. Also muß man Kompromisse schließen, d. h. nur die wichtigsten Einstellmöglichkeiten werden bei gravierenden Windänderungen genutzt. Außerdem steht dem ständigen Trimmen die Überlegung entgegen, daß der Trimmer dazu seinen Platz auf der hohen Kante verlassen müßte. Wieder ein Kompromiß: Der Trimmer geht nach Lee, sobald eine erhebliche Veränderung des Windes eintritt, sonst stellt er das Segel auf die durchschnittlichen Verhältnisse ein und reitet aus. Glücklicherweise findet man gerade bei leichtem Wind die meisten Änderungen in der Windstärke, jedenfalls prozentual, und unter diesen Bedingungen ist es kein Problem, das Gewicht nach Lee zu verlagern.

Auf raumen Kursen ist es etwas anders. Hier sollte der Trimmer ständig beobachten und die Einstellung verändern. Er wird sich im Prinzip auf das Vorliek konzentrieren und nicht ständig die ganze Segelform beobachten. Das kann er sehr gut von der Luvseite aus tun. Daher sollte man – außer auf einem sehr schweren, großen Schiff – die Schot auf die Luvwinsch nehmen und sie von dort aus einstellen.

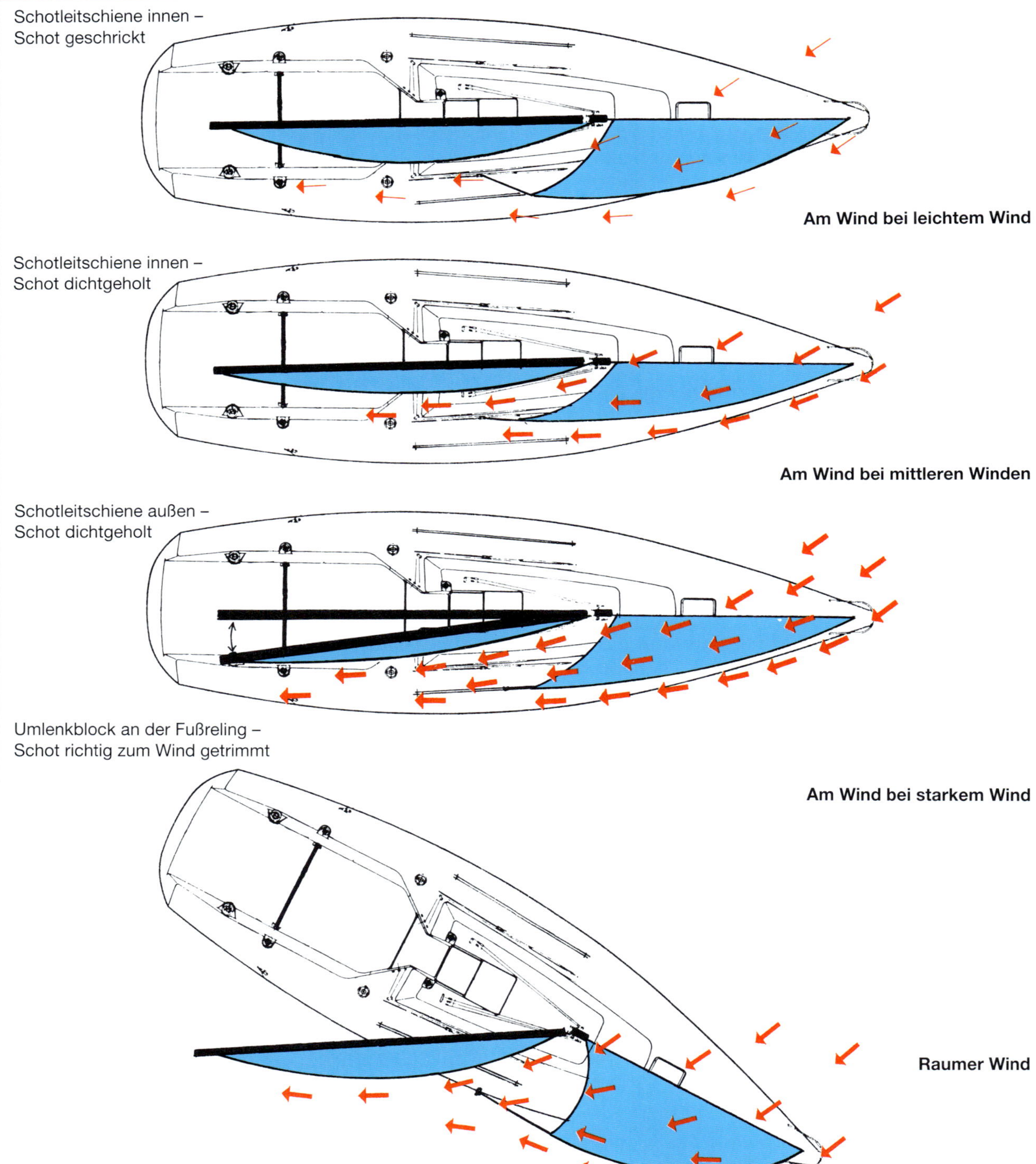

Abb. 3.2 Einstellung der Vorsegelschot

Großsegel

Im wesentlichen sind die Kontrollmöglichkeiten für das Groß denen der Genua vergleichbar, aber es gibt auch einige Unterschiede.

Das Fall bestimmt die Lage des Bauchs in demselben Maß wie bei der Genua. Strafft man es also, wird das Vorliek gereckt und der Bauch nach vorne gezogen. Wir haben ausgeführt, daß die optimale Position des Bauchs bei der Genua auf etwa vierzig bis fünfundvierzig Prozent des Abstands zwischen Vor- und Achterliek ist. Beim Großsegel sollte er etwas weiter achtern liegen, weil der vordere Teil des Segels durch die störenden Einflüsse des Mastes nicht effektiv arbeiten kann. Außerdem macht der Düseneffekt zwischen Genua und Groß eine flache Anströmung nötig. Bei den meisten Großsegeln wird also die optimale Position des Bauchs in der Mitte liegen, jedenfalls wenn die Segel überlappen. Bei einem Rigg mit verkürztem Vorliek des Vorsegels kann der Bauch in der Nähe des Topps etwas weiter vorn liegen.

Gemäß den meisten Wettfahrtregeln sind die Lieklängen des Großsegels durch schwarze Markierungsbänder an Mast und Großbaum begrenzt. Um die maximale Größe bei leichten Winden zu erreichen, werden die Segel für diese Bedingungen zugeschnitten. Folge ist, daß man das Fall nicht befriedigend durchsetzen kann, sobald der Wind zunimmt, ohne gegen die Regeln zu verstoßen. Daher gibt es die Cunninghamkausch, die etwa zwanzig bis dreißig Zentimeter über dem Hals am Vorliek eingeschlagen ist. Bei auffrischendem Wind kann man mit dem Cunningham das Vorliek straff durchsetzen, ohne die erlaubte Vorlieklänge zu überschreiten. Bei mittleren Windgeschwindigkeiten am Wind ist das Fall so durchgeholt, daß der Kopf das schwarze Band erreicht. Nimmt der Wind weiter zu, muß das Cunninghamreff nach und nach dichtgesetzt werden. (Ein weitverbreiteter Fehler ist es, das Cunnigham zu überspannen, um den Bauch in den Topp des Segels zu bekommen. Auf Grund der Reibung zwischen dem Liektau und der Mastkeep muß man das Groß häufig kurz killen lassen, um das Vorliek zu lösen und den Effekt des Cunnighams auf den Kopf zu übertragen. Daran sollten Sie denken, wenn Sie ein Cunnigham verwenden.)

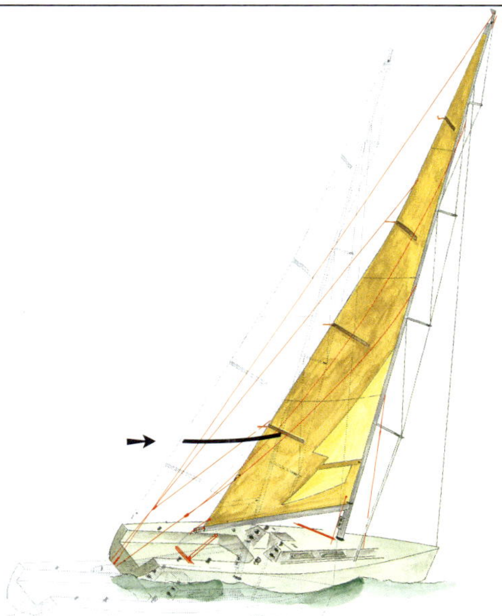

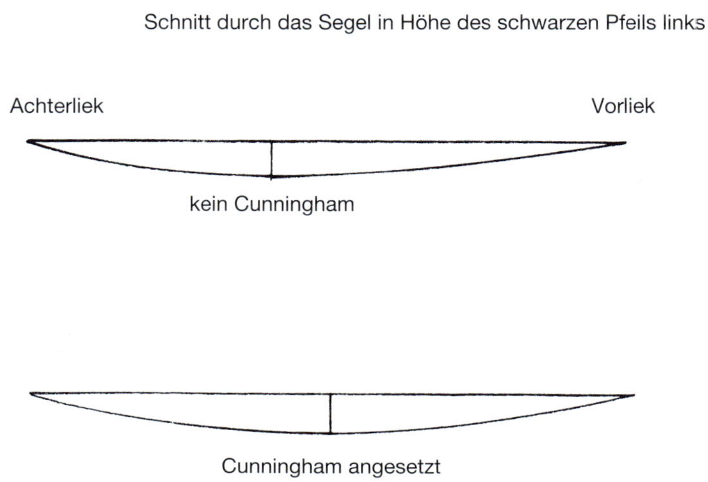

Abb. 3.3 Auswirkung des Cunningham

Wir haben bereits das Durchsacken des Vorstags abgehandelt und festgestellt, daß damit die Völligkeit der Genua kontrolliert werden kann. Dieselben grundsätzlichen Kriterien gelten auch für das Groß, aber hier wird das Vorliek durch den Mast kontrolliert und nicht durch ein flexibles Vorstag. Ein Mast, der sich in der Mitte nach hinten durchbiegt, ist ein großer Nachteil; ein gerader Mast wird in der Mitte für die größte Tiefe des Segels sorgen. Biegt man den Mast in der Mitte nach vorne durch, bewegt sich das Vorliek vom Achterliek weg und nimmt daher Tiefe aus dem Segel. Wie man die Mastbiegung erzeugt, hängt ganz vom Rigg ab, aber allgemein kann man sagen, eine Biegung in der Mitte nach vorne vermindert den Bauch im Mittelbereich und nimmt Kraft aus dem Segel. Biegt man dagegen den Masttopp, geschieht dasselbe im oberen Teil des Segels.

Auf einem Boot mit verkürztem Vorstag bedeutet das: Spannt man das Achterstag, wird die Kraft aus dem Toppbereich des Segels genommen. Wenn Ihr Rigg flexibel genug ist, kann man in böigem Wetter mit der Einstellung des Achterstags spielen, d. h. man kann es straffen, wenn eine Bö einfällt, und es danach wieder lockern. Die Biegung im unteren Mastbereich ist nur eine grobe Kontrollmöglichkeit, die man lediglich auf durchschnittliche Verhältnisse einstellen kann.

Der Grad der Segelverwindung (Twist) wird über die Großschotspannung oder den Baumniederholer eingestellt. Verfügen Sie über einen Großschot-Traveller, ist es üblich, den Twist am Wind mittels der Großschot zu kontrollieren. Bei der Genua konnten wir anhand der Windfädchen in der Nähe des Vorlieks sagen, wieviel Twist benötigt wird. Beim Großsegel wird das Vorliek häufig vom Abwind der Genua gestört, daher wären dort Fädchen nicht sinnvoll. Hier ist die kritische Zone der Bereich, in dem die Strömung das Segel verläßt, deshalb sind Windfädchen am Achterliek angebracht, normalerweise an den Enden der Lattentaschen. Ist die Schot zu dicht, so daß der Twist nicht ausreicht, wird vor allem das oberste Windbändsel einfallen. Dies zeigt an, daß der Wind am Achterliek nicht sauber abreißt, sondern daß die Strömung verwirbelt. Unter diesen Bedingungen ist das Segel übertrimmt, wir haben keine laminare Luftströmung an seiner Leeseite und weniger Vortrieb. Meist ist der ideale Zustand erreicht, wenn man das Groß dichtholt, bis das oberste Fädchen gerade am Einfallen ist, d. h. es klappt von Zeit zu Zeit um das Achterliek nach Lee herum und verschwindet hinter dem Segel.

Bei sehr leichtem Wind sollte man die Schot so weit auffieren, daß das oberste Windbändsel nie einfällt. Legt der Wind auf mittlere Stärke zu, kann es bis zu fünfzig Prozent der Zeit umklappen. Ist das Boot übertakelt und schiebt zuviel Lage, kann der Twist erhöht werden, damit der Wind im Toppbereich abfließen kann.

Als allgemeine Richtlinie gilt: Je dichter das Achterliek des Großsegels, desto höher kann die Yacht laufen, aber desto langsamer wird sie auch. Seien Sie also vorsichtig, damit Sie nicht das Achterliek überspannen, denn dann würden Sie keine optimale Geschwindigkeit erzielen.

Abb. 3.4 Windfädchen am Achterliek

Auf Raumschotskursen erreicht man denselben Effekt, wenn man den Baumniederholer strammzieht und damit die Achterliekspannung kontrolliert und so auch die Größe des Twists bestimmt. Der wichtigste Unterschied auf raumen Kursen besteht darin, daß das Segel nie übertrimmt sein und etwas mehr Twist haben sollte als auf Amwindkursen. Sie müssen jetzt keine Höhe fahren, sondern nur Geschwindigkeit machen.

Der Winkel des Großsegels zum Wind wird am Wind mit dem Traveller kontrolliert und bei raumem Wind mit der Schot. Betrachten wir zuerst die Situation am Wind. Dabei sollte der Baum so weit wie möglich in der Nähe der Mittschiffslinie stehen, und die Grenze liegt dort, wo zuviel Luvgierigkeit erzeugt wird. Dann sollte man den Traveller nach Lee setzen, bis etwa fünf oder sechs Grad Gegenruder zum Kurshalten nötig sind. In Böen muß der Traveller ganz in Lee gefahren werden, da die Yacht sonst zuviel Lage schieben würde. Fahren Sie den Traveller niemals in Luv, da das Achterliek sonst einen „Rücktrieb“ erzeugen würde!

Segelt man bei stürmischem Wetter mit einem kleinen, nicht überlappenden Vorsegel, muß man den Traveller wahrscheinlich weiter nach Lee rutschen lassen als bei einem überlappenden Vorsegel, weil die Düse zwischen den beiden Segeln viel breiter sein wird.

Auf raumen Kursen wird man das Groß meist weiter öffnen müssen, als man es mit dem Traveller allein erreichen kann. Das bedeutet aber, daß die Großschot nicht mehr die Achterliekspannung kontrolliert. Dafür muß man jetzt den Baumniederholer einsetzen.

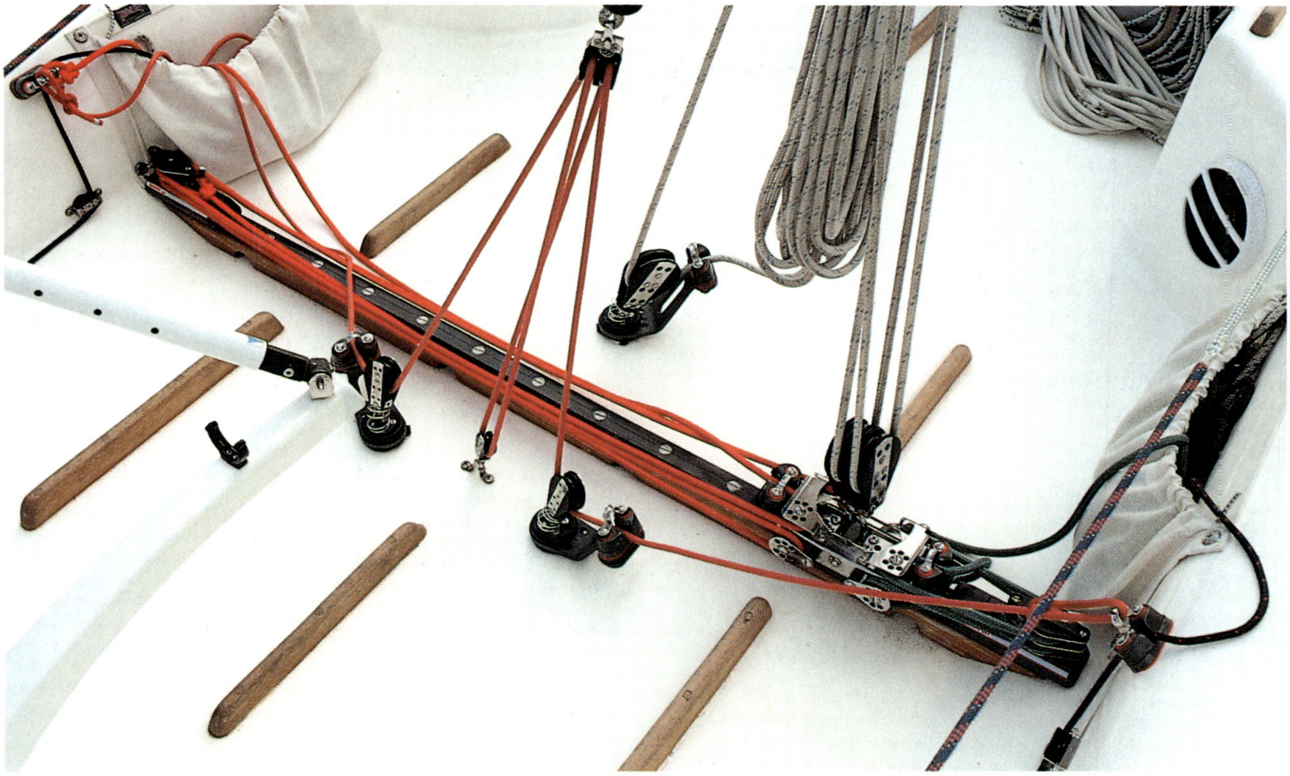

3.4 *Ein Großschot- und Travellersystem in Ruhestellung. Die Feintrimmschot wird durch zwei Klemmblöcke hinter dem Traveller gehalten; der Traveller läuft über Blöcke an jeder Seite des Rutschers, und die eigentliche Großschot befindet sich mittschiffs vor der Travellerschiene.*

3.5 *Der Traveller ist bei diesem Raumschotsgang weit nach Lee aufgefiert, und die Genuaschot wird an der Fußreling umgelenkt.*

Das Achterliek sollte gerade dicht genug sein, um das oberste Windfädchen ständig am Fliegen zu halten. Die Schot sollte so weit gefiert werden, bis der Vorliekbereich gerade einen Gegenbauch bekommt oder die Raumschot-Windbändsel – wenn man welche fährt – in der Nähe des Vorlieks korrekt stehen. In kurzen Böen kann die Schot weiter gefiert werden, so daß das Vorliek richtig einfällt. Muß noch mehr Kraft aus dem Segel genommen werden, um die Krängung zu verringern, kann man den Niederholer fieren, damit das Segel mehr Twist bekommt und am Topp killt.

Nicht alle Boote verfügen über einen Traveller, auf anderen arbeitet der Traveller nicht effizient genug oder ist schwierig einzustellen. Unter diesen Umständen kann man den Niederholer auch am Wind benutzen, um die Achterliekspannung zu erzeugen. Die Schot wird dann nur dazu verwandt, um den Winkel des Segels zum Wind zu verändern. Allerdings benötigen Sie dazu einen sehr kräftig ausgelegten Niederholer, außerdem müssen Sie bedenken, daß sowohl auf den Baum als auch auf den Lümmelbeschlag erhebliche Kräfte wirken. Folglich müssen auch sie massiv gebaut sein, sonst kann durch die „Niederholerschotung“ erheblicher Schaden entstehen. War der Niederholer am Wind dichtgeknallt, müssen Sie daran denken, ihn aufzufieren, bevor Sie auf einen raumen Kurs abfallen oder auch nur hinter einer anderen Yacht durchbrechen wollen. Vergißt man das, werden die Kräfte des Niederholers den Mast in Höhe des Lümmelbeschlags zur Seite drücken, im schlimmsten Fall wird der Mast tatsächlich brechen, oder er springt aus dem Mastschuh, wenn er auf Deck steht.

Spinnaker

Grundsätzlich sind Spinnaker große Segel mit losen Lieken, die im wesentlichen auf dieselben Einstellmöglichkeiten ansprechen wie eine Genua. Wird der Spi ganz normal mit einem Spibaum gefahren, kann man bei raumendem Wind den Hals in Übereinstimmung mit dem Windeinfallswinkel nach achtern holen und die laminare Luftströmung am Segel länger aufrechterhalten als bei einem Segel, dessen Hals in der Mittschiffslinie des Bootes befestigt ist.

Um am Anfang zu beginnen, zählen wir die Kontrollmöglichkeiten auf, die Ihnen für den Spi zur Verfügung stehen:

1. Die Stellung des Spinnakerbaums
Sie wird durch den Luvachterholer kontrolliert, der durch den Nockbeschlag des Baumes läuft und am Hals des Segels angeschlagen ist. Wie schon ausgeführt, muß der Baum nach achtern ausgeholt werden, sobald der Wind raumt. Es gilt die Faustregel: Der Baum sollte etwa im rechten Winkel zum scheinbaren Wind stehen.

Da es bei leichten und mittleren Windstärken möglich ist, mit dem Spi auf Kursen unter neunzig Grad Windeinfallswinkel zu segeln, der Spibaum aber nur bis zum Vorstag aufgefiert werden kann, ergibt sich, daß der Baum auf diesen Kursen nicht im Winkel von neunzig Grad gefahren werden kann. Der Baum muß bis auf zwanzig Grad „überrissen" werden. Sobald der Wind aber ein wenig nach achtern dreht, kann man diese Stellung nach und nach reduzieren. Fällt der scheinbare Wind dann etwa mit einhundertfünfzig Grad ein, steht auch der Spibaum im richtigen Winkel zum Wind.

Auf echten Raumschotskursen oder vor dem Wind ist das sicherste Hilfsmittel für die richtige Stellung des Baums ein Blick auf das Vorliek des Segels. Ist es so geschotet, daß das Vorliek sich gerade kräuseln kann, und das Liek klappt jetzt leicht an der Baumnock nach Luv, muß der Baum etwas weiter angebraßt werden. Fällt das Vorliek an der Baumnock jedoch nach Lee, muß der Baum weiter nach vorne ausgeholt werden. Der Idealzustand ist erreicht, wenn das Vorliek mehr oder weniger vertikal über der Baumnock steht.

2. Baumhöhe
Der einfachste Weg, die Wirksamkeit der richtigen Baumhöhe zu verdeutlichen, ist der Vergleich mit der Genuafallspannung. Senkt man den Baum ab, wird das Vorliek des Segels gespannt. Dabei wird ein Teil des Materials von hinten nach vorne gezogen, was wiederum den Bauch des Segels nach vorne verlagert. Daraus folgt: Fällt der Wind gut vorlich ein und drückt den Bauch nach hinten ins Segel, muß der Baum weiter abgesenkt werden als bei achterlichem Wind, und das ist in der Tat der richtige Trimm.

Weil es sehr schwer ist, den Bauch im Spi genau zu lokalisieren, muß man das Luvliek beobachten, um die richtige Baumhöhe festzustellen. Steht der Baum zu hoch, kräuselt sich das Liek zuerst im oberen Bereich. Ist er zu tief angebracht, tritt die Kräuselung zuerst unten auf. Die Baumhöhe stimmt, wenn das Luvliek zuerst etwa in der Mitte unruhig wird.

3. Schotspannung
Die Schot ist die grundlegende Einstellmöglichkeit des Spi. Sie sollte immer so weit gefiert werden, bis das Segel am Luvliek unruhig wird. Etwas dichter gezogen, verliert es an Kraft, und wir werden langsamer; etwas weiter aufgefiert, wird das ganze Segel killen und zusammenfallen.

Das Spinnakertrimmen mit der Schot ist ein Job, für den man enorme Konzentration benötigt. Man muß ständig mit der Schot „spielen", um das Segel immer ganz voll zu halten. Jedes Nachlassen der Konzentration führt mit großer Wahrscheinlichkeit zu einem Kollabieren der großen Blase.

4. Lage des Umlenkblocks
Wie bei der Genua wird hiermit die Verwindung des Achterlieks gesteuert. Wird die Schot nach achtern genommen, kann das Schothorn steigen, das Segel bekommt mehr Twist – und umgekehrt. Allgemein gesprochen sollte die Schot so weit achtern wie möglich gefahren werden, wenn man auf einem Kurs sehr voll und bei segelt. Je weiter man abfällt, desto weiter kann der Holepunkt nach vorne gesetzt werden. Sitzt die

Schot zu weit vorne, macht das Achterliek zu, und die Luftströmung kann nicht sauber abfließen. Sitzt sie zu weit achtern, hat das Segel zuviel Twist, und der Wind strömt ungenutzt am Topp aus, was einen Verlust an Vortrieb bedeutet. Je nach Ausstattung der Yacht kann die Lage der Schot entweder durch eine Art Barberhauler, der mittschiffs gefahren wird, oder durch klugen Einsatz von Klappblöcken an der Fußreling verändert werden.

Abb. 3.5
Spinnakerbeiholer

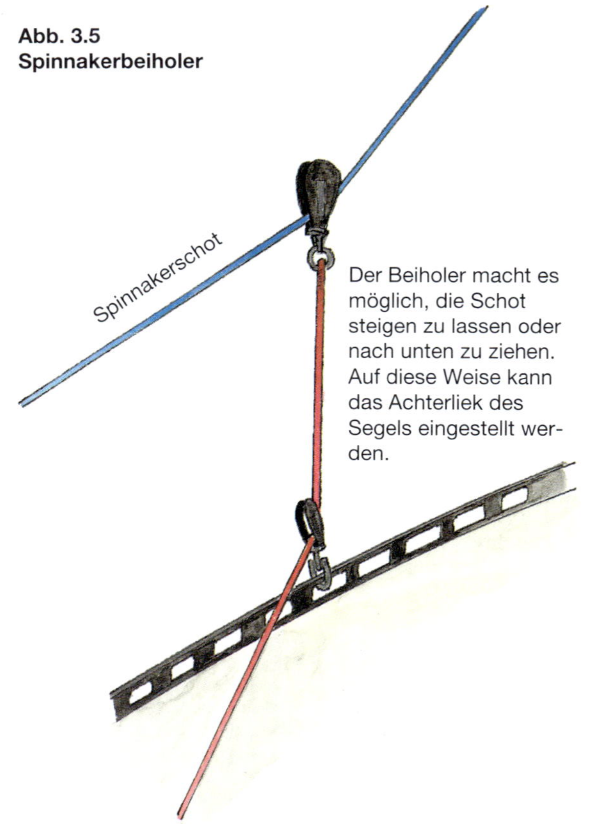

Der Beiholer macht es möglich, die Schot steigen zu lassen oder nach unten zu ziehen. Auf diese Weise kann das Achterliek des Segels eingestellt werden.

Voll und bei unter Spinnaker

Segelt man unter Spinnaker sehr voll und bei, kann das aufregend und schnell sein, es kann aber auch in Horrorszenen enden, bei denen man von einem Querschlagen zum nächsten taumelt. Die Wahrscheinlichkeit dafür ist unter böigen Bedingungen größer als bei gleichmäßigem Wind. Obwohl der Rudergänger in erster Linie für das Aussteuern verantwortlich ist, kommt dem Trimmer eine ebenso wichtige Rolle zu, und das Segeln voll und bei ist mit einem wirklich erstklassigen Trimmer eine wahre Freude.

Da der Baum am Vorstag anliegt oder doch direkt davor steht, wird der Spinnaker fast völlig auf der Leeseite der Yacht stehen. Ein großer Kraftanteil wird versuchen, die Yacht zu krängen und sie in den Wind zu drehen. Fällt eine Bö ein, werden die Kräfte schlagartig verstärkt, aber das Trägheitsmoment, das abhängig von der Verdrängung des Bootes ist, verhindert eine unmittelbare Beschleunigung. Das bedeutet, daß in jeder Bö der scheinbare Wind nicht nur zunimmt, sondern auch raumt, was zur Folge hat, daß die Schot aufgefiert werden muß. Konnte der Steuermann unter gleichmäßigen Windbedingungen das Boot gerade noch unter Kontrolle halten, muß er jetzt etwas abfallen, um die zunehmende Vortriebskraft auszunutzen, ohne übermäßig zu krängen. Wird die Schot nicht gefiert, kann er das nicht, weil die Luvgierigkeit stark zugenommen hat.

Daher muß auf einem Kurs sehr voll und bei beim Einfallen einer Bö die Schot sinnig aufgefiert und der Baum etwas angebraßt werden. Dadurch wird die

3.6 *Corum, ein französischer Admiral's Cupper, scheint auf diesem knappen Spikurs gut zu liegen. Der Baum steht ziemlich weit vorne, ist aber klar vom Vorstag. Achten Sie auf das durchgesackte Vorstag: Die Back- und Achterstag sind für den Vorwindkurs gefiert.* ▶

CORUM
CORUM

Abb. 3.6 Aus dem Ruder laufen nach Luv

1
Eine Bö fällt beim Raumschotsgang unter Spi ein. Der Bug will in den Wind schießen. Der Rudergänger versucht verzweifelt abzufallen, aber die Anströmung des Ruders beginnt abzureißen, es besteht die Gefahr, daß er die Kontrolle verliert. Sie müssen:

A Die Großschot auffieren – schnell!

Sollten Sie weiter Probleme haben:

B Lösen Sie den Baumniederholer.

C Fieren Sie die Spischot – jeweils um rund einen Meter, versuchen Sie aber, den Ballon in der Luft zu halten.

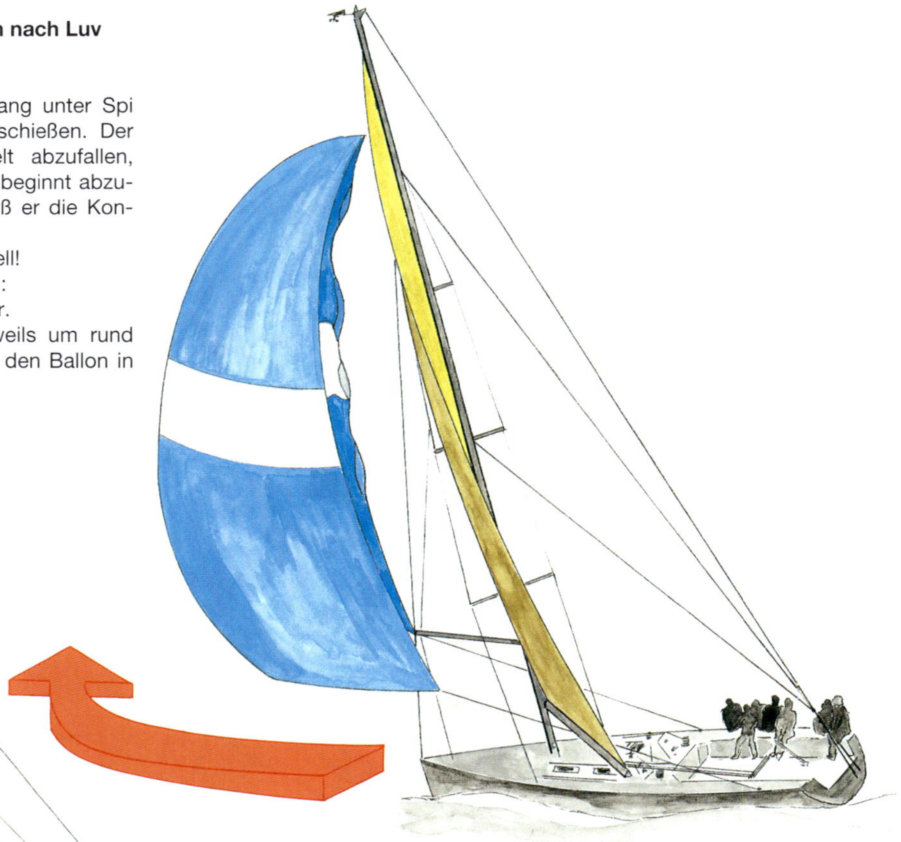

2
Verliert der Rudergänger die Kontrolle, wird das Boot schnell in den Wind drehen und sich erschreckend weit auf die Seite legen. In diesem Stadium sollten Sie:

A Die Großschot völlig loswerfen.

B Die Spischot fliegen lassen, bis das Segel kraftlos im Wind killt. Auf kleineren Booten muß die Crew vielleicht auf den Kiel klettern, um das widerstrebende Boot wieder aufzurichten.

Hat man wieder alles unter Kontrolle, sollte der Rudergänger etwas abfallen, bevor der Spi und das Groß wieder dichtgeschotet werden und der Niederholer angesetzt wird. Der Achterholer sollte nie gelöst werden. Sobald das Boot wieder aufrecht ist, sollte man den Spibaum etwas nach achtern brassen, damit er nicht gegen das Vorstag schlägt, wenn sich der Spi wieder füllt – häufig mit einem erschütternden Knall!

zusätzliche Vortriebskraft in Geschwindigkeit umgesetzt, außerdem behält so der Rudergänger die Kontrolle über das Boot. Hat der Steuermann trotzdem weiterhin Probleme und mit der Luvgierigkeit zu kämpfen (er bohrt sich mit dem Pinnenausleger schon in den Ohren!), dann müssen zwei Dinge ganz schnell passieren, oder das Boot schießt in die Sonne: Erstens müssen die auf das Schiff wirkenden Kräfte reduziert werden. Dazu kann man die Großschot völlig loswerfen, was schon etwas hilft, aber das Achterliek des Großsegels produziert weiter Luvgierigkeit; deshalb sollte man auch den Niederholer loswerfen. Zweitens sollte man gleichzeitig die Spischot meterweise auffieren, um das Luvliek mehr als normal killen zu lassen. Dabei hofft man darauf, daß der Spi nicht völlig zusammenfällt. Sobald der Steuermann wieder alles unter Kontrolle hat, kann die Spischot erneut dichtgeholt und auch der Niederholer gestrafft werden. Schießt man in die Sonne, muß die Spischot völlig losgeworfen werden, damit das Segel kraftlos wird. Hat man die Yacht wieder unter Kontrolle und auf Kurs, muß die Spinnakerschot sofort wieder dichtgeknallt werden, um die Blase zum Stehen zu bekommen. Danach fiert man erneut etwas auf, damit das Segel in seine korrekte Position kommt.

Niemals sollte der Achterholer nach vorne aufgefiert werden, weil das die Situation nur verschlimmern würde. Sogar wenn die Yacht platt auf dem Wasser liegt, sollte man den Achterholer so lassen, wie er ist. Der Spi wird fröhlich schlagen, sobald die Schot losgeworfen wurde. Fiert man aber auch den Achterholer, bleibt er stehen – aber voll in Lee der Yacht!

Spinnakertrimm bei achterlichem Wind

Läuft man vor dem Wind, ist es das Ziel, die höchstmögliche VMG nach Lee zu erreichen. Bei leichtem Wind wird man den Spibaum verhältnismäßig dicht am Vorstag fahren, der scheinbare Wind wird von der Seite einfallen. Bei stärkerem Wind wird man tiefer segeln können, und bei wirklich starkem Wind hängt das Tiefsteuern nur davon ab, wie lange man alles unter Kontrolle hat.

Betrachten wir zuerst die Situation bei leichten Winden. Der Trimmer wird sich ständig mit dem Rudergänger austauschen müssen. Ist die Bootsgeschwindigkeit gering und der Druck im Segel klein, sollte er dem Rudergänger zurufen, daß er anluven soll. Nimmt dann die Geschwindigkeit zu, wird auch der scheinbare Wind stärker, im Segel herrscht guter Druck, und der Steuermann kann wieder etwas abfallen. Bei wirklich gleichmäßigen Windverhältnissen müßte es möglich sein, einige Zeit mit dem Windeinfallswinkel zu experimentieren, um dann auf dem Kurs zu bleiben, der die maximale VMG zu versprechen scheint. Bei den wechselnden Windgeschwindigkeiten, die wir normalerweise bei Leichtwindbedingungen vorfinden, wird aber auch der optimale Winkel ständig wechseln. Der Druck im Segel ist zusammen mit der Bootsgeschwindigkeit eine gute Hilfe – kräftiger Druck heißt, daß man abfallen kann, wenig Druck zwingt zum Anluven.

Bei mittleren Winden ist die Situation vergleichbar, außer daß die Veränderungen des Windeinfallswinkels nicht so groß sein werden. Hier ist es vorteilhaft, wenn man vorbereitete Poldiagramme für jede Windgeschwindigkeit hat, damit sowohl der Rudergänger als auch der Trimmer eine Vorstellung davon bekommen, was sie zu erreichen versuchen. Wie auf den Kursen am Wind ist das VMG-Anzeigegerät mit großer Vorsicht zu benutzen. Das Trägheitsmoment der Yacht verhindert, daß sie sofort auf jede Änderung der Windgeschwindigkeit anspricht. Daher muß die VMG-Anzeige mindestens über einen Zeitraum von dreißig Sekunden beobachtet werden, um einen Durchschnittswert zu ermitteln, anhand dessen man dann eine Trimm- oder Kursänderung vornimmt.

Bei Starkwind ist die Situation eine ganz andere. In diesem Fall ist immer genug Druck im Segel, ganz gleich wie tief Sie segeln. Das Problem ist hier, daß Sie immer die Kontrolle behalten müssen. Ist der Spi wie für mittlere Windstärken getrimmt und aufgefiert, so daß er ständig am Luvliek leicht killt, wird die Yacht bei jeder einfallenden Bö nach Luv rollen. Das kommt daher, daß sich das Achterliek in der Bö reckt und so dem Kopf erlaubt, sich zu verdrehen. Weil der Spi bei dem achterlichen Wind gut aufgefiert ist, wird der Twist am Kopf dafür sorgen, daß die Windkraft den Masttopp nach Luv drückt. Während das am Spi passiert, läuft ähnliches am Großsegel ab. Ist dann die Bö vorbei, und die Vorlieken straffen sich wieder, drückt die Kraft in den Toppbereichen das Boot wieder nach Lee – das berüchtigte rhythmische „Geigen" hat begonnen.

Unter annehmbaren Seegangsbedingungen ist dieses Rollen akzeptabel und kontrollierbar, aber sobald hoher Seegang herrscht, wird man bald alle Hände voll zu tun haben, um nicht die Kontrolle über das Boot zu verlieren. Das Problem ist, daß unter normalen Bedingungen der Druck in den Segeln das Boot nach Lee krängt, was zu einer potentiellen Luvgierigkeit führt. Dann fällt die Bö ein, und das Boot legt sich durch den Twist in den Segeln nach Luv über, woraus eine Leegierigkeit resultiert. Daraus erwächst die Gefahr, daß das Schiff aus dem Ruder läuft. Entweder schießt es in den Wind, was zumindest ungefährlich ist (wenn es auch Fahrt kostet), oder es fällt nach Lee ab und schlägt quer, was sehr gefährlich wird, weil der Baum die Köpfe der Crew rasieren kann und möglicherweise in ein Backstag schlägt.

Gerät das Boot bei achterlichen Winden außer Kontrolle, gibt es nur zwei wirkliche Alternativen. Entweder man segelt höher auf einem sicheren raumen Kurs, das hat aber den Nachteil, daß Sie nicht den besten Kurs zum Ziel steuern. Die andere Alternative besteht darin, die Segel so zu trimmen, daß die Kontrolle immer sichergestellt ist, auch wenn damit

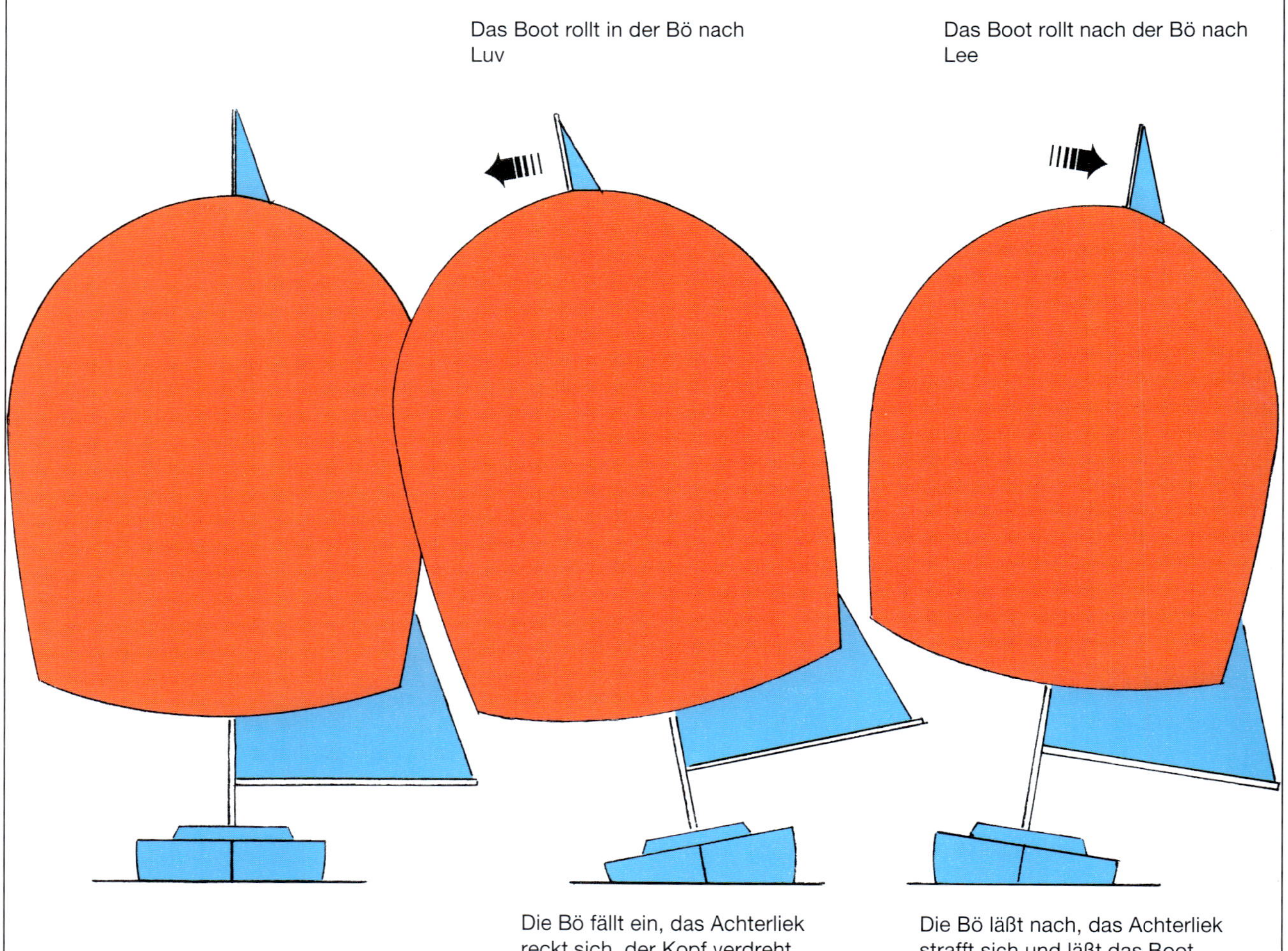

Abb. 3.7 Auf der Geige

ein gewisser Geschwindigkeitsverlust einhergeht. Die Großschot kann etwas zu dicht gefahren und der Niederholer stramm durchgeholt werden, so daß wenig Twist im Segel entsteht. Das wird zwar die Luvgierigkeit verstärken, aber ein Rollen nach Luv vermeiden. Was den Spi angeht, so sollte er „gefesselt" werden, um ihn zu stabilisieren. Der Spibaum kann etwas tiefer als normal gefahren werden, um das Luvliek zu straffen, und die Schot sollte recht weit vorne umgelenkt werden, damit das Schothorn nicht steigen kann und auch hier unerwünschter Twist vermieden wird. Im ganzen gesehen erreicht man so bei gleichbleibenden äußeren Bedingungen einen stabilen Zustand im Grenzbereich, indem man wie üblich mit der Schot spielen kann und das Luvliek an der Kante fährt. Hat das Boot noch immer die Tendenz, in einer Bö nach Luv zu rollen, kann man die Schot dichter holen und in dem gefährlichen Zeitraum während des Einfallens der Bö etwas anluven.

Machen Sie sich klar, daß das zwar eine ziemlich sichere Methode ist, bei starkem Wind mit achterlichem Wind zu segeln, aber das Boot ist mit einem Steuermann schneller, der es mit normal getrimmten Segeln unter Kontrolle halten kann. Übertreibt man das „Fesseln" der Segel, macht man das Schiff langsam.

Läuft das Boot trotzdem mal nach Lee aus dem Ruder, und eine Patenthalse folgt, ist es meist am einfachsten, zurückzuhalsen. Lassen Sie den Achterholer, wo er ist, und fieren Sie die Schot völlig, so daß der Spi zusammenfällt. Liegt der Großbaum am alten Backstag an, und drückt das Großsegel das Boot auf das Wasser, setzen Sie das andere Backstag durch, dann werfen Sie das alte Backstag los, der Großbaum kann ausschwingen. Nähert sich das Boot dann wieder seinem alten Kurs, trimmen Sie die Spischot, klarieren die Großschot und die Backstage für eine gewöhnliche Halse und halsen schließlich.

Es gibt nur eine Situation, in der Sie den Spi völlig bergen müssen, nämlich wenn er sich um das Vorstag vertörnt hat und nicht von allein klarkommt.

Läuft ein Boot aus dem Ruder, muß die Sicherheit der Besatzung und des Riggs oberste Priorität haben. Falls Sie keine Backstage fahren, besteht wenig Gefahr, daß Sie Ihren Mast verlieren. Es sind die Köpfe und Hände der Crew, die hier am meisten gefährdet sind. Instruieren Sie die Mannschaft, was in einem solchen Fall zu tun ist, und vergewissern Sie sich, daß die am stärksten gefährdeten Mannschaftsmitglieder (an Backstagen, Großschot, Achterholer und Spischot) genau informiert sind. Natürlich hoffen Sie, daß der Fall nie eintreten wird, aber wenn Sie ein Boot hart knüppeln, wird es eines Tages passieren.

Das Trimmen in schwerer See auf achterlichen Kursen ist harte Arbeit, aber sie kann sehr lohnend sein. Richtig getrimmt, sollte die Yacht an der Vorderfront der Welle herunterrasen, im Surfzustand oder sogar in Gleitfahrt wie eine Jolle. Schlecht getrimmt, ist jede Welle harte Arbeit, ohne daß man dafür ein Erfolgserlebnis bekommt.

Außer bei sehr hohen durchschnittlichen Windstärken werden Sie meist eine Kombination aus Bö und günstiger Welle benötigen, um ins Surfen zu kommen. Deshalb sollte ein Mannschaftsmitglied achteraus Ausguck nach Böen und geeigneten Wellen halten. Erreicht Sie die Welle, wird das Heck angehoben, und die See wird üblicherweise versuchen, es herumzudrücken. Der Rudergänger muß darauf gefaßt sein und frühzeitig und schnell gegensteuern. Das ist besser, als spät und mit viel Ruderlage die Drehung aufzufangen. Hebt sich das Heck, zeigt der Bug nach unten. Jetzt ist es – zumindest zuerst – für den Rudergänger am einfachsten, schlicht den Berg hinunterzusteuern. Das bedeutet, wenn er abfällt, müssen die Trimmer die Segel aufmachen, aber darauf gefaßt sein, sie wieder dichter zu holen, wenn die Geschwindigkeit zunimmt und der scheinbare Wind schralt. Um so lange wie möglich zu surfen und auch um zu vermeiden, daß sich der Bug in die vorauslaufende Welle bohrt, wird der Steuermann schräg zur Wellenfront anluven. Daher müssen die Schoten weiter angeholt werden. Schließlich wird die Welle langsam unter Ihnen durchlaufen, die Yacht wird wieder langsamer, der scheinbare Wind nimmt zu und raumt, die Schoten müssen wieder aufgefiert werden – und schon beginnt alles von vorne.

Abb. 3.8 Querschlagen

3
Wieder auf ebenem Kiel, bereitet man sich im Boot darauf vor, das Großsegel zurück zu schiften. Ist das geschehen, kann die Spischot angeholt werden, und der hoffentlich intakte Spi kann sich wieder füllen.

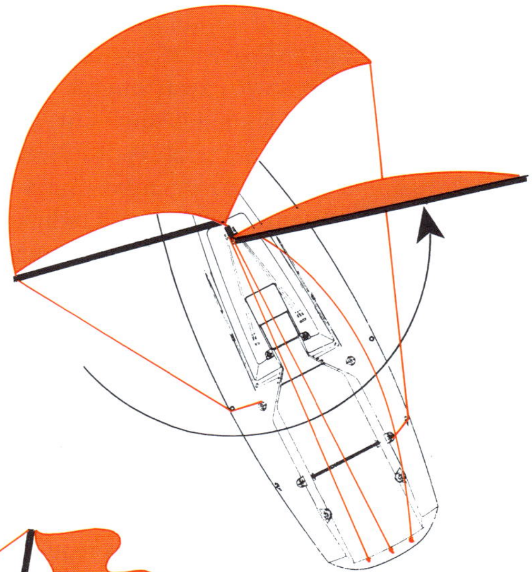

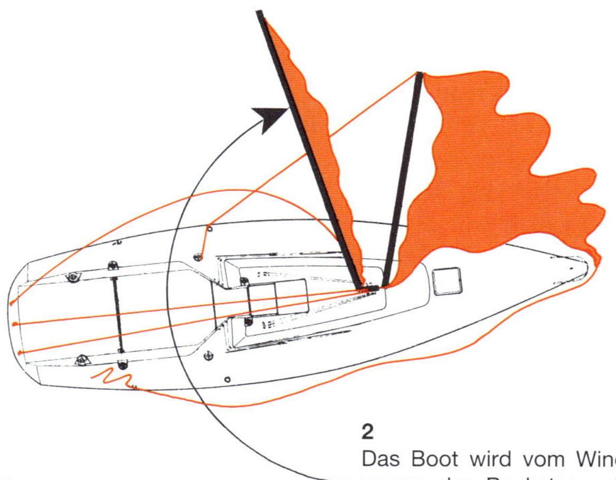

2
Das Boot wird vom Wind festgenagelt, weil sein Großsegel wegen des Backstags nicht übergehen kann (oder weil ein Bullenstander geriggt ist). Jede neue Welle wäscht über das Boot und drückt es weiter auf das Wasser. Das ist ein gefährlicher Moment für Boot und Mannschaft. Es muß schnell gehandelt werden:
A Die Spischot muß losgeworfen werden.
B Das Steuerbord-Backstag muß dichtgeholt und das Backbord-Backstag gelöst werden, damit der Baum übergehen kann (falls nötig, muß auch der Bullenstander gelöst werden).
C Die Crew muß ihre Köpfe gut einziehen und sich frei von der Großschot aufhalten, sobald das Großsegel übers Deck fegt. Besonders wenn ein Bullenstander gefahren wurde, kommt das Segel mit einer Gewalt über, der niemand standhalten kann!

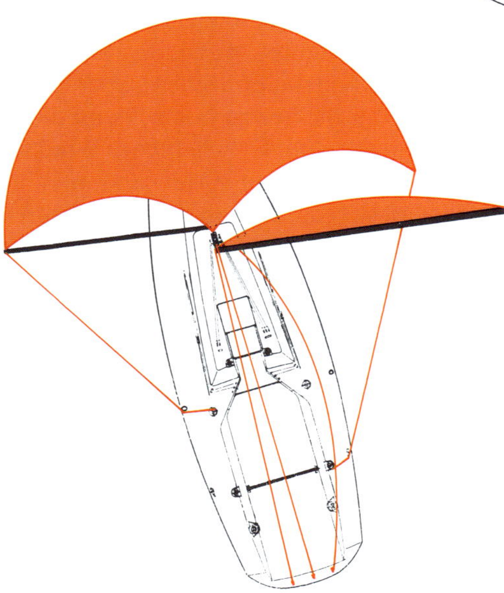

1
Das Boot segelt auf Steuerbordbug und rollt bei starkem Wind heftig in schwerer See. Eine Bö fällt ein, und das Boot rollt zuerst weit nach Luv und dann zurück nach Lee – gerade in dem Augenblick läuft eine große See unter das Heck. Das Boot dreht schlagartig nach Steuerbord und liegt flach auf dem Wasser.

Asymmetrische Spinnaker

Die asymmetrischen Spinnaker (Blister, Spanker, Gennaker oder wie sie auch genannt werden) sind Zwitter zwischen einem normalen Spi und einer Genua. Sie werden mit losen Lieken wie jeder andere Spi gefahren, können aber entweder mit einem üblichen Spibaum gesetzt oder in der Mittschiffslinie am Bug oder am Bugspriet befestigt werden.

Benutzt man einen Spibaum, gelten alle Regeln wie für den Spinnakertrimm. Das Segel wird auf Kursen voll und bei etwas effizienter als ein Spi arbeiten.

Setzt man es in der Mittschiffslinie, gleich ob am Bugspriet oder nicht, haben wir das Problem, daß der Hals nicht entsprechend der Windrichtung verändert werden kann. Das bedeutet, man muß höher zum Wind segeln, um eine effiziente Anströmung über die gesamte Fläche zu erreichen. Bei dieser Art des Setzens kann die Vorliekspannung mittels einer Halstalje verändert werden. Fiert man das Vorliek, wandert der Bauch nach achtern und umgekehrt. Außerdem kann man mit dem Fall dasselbe Ergebnis erreichen.

Nur bei der Halse unterscheiden sich die asymmetrischen Spis erheblich, aber das haben wir schon in dem Kapitel über die Manöver abgehandelt. (Abb. 1.13)

Ausbaumen eines Vorsegels

In wirklich schwerem Wetter kommt der Zeitpunkt, von dem an Sie auch Ihren schwersten und kleinsten Spi nicht mehr fahren können, weil er zu groß ist. In diesem Fall ist es das beste, wenn man auf achterlichen Kursen die Genua ausbaumt.

Das Segel wird wie üblich im Profilvorstag gesetzt, das Schothorn wird mittels des Spibaums nach Luv geholt. Auf den meisten Yachten ist es lohnend, wenn man einen zusätzlichen Achterholer zur Verfügung hat, um das Ende des Baums zu kontrollieren. Natürlich benötigt man auch Niederholer und Toppnant. Der Ablauf beim Setzen sollte etwa so aussehen:

1. Befestigen Sie den Baum am Mast und bringen Sie den Toppnant, den Niederholer und den Achterholer an.
2. Legen Sie die ungenutzte Genuaschot in den Nockbeschlag des Baumes, während Sie noch auf raumem Kurs laufen.
3. Holen Sie den Baum hoch und ziehen Sie ihn mit dem Achterholer nach achtern, dann setzen Sie den Niederholer durch, damit der Baum fixiert ist.
4. Holen Sie die Schot auf der neue Seite an, gleichzeitig fieren Sie die Leeschot mit.
5. Stellen Sie die Höhe des inneren und äußeren Baumendes ein, damit das Schothorn des Segels so weit wie möglich nach außen geholt wird und die Kräfte möglichst gleichmäßig auf Achter- und Unterliek verteilt werden.

Wenn Sie ein Vorsegel in Luv ausbaumen, überlegen Sie sehr genau, bevor Sie ein zweites Segel in Lee setzen. Die meisten Vorsegelprofile sind so ausgelegt, daß die Kräfte in eine Richtung wirken. Wenn Sie nun beide Seiten des Profils belasten, kann es passieren, daß das Profilstag auseinanderplatzt.

Unter etwas weniger stürmischen Bedingungen, oder wenn Sie auf einem raumen Kurs segeln müssen und dabei keinen Spi fahren können, besteht die Möglichkeit, eine Genua mit losem Vorliek an der Nock des Baumes zu setzen, so wie wir es bei den asymmetrischen Spinnakern gesehen haben.

Abb. 3.9 Vorsegel mit losem Vorliek

Eine gute Lösung bei schwerem Wetter vor dem Wind und bei Raumwindkursen, wenn es nicht angezeigt ist, einen Spi zu setzen.
Der Achterholer wird am Hals des Segels eingeschäkelt und an die Spibaumnock geholt. Die Schot ist am Schothorn befestigt und wird über den Spiholepunkt am Heck geführt.
Das Segel wird wie ein normaler Spi getrimmt.

Vorbereitung einer Hochseeregatta

Dies erfordert einen Aufwand, den sich viele Regattasegler im Binnenland nicht vorstellen können. Je besser Boot und Mannschaftsmitglieder vorbereitet sind, desto schneller wird man segeln, und desto erfreulicher wird die ganze Sache auch ablaufen.

Richtiges Stauen

Bei den meisten Binnenregatten wird man einen großen Teil der Ausrüstung an Land lassen, um Gewicht zu sparen, also stellt sich das Stauproblem kaum. Auch ist es möglich, ein paar Stunden effektiv zu segeln, wenn sich der Raum unter Deck in ein unordentliches „Schlachtfeld" verwandelt hat. Aber je länger eine Regatta dauert, desto wichtiger wird es, daß die Ausrüstung ordentlich gestaut wird. Denn sonst wird die Effektivität beeinträchtigt und der Wohnkomfort leidet.

Ich bin der festen Überzeugung, daß man einen Stauplan für die Ausrüstung anlegen muß. Je mehr es unter Deck so aussieht, als ob eine Bombe eingeschlagen hätte, desto schwieriger wird es werden, die Dinge zu finden, die man gerade benötigt, und desto schlechter werden auch die Unterbringungsbedingungen für die Mannschaft.

Lose Ausrüstung kann zu einer der größten Gefahren für die Mannschaft und die Yacht in schlechtem Wetter werden. Herumfliegende Dosen oder Batterien können buchstäblich tödlich sein. Alle Ausrüstungsteile, besonders aber schwere, müssen so gestaut werden, daß sie sich nicht losreißen können, ganz gleich, was das Boot veranstaltet. Alle Klappen von Stauräumen müssen gesichert und alle schweren Teile so gelascht sein, daß kein Schaden entstehen kann.

Sicherheitsausrüstung

Die Sicherheitsausrüstung muß mit ihrem genauen Lagerplatz im Stauplan verzeichnet sein, und die gesamte Mannschaft muß wissen, wo diese Dinge zu finden sind, damit im Ernstfall keine kostbare Zeit verschwendet wird. Staut man die Ausrüstung in Schränken, ist es eine gute Idee, diese an der Außenseite entsprechend zu beschriften.

Müssen Schwimmwesten oder Sicherheitsgurte individuell eingestellt werden, bevor man sie anlegen kann, sollte man auch sie kennzeichnen und von jedem Mannschaftsmitglied vor dem Rennen einstellen lassen. Müssen während der Regatta Zeit und Energie verschwendet werden, um sie anzulegen, führt das dazu, daß niemand sie trägt. Es gibt zwei verschiedene Ansichten darüber, wie man sie stauen sollte. Die einen sagen, sie gehören zur individuellen Ausrüstung, also muß jeder persönlich dafür sorgen, daß er sie bei Bedarf findet. Meine Meinung ist, daß die korrekt eingestellten Westen und Gurte danach wieder zentral gestaut werden sollten. Das hat zwei Gründe: Im Ernstfall können sie schnell zum Anlegen verteilt werden, und es reicht aus, ein Crewmitglied nach unten zu schicken, um sie für alle anderen zu holen, ohne daß der Betreffende sich durch ein Dutzend Seesäcke wühlen muß.

Andere Ausrüstungteile wie Werkzeugkästen, Bolzen- und Wantenschneider, Radarreflektor und so weiter müssen ihren festen Platz haben. Alle Dinge, deren Handhabung nicht völlig klar ist, müssen mit einer Bedienungsanleitung versehen sein. Das gilt auch für den Erste-Hilfe-Kasten, für den die meisten Regattavorschriften ein Handbuch verlangen. Nehmen Sie an, daß Ihre Bordapotheke zumindest ein paar starke Schmerzmittel für den Gebrauch auf

Seeregatten enthält, dann ist es äußerst wichtig, daß Sie genaue Informationen über ihre Wirkung und Dosierung dabeihaben – die normalen Anweisungen wie „dreimal täglich eine Tablette" reichen wirklich nicht aus.

Es kann empfehlenswert sein, die Apotheke auf zwei oder drei Taschen zu verteilen. Eine kleine enthält den Sofortbedarf, also Pflaster für kleine Schnitte und leichte Verbrennungen durch Leinen, dazu Tabletten gegen Seekrankheit und Kopfschmerzen oder ähnliches. Der Rest kann sinnvoll auf einen Kasten für Binden und Kompressen und einen zweiten für Tabletten, Salben und Cremes verteilt werden. Aber immer sollte eine Liste beigefügt sein, anhand derer der Inhalt regelmäßig überprüft werden kann, um sicherzustellen, daß er vollständig und in gutem Zustand ist.

Die Rettungsinsel ist einer der wichtigsten Bestandteile der Sicherheitsausrüstung, und man muß sorgfältig bedenken, wo man sie unterbringt. Es liegt in der Natur der Sache, daß das schwere Gerät möglichst weit vom Bug/Heck entfernt gestaut werden sollte, vorzugsweise möglichst tief, um die Gewichtsstabilität zu vergrößern. Die geltenden Regeln des Offshore Racing Council erlauben es, die Insel auf drei Arten unterzubringen:

a) Im Cockpit-Stauraum – wenn er nur für die Rettungsinsel vorgesehen ist.
b) Auf Deck
c) Unter Deck

Staut man sie unter Deck, was in fast allen Fällen am besten wäre, darf die Insel nicht mehr als 40 kg wiegen und muß unmittelbar beim Hauptniedergang aufbewahrt werden. Praktisch bedeutet dies, daß Rettungsinseln mit einem Fassungsvermögen bis acht Personen auf diese Weise gestaut werden können. Auf Deck sollte sie in einer Position liegen, in der sie leicht zugänglich ist. Die Vorschriften verlangen auch, daß man die Insel in höchstens fünfzehn Sekunden auf das Seitendeck bringen kann, das heißt, sie sollte so verzurrt sein, daß sie nicht unter Segeln begraben werden kann. Auch sollte man sich über die Befestigungsart Gedanken machen, damit sie schnell gelöst werden kann.

Taschenlampen und Batterien

Die Taschenlampen, die an Bord benutzt werden, sind von unterschiedlichster Bauart und für die verschiedensten Zwecke.

Bei nächtlichen Regatten benötigt jedes Mannschaftsmitglied eine persönliche Taschenlampe. Das können ganz billige Geräte sein, die höchstwahrscheinlich nicht mehr als eine windige, feuchte Regatta überstehen, oder aber auch gut verarbeitete, absolut wasserdichte und schockgeprüfte Lampen. Solange sie funktionieren, wenn man sie braucht, spielt das alles keine Rolle. Aus dem Blickwinkel des Eigners muß dazu angemerkt werden, daß die Taschenlampen gerne „Beine bekommen", wenn die Crew nach der Regatta das Boot verläßt. Die persönliche Taschenlampe sollte bei den Habseligkeiten des Crewmitglieds gestaut und nicht in den Kartentisch gestopft werden. Ich bewahre meine gewöhnlich in der Jackentasche meines Ölzeugs auf, weil ich davon ausgehe, daß ich es während der meisten Nachtwachen tragen werde.

Die Taschenlampen für die Decksarbeit, also zum Anstrahlen der Segel, der anderen Yachten, der Fallen am Masttopp und so weiter, müssen leuchtstark, im Idealfall mit einer Hand zu bedienen und zu fokussieren sein. Diese Bootslampen sollten an einer zentralen Stelle aufbewahrt werden, so daß jedes Crewmitglied sie schnell findet. Es lohnt sich, eine oder mehrere Halterungen vorzusehen, in die solche Taschenlampen sicher gesteckt werden können. Man kann mit ihnen die Genua-Windfädchen anstrahlen (sehr wichtig in dunklen Nächten für den Rudergänger und den Trimmer, denn beide müssen die Bändsel sehen, um optimal segeln zu können). Ohne Halterungen wird sich ein Mannschaftsmitglied ziemlich langweilen, wenn es die ganze Wache über die Lampe halten muß.

Reservebatterien und Glühlampen müssen mitgeführt und trocken gelagert werden. Besonders Batterien sind schwer, deshalb sollten sie tief im Boot gestaut werden, außerdem müssen sie so gesichert sein, daß sie niemanden k.o. schlagen oder andere unerwünschte Bewegungen vollführen können.

Abb. 4.1 **Nachtrennen**

Taschenlampen sind angebracht, um ein paar Windbändsel im Vorsegel und ein Bändsel am Achterliek des Groß anzustrahlen.

Das weiße Licht im Masttopp ist der Hecksektor der Dreifarbenlaterne. Wahrscheinlich wird es auch den Windex anleuchten.

Alle anderen Lampen sind abgeblendet (gewöhnlich mit roten Glühlampen). Das betrifft den Steuerkompaß und die Navigationsanzeigen.

Lichtschein aus dem Schiff sollte auf ein Minimum gedrosselt werden.

Persönliche Ausrüstung

Es gibt zwei Überlegungen, die über die persönliche Ausrüstung bei Seeregatten angestellt werden müssen. Die erste ist die Entscheidung, was man mitnimmt, und die zweite betrifft das Stauen der notwendigen Gegenstände.

Die persönliche Ausrüstung sollte auf ein Minimum beschränkt werden, aber die Umstände erlauben es mir selten, länger als ein paar Stunden ohne wasserdichte Pelle auf See zu gehen. Es mag tatsächlich den bemerkenswerten Fall geben, daß man kein Ölzeug benötigt, aber ich kenne nicht allzu viele Orte, wo man nachts komfortabel ohne einen winddichten und feuchtigkeitsabweisenden Schutzanzug segeln kann. Das Gewicht des Ölzeugs kann nach den Jahreszeiten und geographischen Gegebenheiten variiert werden. Was im Frühjahr auf der Kreuz im Englischen Kanal angemessen ist, kann absolut unbequem und zu heiß im Hochsommer auf dem Mittelmeer sein. Ich verfüge über drei Sorten Ölzeug und trage sie je nach den vorherrschenden Umständen. Das mag sich extravagant anhören, aber die einzelnen Anzüge halten so länger. Zudem muß ich sagen, daß ich wohl mehr Tage im Jahr auf dem Wasser verbringe als die meisten anderen Segler, und das macht es erforderlich, immer die richtige Kleidung für unterschiedliche Wetterbedingungen bereitzuhalten.

Ich verfüge über einen Satz schweres Hochsee-Ölzeug für ganz übles Wetter. Die meisten Hersteller bieten dafür persönliche Sicherheitsvorrichtungen an, und ich bin der Ansicht, daß das Ölzeug zumindest mit einem eingearbeiteten Sicherheitsgurt, einer Schwimmweste, einer Trillerpfeife und reflektierenden Streifen ausgerüstet sein sollte. Andere mögliche Lebensretter können sein: ein persönlicher EPIRB-Sender, Leuchtstäbe und Zielfahrtsender, aber die technische Entwicklung auf diesem Gebiet schreitet

4.1 *Ein guter Anzug für schweres Wetter (mit freundlicher Genehmigung der Fa. Henry Lloyd)*

4.2 *Mittelschweres Ölzeug für wärmere Gefilde (mit freundlicher Genehmigung der Fa. Henry Lloyd)*

so rasant fort, daß jede Liste, die Anspruch auf Vollständigkeit erheben würde, schon bei der Drucklegung Makulatur sein könnte. Weiter habe ich leichteres Ölzeug für den Sommer, besonders für mieses Wetter am Tage. Es ist leichter und bequemer, bietet aber nicht die Wärme und den Schutz meines Schwerwetteranzugs, ist jedoch bei Dreiecksregatten viel komfortabler. Schließlich besitze ich noch eine leichte Jacke mit Hose aus einem atmungsaktiven Material – eine ideale Kombination bei heißem Wetter, wenn man nur Spritzwasserschutz braucht.

Außer dem Ölzeug benötigt man für das Regattasegeln leichte Kleidung. Soll sie warmhalten, muß sie das auch können, wenn sie naß ist. Die modernen Materialien haben diese Eigenschaft und sind unglaublich leicht im Vergleich zu den traditionellen wollenen Kleidungsstücken. Ich besitze zweiteilige Thermo-Unterwäsche, darüber eine spritzwasserabweisende Jacke mit einer hochgeschnittenen Hose und einen Thermopullover. Diese Kombination macht zusammen mit doppelfädigen Skisocken und einer warmen Mütze meine Bekleidung für kaltes Wetter aus.

4.3 *Eine hochgeschnittene Hose mit Reißverschluß (mit freundlicher Genehmigung der Fa. Henry Lloyd)*

Bei warmem Wetter benötigt man am Tag oft nur Shorts und ein Polohemd, aber falls die Nächte nicht ungewöhnlich warm sind, würde ich auf keine Seeregatta gehen, ohne zumindest meine „Mittellage" in Reichweite zu haben.

Was die Fußbekleidung angeht, ist die Auswahl zwischen Segelstiefeln und Schuhen ein schöner Luxus. Viele Yachteigner, die sich ständig Gedanken über das Gewicht machen, verlangen, daß man sich für die gesamte Regatta für eine Art der Fußbekleidung entscheidet. Das bedeutet, daß ich mich zumeist für Schuhe entscheide, außer wenn ich mir sicher bin, daß Stiefel bei den zu erwartenden Bedingungen benötigt werden.

Meine persönliche Ausrüstung umfaßt dann noch ein Paar Reserveunterhosen und Socken, ein kleines Handtuch sowie eine Zahnbürste. Ich trage entweder herausnehmbare Kontaktlinsen oder eine Brille und nehme immer Ersatz mit. Schließlich ist noch eine gute Sonnenbrille unentbehrlich, denn die Sonnenreflexe auf dem Wasser verursachen ein grelles blendendes Licht, gegen das ich mich außerdem mit einer großen Schirmmütze schütze, wodurch auch die Kopfschmerzen verhindert werden, die sonst nach einem langen Segeltag in gleißender Sonne entstehen können.

Das Wichtigste beim Stauen der persönlichen Ausrüstung: Sie muß schnell verfügbar sein – auch mitten in der Nacht. Außerdem sollte sie trocken sein, wenn sie gebraucht wird. Nur wenige Rennyachten verfügen über genügend trockenen Schrankraum für alle, also muß man seine Plünnen in Segeltaschen verstauen. Wenn die nicht wasserdicht sind, ist es nützlich, einen Kunststoffsack in die Tasche zu legen, um das Eindringen von Wasser zu verhindern. Wo Sie Ihre Tasche auch deponieren, nach meiner Erfahrung wird jemand sie bald in oder unter nassen Segeln begraben haben, und es gibt kaum etwas weniger Einladendes, als in feuchte Kleidung schlüpfen zu müssen.

Fallen und Kontroll-Leinen

Bei Küstenregatten ist es üblich, die Enden der Fallen und Kontroll-Leinen in den Niedergang zu werfen. Auch bei Seeregatten ist das bei gutem Wetter zu akzeptieren.

Bei rauhem Wetter oder bei großen Entfernungen hat diese Gewohnheit mehrere Nachteile. Erstens wird man die Luke nur schwer schließen können, wenn eine Vielzahl von Leinen darin verschwindet. Außerdem wird man kaum das Steckschott einsetzen können. Dadurch können erhebliche Wassermengen in das Schiff eindringen, was das Leben unten feucht macht und bei schwerem Wetter eine potentielle Gefahrenquelle darstellt. Zweitens wird das einfache Ein- und Aussteigen erheblich erschwert, wenn man immer mit den Leinen kämpfen muß, und endlich

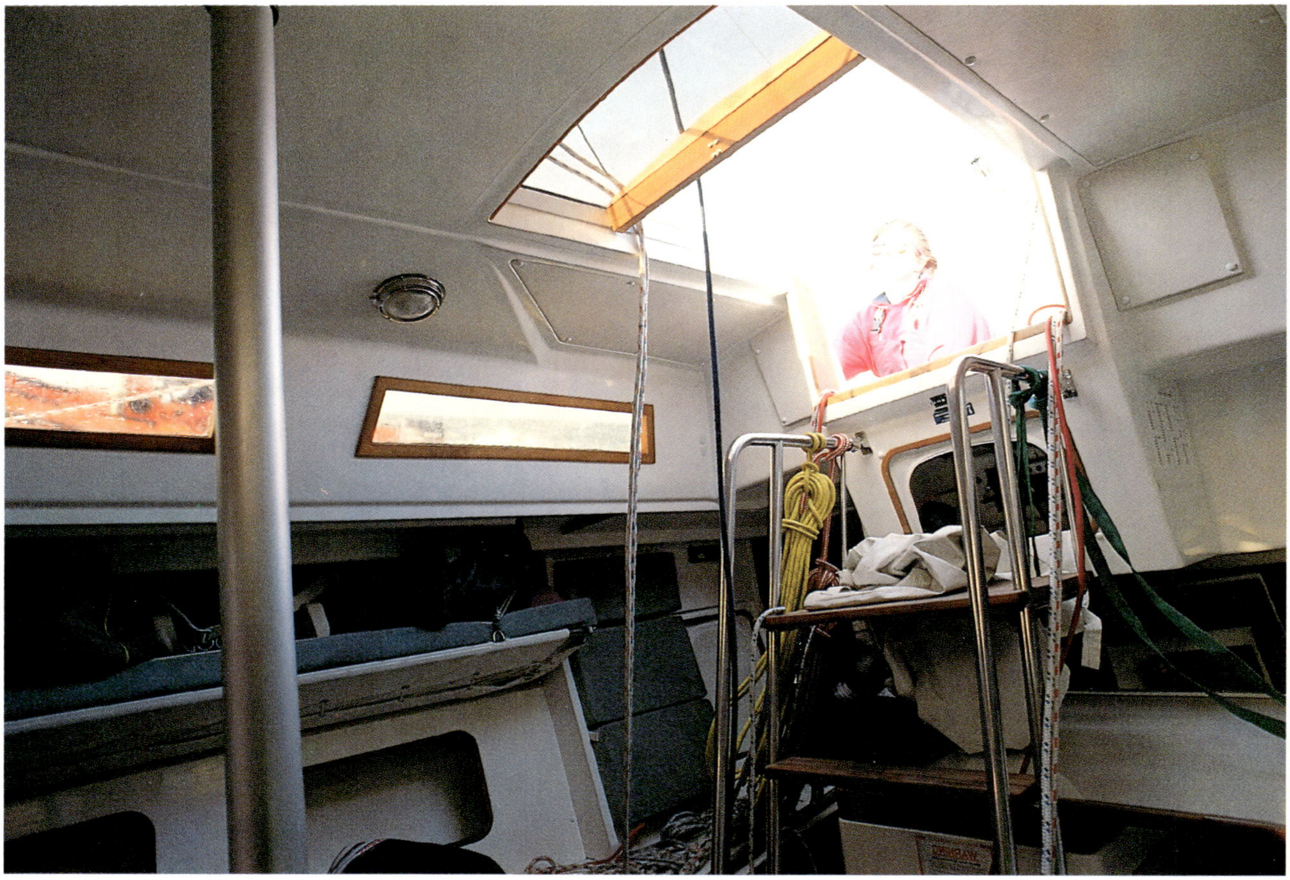

werden sich die Tampen ganz unvermeidlich vertörnen, wenn die Besatzung den Niedergang benutzt. An der Küste, wo es unwahrscheinlich ist, daß die Mannschaft regelmäßig nach unten muß, spielt das keine Rolle, aber auf See ist es eine ganz andere Geschichte.

Steht für jede Leine eine Winsch zur Verfügung, kann man die Lose aufschießen und über die Winsch hängen. Auf den meisten Yachten wird das nicht der Fall sein, denn zwei oder drei Winschen müssen alle Leinen bedienen, die vor den Winschen von Klemmen oder Stoppern gehalten werden. In diesem Fall können Taschen für die Fallen die Lösung sein, allerdings muß man für jeden Tampen eine Tasche vorsehen, oder es wird ein unentwirrbares Chaos entstehen. Eine andere Möglichkeit sind Haken oder Schlaufen für jede Leine. Die losen Enden können dann aufgeschossen und gesichert werden.

4.4 *Dieses Bild zeigt, wie viele Leinen während einer Küstenregatta in den Niedergang geworfen werden. Auf hoher See ist das nicht ratsam, weil der Niedergang dann hermetisch verschlossen sein sollte.*

Segel stauen

Die Segel sollten so gestaut werden, daß sie leicht erreichbar sind und in einer logischen Reihenfolge liegen, damit jeder weiß, wo das gewünschte Segel zu finden ist. Genuas, die in lange „Wurstpellen“ gepackt sind, liegen meist sehr gut auf dem Kajütboden, entweder im Mittelteil der Kajüte oder weiter achtern, je nachdem, wo sich ihr Gewicht günstig auswirkt. Denken Sie daran, daß es gegen die Regeln verstößt, nach

Bedient eine Winsch mehrere Leinen, sind diese Säkke eine brauchbare Lösung. Die Leinen können aufgeschossen werden, bevor man sie in den Sack stopft, und sind deshalb sofort klar. Der Niedergang bleibt frei von Hindernissen, und die Steckschotten können eingesetzt werden, falls das Wetter rauh wird.

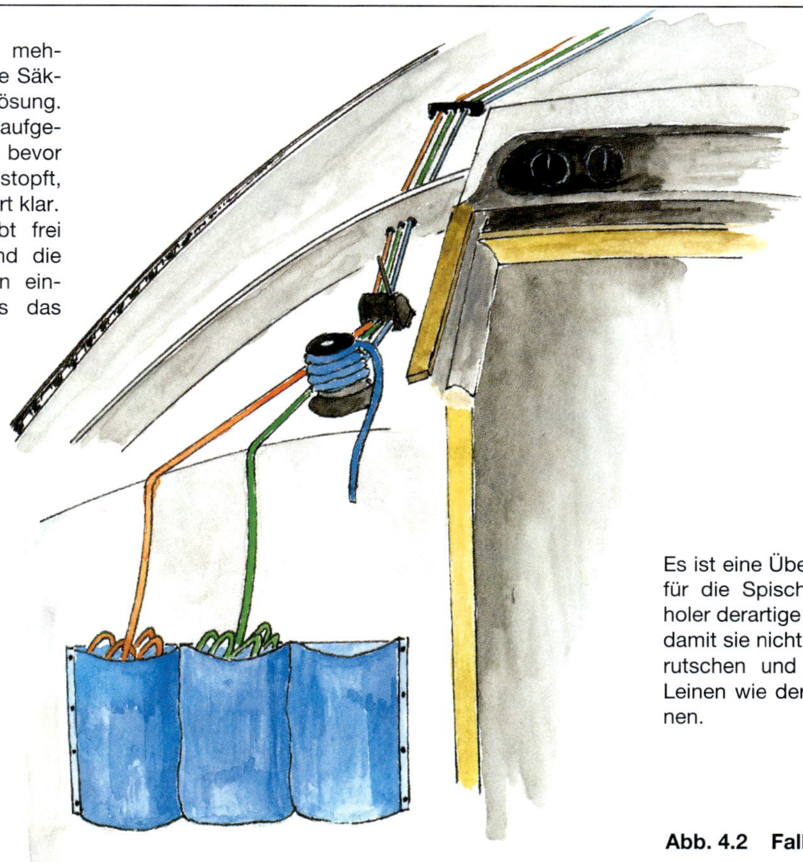

Es ist eine Überlegung wert, auch für die Spischoten und -achterholer derartige Säcke vorzusehen, damit sie nicht im Cockpit herumrutschen und sich mit anderen Leinen wie der Großschot vertörnen.

Abb. 4.2 Falltaschen

dem Fünf-Minuten-Schuß Segel zu verlagern, um einen Vorteil zu erzielen. Also überlegen Sie sich gut, wo Sie die Segel lagern. Einmal in Position, sollte dieser Platz für die gesamte Zeit des Rennens beibehalten werden, außer wenn die Segel eingesetzt werden.

Bei Küstenregatten ist es akzeptabel, die Segel auf den Kojen zu stauen. Benötigt man aber dieselben Kojen, um während des Rennens schlafen zu können, wäre das eine schlechte Lösung, denn jeder, der ein Auge voll Schlaf nehmen möchte, müßte dann erst die ganze Chose umorganisieren. Wie Sie sich vorstellen können, wird er das nicht gerade umsichtig und ordentlich bewerkstelligen. Dasselbe gilt für die persönlichen Segeltaschen – auch sie sollten für die Dauer der Regatta dauerhaft in derselben Position verbleiben, wenn das irgend möglich ist. Besonders schlecht ist, wenn sie so gelagert sind, daß man sie mehrfach während des Rennens umstauen muß.

Kojen

Sichere Kojen sind auf See von größter Wichtigkeit, damit die Crew vernünftig schlafen kann. Ich gebe zu, daß die Teilnehmer an Grand-Prix-Rennen lieber auf der hohen Kante hocken und sich dabei soviel Schlaf stehlen wie möglich, als daß sie nach unten gehen. Aber für die meisten Mannschaftsmitglieder wird das bald eine Tortur, denn eine gewisse Menge richtigen Schlafs ist unverzichtbar.

Die Kojen werden entweder Rohrkojen oder feste Bankkojen sein. Im ersteren Fall muß der Winkel verstellbar sein, um die Koje an die verschiedenen Krängungswinkel anzupassen. Außerdem muß die Stoffbespannung weit genug nachgeben, damit der Schläfer nicht hin und her rollt oder aus der Koje fällt.

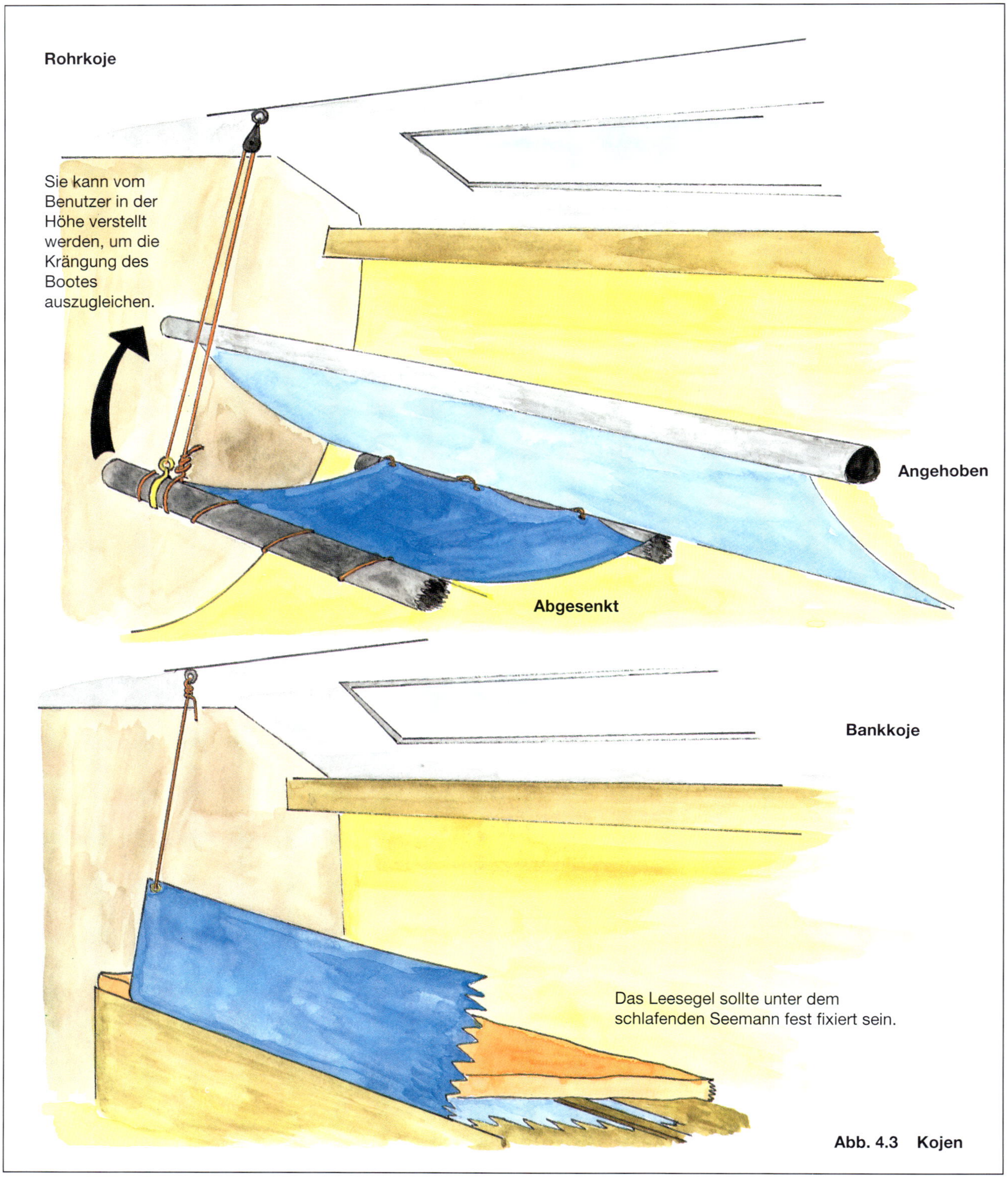
Rohrkoje
Sie kann vom Benutzer in der Höhe verstellt werden, um die Krängung des Bootes auszugleichen.
Angehoben
Abgesenkt
Bankkoje
Das Leesegel sollte unter dem schlafenden Seemann fest fixiert sein.

Abb. 4.3 Kojen

Feste Kojen müssen schmal genug sein, damit der Schläfer nicht in ihnen herumrollt, und sie müssen über ein Leesegel verfügen. Leider sind die Leesegel häufig auf der Innenseite der Koje befestigt, was zur Folge hat, daß der Schläfer mehr auf ihnen als auf der Koje liegt. Das ist nicht nur unbequem, es ist auch gefährlich, denn die Befestigungen werden erheblichen Beanspruchungen ausgesetzt, wenn schlafende Körper in schlechtem Wetter dagegenrollen. Es ist weitaus besser, wenn die Leesegel unter der Matratze, am besten etwa in der Mitte, befestigt werden. Das hält den Schläfer in der Koje und gibt ihm ein Gefühl der Sicherheit. Schiebt das Boot Lage und rollt den Körper nach Lee, bildet sich in der Matratze eine komfortable Kuhle. Die Leesegel müssen lang genug sein, um dem ganzen Körper und auch den Schultern Halt zu geben, allerdings kommen die Beine unterhalb der Knie ohne diese aus. Das Tuch sollte auch hoch genug reichen, damit niemand herausrollen kann, sogar wenn sich die Yacht extrem auf die Backe packt – wie z. B. beim Querschlagen.

Unter extremen Bedingungen, selbst wenn die Gefahr besteht, flach aufs Wasser gedrückt zu werden, muß die Koje ein sicherer Ruheplatz bleiben. Daher müssen die Leesegel, ihre Befestigungen usw. wirklich ausreichend stark bemessen sein.

Sogar im Sommer können sich die Metallrahmen der Rohrkojen sehr kalt anfühlen. Wenn möglich, sollten deshalb Polster verhindern, daß der Körper mit dem Metall in Berührung kommt.

Persönliche Hygiene

Auf kurzen Regatten hat man die Neigung, die persönliche Hygiene völlig zu vernachlässigen. Bei längeren Regatten ist das keine gesunde Einstellung, deshalb sollte man sich einige Gedanken über ein paar grundlegende Dinge machen.

Sogar bei einer Nachtregatta nehme ich eine Zahnbürste mit, meist eine klappbare, die ich in meiner Jackentasche tragen kann. Es ist erstaunlich, welch erfrischenden Effekt das Zähneputzen auf die Moral hat, und Salzwasser ist mit oder ohne Zahnpasta ein perfektes Mittel dafür.

Mit dem Waschen wird es normalerweise schwieriger, und bei Rennen, die wenige Tage dauern, ist es zumeist auch überflüssig, es sei denn, man muß mit Eßwaren hantieren. Wieder gilt: Ein Abschwabbeln des Gesichts, um Salz und Schmutz zu entfernen, erfrischt ganz erstaunlich, und eine Plastikbüchse mit Feuchttüchern erledigt den Rest.

Die meisten Männer urinieren einfach über die Seite, aber viele verkneifen sich jeden weiteren Toilettengang, bis sie wieder an Land sind. Das kann zu Stauungen führen, die wiederum ein Unwohlsein hervorrufen können, was man nach Möglichkeit vermeiden sollte. Aus diesem Grund und für die Ladies in der Crew ist eine funktionierende Toilette eine absolute Notwendigkeit, außer vielleicht auf einem Boot voll total vernagelter Machos. Die Toilette muß auch bei starkem Seegang benutzbar sein, Toilettenpapier muß sowohl verfügbar als auch trocken sein. Sollen die Seeventile nach der Benutzung geschlossen werden, stellen Sie sicher, daß sie einfach zu erreichen sind. Sonst ist die Versuchung, den Lokus nach Benutzung nicht richtig durchzuspülen, sehr groß. Vergewissern Sie sich auch, daß jeder mit der richtigen Bedienung vertraut ist – ein stinkendes, defektes Klo ist kein Rezept für schnelles Segeln!

Rauchen wird zunehmend als unangenehme Belästigung empfunden, aber wenn Raucher an Bord sind, sollten die anderen deren Bedürfnisse tolerieren. Die Raucher ihrerseits müssen dafür sorgen, daß ihre Angewohnheit ihre Leistung beim Segeln nicht beeinträchtigt oder die anderen Mannschaftsmitglieder belästigt. Das Rauchen unter Deck ist strikt verboten – sogar wenn der Eigner selber Raucher ist! Neben dem lästigen Geruch besteht eine nicht unerhebliche Feuergefahr. Das Rauchen an Deck sollte sich auf diejenigen beschränken, die nicht aktiv arbeiten, und dann auf der Leeseite oder in Lee auf dem Seitendeck erfolgen.

Treibt man bekalmt, kann ein Raucher an Bord sogar eine Hilfe sein, denn der Rauch ist der empfindlichste Windindikator. Aber Vorsicht vor eingeschmolzenen Löchern in den Segeln!

4.5 *Es gibt vor oder nach einem Rennen immer einen Ausrüstungsgegenstand, um den man sich kümmern muß. Wie schon erwähnt, sollten diese Arbeiten in der Verantwortung des Crewmitglieds liegen, das in diesem Bereich an Bord arbeitet.*

Schweres Wetter während der Regatta

Wenn Sie wissen, daß schlechtes Wetter aufzieht, ist es klug, entsprechende Vorbereitungen zu treffen, ehe der Sturm losbricht. Tobt erst der volle Sturm, geht es nur noch ums Überleben, und es ist kaum Energie übrig, um das Boot vorzubereiten, außer auf einfachste Weise.

Lose Ausrüstung unter Deck kann sehr gefährlich sein, deshalb müssen alle schweren Gegenstände richtig verstaut werden, entweder in Schränken mit sicheren Verschlüssen oder indem man sie anlascht. Dieser Aspekt wurde schon im Kapitel über die Vorbereitungen ausführlich abgehandelt.

Auch mit den modernen elektronischen Navigationsgeräten an Bord besteht eine der wesentlichen Vorbereitungen auf schweres Wetter darin, daß der Navigator einen guten Standort in die Karte einzeichnet, bevor sich die Verhältnisse verschlechtern. Das gibt einem die Möglichkeit zu handeln, wenn sich das Wetter verschlechtert hat, die Decca/GPS-Antenne beschädigt oder es unmöglich wird, saubere Kartenarbeit zu machen. Man hat dann eine korrekte Position, von der aus man in den folgenden Stunden arbeiten kann. Es ist dann auch an der Zeit zu überlegen, wo man Schutz suchen kann. Der Navigator sollte über

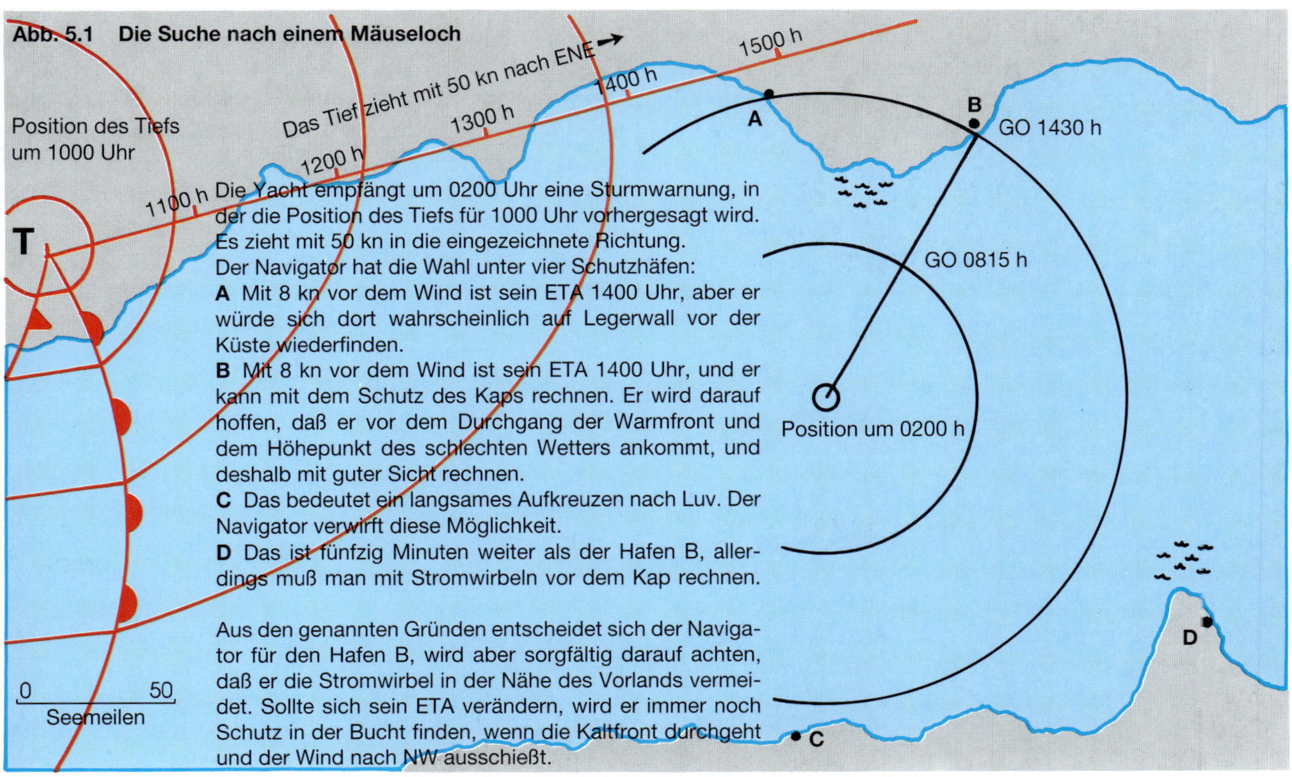

Abb. 5.1 Die Suche nach einem Mäuseloch

Die Yacht empfängt um 0200 Uhr eine Sturmwarnung, in der die Position des Tiefs für 1000 Uhr vorhergesagt wird. Es zieht mit 50 kn in die eingezeichnete Richtung.
Der Navigator hat die Wahl unter vier Schutzhäfen:
A Mit 8 kn vor dem Wind ist sein ETA 1400 Uhr, aber er würde sich dort wahrscheinlich auf Legerwall vor der Küste wiederfinden.
B Mit 8 kn vor dem Wind ist sein ETA 1400 Uhr, und er kann mit dem Schutz des Kaps rechnen. Er wird darauf hoffen, daß er vor dem Durchgang der Warmfront und dem Höhepunkt des schlechten Wetters ankommt, und deshalb mit guter Sicht rechnen.
C Das bedeutet ein langsames Aufkreuzen nach Luv. Der Navigator verwirft diese Möglichkeit.
D Das ist fünfzig Minuten weiter als der Hafen B, allerdings muß man mit Stromwirbeln vor dem Kap rechnen.

Aus den genannten Gründen entscheidet sich der Navigator für den Hafen B, wird aber sorgfältig darauf achten, daß er die Stromwirbel in der Nähe des Vorlands vermeidet. Sollte sich sein ETA verändern, wird er immer noch Schutz in der Bucht finden, wenn die Kaltfront durchgeht und der Wind nach NW ausschießt.

entsprechende Karten und Seehandbücher verfügen, auf denen er mögliche Schutzhäfen oder schutzbietende Landzungen ausfindig machen kann. Je eher man sich darüber Gedanken macht, desto besser. Wurde entschieden, daß man Schutz suchen will, muß man die wahrscheinliche Winddrehung mit ins Kalkül einbeziehen, denn was jetzt noch sicher aussieht, kann zu einer tödlichen Falle werden, wenn der Wind stark dreht.

Die Vorbereitung der Crew ist mindestens ebenso wichtig. Das gilt sowohl für den physischen als auch für den psychischen Bereich. Es wäre gut, wenn zumindest ein Teil der Crew ausgeruht ist, und wenn alle gut verpflegt, richtig und so warm wie möglich angezogen sind. Wieder gilt: Der Streß, der sich aufbaut, wenn der Wind immer stärker wird, verhindert oft genug jede spätere Ruhepause. Insbesondere der Skipper sollte schlafen, bevor es zu spät ist, denn er ist derjenige, der hellwach sein muß, wenn der Sturm da ist.

Stellen Sie sicher, daß die Segelfläche rechtzeitig verkleinert wird. Das dritte Reff einzustecken oder auf die Sturmfock zu wechseln, ist bei Windstärke sieben kein Problem. Aber es kann die Anstrengung der gesamten Crew und einen riesigen Aufwand bedeuten, dieselben Arbeiten bei neun Beaufort durchzuführen. Sobald man weiß, daß sich ein Sturmgebiet nähert, lassen Sie die Reffleine in das oberste Reff einscheren (falls das nicht schon geschehen ist). Lassen Sie Zeiser bereitlegen, mit denen das Groß gelascht werden kann, wenn es weit weggerefft oder ganz geborgen worden ist. Wollen Sie das Trysegel setzen, dann machen Sie das frühzeitig.

Das Üben mit Sturmsegeln in handigem Wetter ist eine gute Sicherheitsmaßnahme, kann die Crew aber nicht wirklich auf die zusätzlichen Schwierigkeiten vorbereiten, die während eines Sturmes auftreten. Nach meinen Erfahrungen ist es das beste, das Trysegel über den Großbaum zu schoten, wenn der Baum und der Lümmelbeschlag stark genug sind, um die Kräfte aufnehmen zu können. Sollte das Ihr Plan mit dem Trysegel sein, ist es fast immer am besten (wenn möglich), das Großsegel ganz abzuschlagen und unter Deck zu verstauen. Damit verringert man den Windwiderstand, aber das ist nur realistisch, wenn man es erledigt, bevor der Wind zu stark wird. Benutzt man den Baum zusammen mit dem Trysegel, ist es gewöhnlich möglich, die Reffleinen als Achterholer für das Schothorn zu verwenden. Mein Ratschlag ist: Nehmen Sie zwei Reffleinen, um sie am Schothorn anzuschlagen und es damit nach achtern auszuholen. Mit einem weiteren Tampen ziehen Sie das Schothorn nach unten auf den Baum. Das bedeutet wahrscheinlich, daß der Baum ziemlich hochsteht, sobald das Segel gesetzt ist, aber das ist kein Problem, weil er damit zum einen aus dem Weg ist und keinen Schaden an den Köpfen anrichten kann, und zum anderen ist er auch hoch genug über dem grünen Wasser, das über das Boot laufen kann.

Ist der Baum gebrochen oder hält man ihn nicht für stark genug, dann sollte man das Trysegel über Blöcke am Heck schoten. In den meisten Fällen wird man dafür die Umlenkblöcke des Spinnakers benutzen können. Aber es ist sicherer, statt der Spischoten Extraschoten zu verwenden, die mit einem Palstek am Schothorn angesteckt werden. Sollten die Blöcke zu leicht gebaut sein, ist es besser, schwere Blöcke im Trysegelsack zusammen mit den Schoten aufzubewahren. Sie sollten bei einem Trainingsschlag alle möglichen Arten des Schotens ausprobiert haben, auch um die korrekte Länge des benötigten Halsstanders festzulegen. Haben Sie nicht vor, den Großbaum zu nutzen, sollte er sicher an Deck gelascht werden, sonst kann er schwere Schäden anrichten.

Außerdem muß die Sturmfock vorbereitet werden, bevor man sie wirklich einsetzen will. Sie können sie natürlich am Vorstagprofil setzen, aber es ist besser und sicherer, sie an einem inneren Vorstag zu fahren – wenn möglich. Das hat zwei Vorteile: Erstens wird der Segeldruckpunkt weiter nach achtern verlagert, was oft dazu beiträgt, daß das Boot besser ausgetrimmt ist, und zweitens muß kein Besatzungsmitglied zum Setzen ganz nach vorne auf den Bug. Sollte das Boot kein passendes inneres Vorstag haben, aber über einen Augbeschlag vorne in der Mittschiffslinie verfügen, kann man mit Hilfe eines Reservefalls ein zeitweiliges inneres Vorstag riggen, an dem die Sturmfock als Stagsegel gefahren wird. Auch wenn sie einen Draht im Vorliek eingearbeitet hat, ist es nicht möglich, sie frei zu setzen, da sie sich kaputt schlagen wird und beim Setzen Besatzungsmitglieder verletzen kann. Ein Stag muß also sein.

Für die Sicherheit der Mannschaft ist es wichtig, daß alle vollständige Schlechtwetterkleidung tragen, die auch anbehalten wird, wenn man unter Deck geht. Muß das Crewmitglied an Deck kommen, sei es, um sich um Leinen zu kümmern oder in einem Notfall, ist

Abb. 5.2 Trysegel am Großbaum

Das Großsegel wurde völlig weggenommen und unter Deck gestaut. Das Schothorn des Trysegels ist am Baum festgelascht, beide Reffleinen dienen als Unterliekstrecker. Der Hals ist mit einem Drahtstander am Lümmelbeschlag befestigt. Das Segel wird über das normale Schotsystem bedient.
Am Vorstag ist die Sturmfock gesetzt. Benutzt man ein Profilstag und hat das Segel kräftige Gatchen, ist es sinnvoll, die Fock zusätzlich am Profilstag festzulaschen: Sollte sie aus der Nut gezogen werden, halten die Laschings sie in Position. Der Hals steht hoch über dem Bug an einem Halsstropp. Aber meist ist das Sturmsegel schon entsprechend geschnitten und vorbereitet.
Es ist sehr wichtig, daß beide Segel gut frei vom Deck sind, damit einsteigende grüne Seen keinen Widerstand finden.

Abb. 5.3 Trysegel – achtern geschotet

Das Großsegel ist fest an den Baum gelascht, der an Deck abgesenkt und gesichert worden ist. Die beiden schweren Trysegelschoten führt man durch kräftige Umlenkblöcke am Heck. In diesem Fall läuft der Halsstropp hinunter an Deck.
Die Sturmfock ist an einem inneren Vorstag befestigt und steht unten gut frei vom Deck.

Eine Leine, die wie dieser blaue Tampen (links) gespannt ist, wird dazu beitragen, daß kein Crewmitglied quer durchs Cockpit geschleudert wird. Zwar sollten Sicherheitsgurte getragen werden, aber falls sich das Boot flach aufs Wasser legt, wenn es von einem großen Brecher quer erfaßt wird, könnte ein Crewmitglied, das über die gesamte Cockpitbreite katapultiert wird, trotz der Leine hart auf eine Winsch oder andere Ausrüstungsteile aufschlagen.

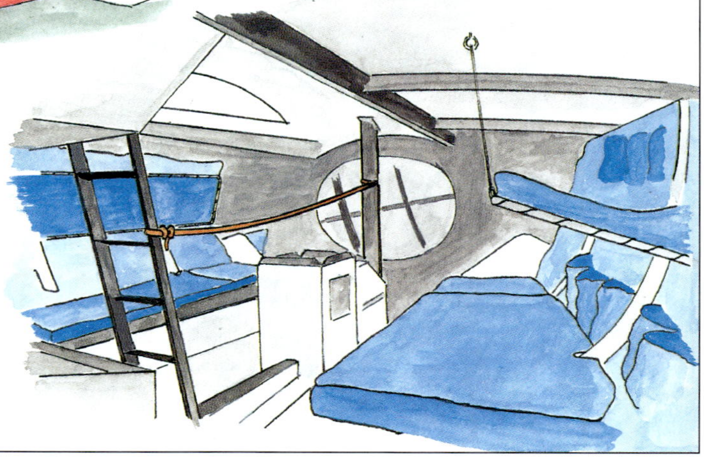

Unter Deck kann es genauso gefährlich werden wie oben. Nicht nur, daß man einen zusätzlichen Halt schafft, die rote Sorgleine verhindert auch, daß jemand über die ganze Schiffsbreite durch die Kajüte geschleudert wird.

Abb. 5.4 Anbringen von Sicherheitsleinen

keine Zeit, wieder in die volle Bekleidung zu klettern. Ebenso sollten sowohl der Sicherheitsgurt als auch die Schwimmweste ständig an und unter Deck getragen werden. Bei dem berüchtigten Fastnet Race von 1979 trug die Freiwache unter Deck nicht ihre Oberbekleidung, was zur Folge hatte, daß einige ihre Schwimmweste nicht anhatten und einer sogar nur im T-Shirt in die Rettungsinsel kletterte, als wir das Boot aufgeben mußten. Man kann sowohl das Cockpit als auch den Salon als große leere Räume sehen, wenn das Boot wie verrückt herumgeschleudert wird, und es gibt viele schwere Verletzungen, wenn Mannschaftsmitglieder darin von einer Seite auf die andere stürzen. Aus diesem Grund sollte man darüber nachdenken, ob es sinnvoll ist, Strecktaue in der Mitte des Salons und vielleicht auch im Cockpit zu spannen.

Für den Fall, daß jemand über Bord geht, darf nur eines nicht passieren: Panik! Die Besatzung sollte das Mann-über-Bord-Manöver so oft geübt haben, daß es zur Routine geworden ist. Den Blickkontakt zum Mann im Wasser zu verlieren, ist immer das Schlimmste. Folglich muß jemand eingeteilt sein, der ihn beobachtet und in seine Richtung zeigt. Sogar wenn er ihn zeitweise aus den Augen verliert, ist die Richtung, in die er zeigt, noch eine Hilfe, sich zu orientieren. Die meisten modernen elektronischen Navigationsgeräte haben eine Mann-über-Bord-Funktion, die unter Umständen hilfreich sein kann. Bedenken Sie aber, daß der Mann wahrscheinlich nicht mehr an der alten Stelle sein wird, sogar wenn Sie wieder auf der genauen geographischen Position stehen sollten. Gezeitenströme und vom Wind erzeugte Strömungen werden ihn erheblich von dieser Position vertrieben haben.

Verfügen Sie über ein ausgeklügeltes Kombisystem für Logge und Kompaß, das Ihnen die Entfernung und die Peilung zum Ort im Wasser liefert, ist es weitaus besser, dieses auf Null zu setzen, sobald der Mann über die Kante geht. Am Körper getragene EPIRBS sind wahrscheinlich in Verbindung mit einem Nahbereichspeiler die wirksamste Einrichtung, um dem Verunglückten zu Hilfe zu kommen.

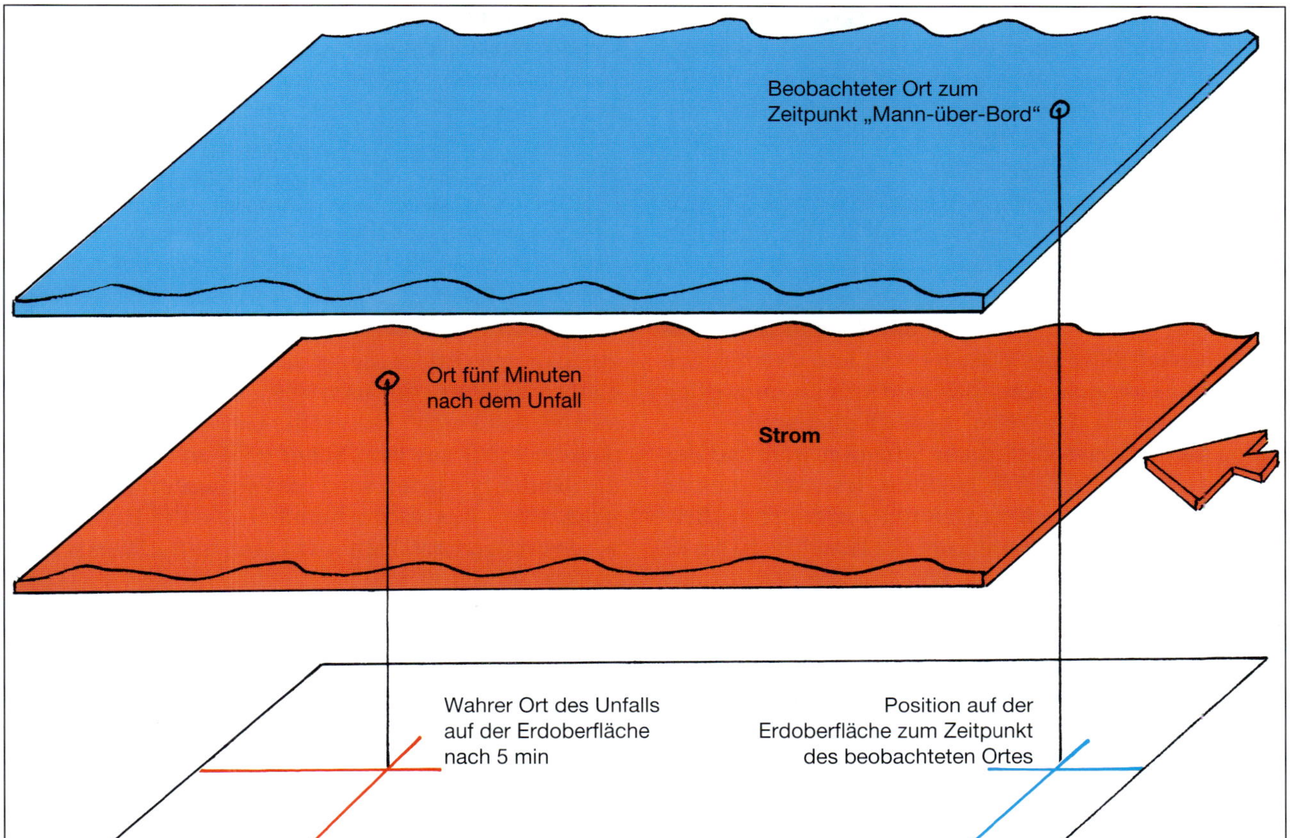

Abb. 5.5 Mann-über-Bord unter Benutzung von DECCA/GPS

Die Optionen

Bei wirklich schwerem Wetter ist Vorsicht in den meisten Fällen die beste Alternative. Man sollte also Schutz suchen, bevor das Wetter zu schlecht wird. Dazu muß man vorausschauend planen. Über die navigatorischen Aspekte wie Schutzhäfen haben wir schon gesprochen, aber dazu gehört natürlich auch, daß man so viele Wettervorhersagen wie nur möglich auswertet.

Bevor man sich entscheidet, einen Schutzhafen anzulaufen, muß man sich über die benötigte Zeit klar sein. Kann man den Schutz erreichen, bevor der Wind eine Stärke erreicht, die den Aufenthalt in Küstennähe extrem gefährlich macht? Denken Sie daran, daß sich die Wellen aufsteilen, sobald die Wassertiefe abnimmt. An Steilküsten können enorme, unvorhersehbare Böen auftreten, und vor den meisten Kaps kommt es zu wirklich gefährlichen Kreuzseen (durch Wind- und Stromeinflüsse). Sind sowohl der Hafen, an den Sie denken, als auch seine Ansteuerung sicher, wenn Sie sich verspäten? Damit man diese Entscheidungen treffen kann, ist es von größter Wichtigkeit, so viele Informationen wie möglich zu sammeln. Geeignete Karten müssen an Bord sein, die der Navigator mit Daten aus dem Seehandbuch oder Almanach ergänzen kann. Die wahrscheinliche Windrichtung muß bekannt sein. Außerdem muß man die Fähigkeiten des Bootes und der Besatzung realistisch einschätzen.

Eine weitere Möglichkeit besteht darin, so viel Seeraum wie möglich zu gewinnen, was Ihnen die Möglichkeit gibt, den Sturm abzureiten. Aber auch hier muß man realistisch denken. Sogar vor Topp und Takel entwickelt eine moderne Leichtgewichtyacht eine erhebliche Geschwindigkeit vor dem Wind, vielleicht fünf oder sechs Knoten. Also brauchen Sie sehr viel Seeraum, damit Sie nicht in Gefahr kommen, auf einer Leeküste zu stranden. Sind die Bedingungen nicht ganz so extrem, kann man mit einer gut gebauten Yacht die Position halten, indem man das Groß weit wegrefft oder das Trysegel setzt und damit gegen den Wind knüppelt. Aber das wird sich als unmöglich erweisen, sobald das Wetter wirklich übel wird.

Ich war in einer derartigen Situation während des Fastnet Race 1979. Wir stellten fest, daß unsere 34-Fuß-Yacht, die ich navigierte, nicht genug heruntergerefft werden konnte, um bei Beaufort 10 bis 12 noch Luvraum machen zu können. Wir waren also gezwungen, vor Topp und Takel abzulaufen.

Haben Sie Windstärke 7 (Starkwind) oder 8 (Sturm), die auch vorhergesagt worden sind, und der Wind überschreitet diese Stärke nicht, ist die Situation eine ganz andere, und man wird entsprechend gerefft weitersegeln können. Allerdings müssen Sie sich immer auf den schlimmsten Fall vorbereiten, denn vorhergesagte Beaufort 8 können sich in kürzester Zeit zu einem ausgewachsenen Kuhsturm entwickeln.

Ist die Entscheidung gefallen, auf See zu bleiben, aber das Wetter wird so schlecht, daß man nicht mehr nach Luv steuern kann, bleibt nur, unter Sturmfock abzulaufen. Damit bekommt man genug Fahrt ins Schiff, um die schlimmsten Brecher ausmanövrieren zu können. Allerdings kann es zu einer Überkopfkenterung (Kenterung um die Querachse) kommen, wenn das Boot zu schnell an der Vorderseite der Welle hinuntersurft und sich in den Rücken der vorauslaufenden bohrt. Außerdem bedeutet es, daß Sie sehr viel schneller Seeraum verschenken. Sollten Sie wirklich bei schweren Wetterbedingungen nur unter Sturmfock laufen, dann ist es wahrscheinlich das beste, sie mittschiffs zu schoten, damit sie nach einem Querschlagen dem Boot auf jedem Bug beim Abfallen hilft. Auch wirkt sie als Dämpfer, wenn das Boot auf die Seite gedrückt wird.

Luvraum zu gewinnen, ist eine weitere denkbare Möglichkeit, wenn Sie ein Trysegel haben oder Ihr Groß auf Taschentuchgröße wegreffen können. Falls Sie sich dafür entscheiden, ist es ganz wichtig, daß Sie einen guten Rudergänger haben, der das Boot am Laufen halten kann, auch wenn der Bug in die höchsten Wellen kracht. Die größte Gefahr liegt hier darin, daß die Fahrt aus dem Schiff geht und es zurück auf das Ruder geworfen wird (das entweder wegbrechen wird, oder – was noch schlimmer ist – der Ruderschaft wird verbogen und klemmt). Dann ist die Wahrscheinlichkeit sehr groß, daß Sie durchkentern.

Die letzte Alternative ist, alle Segel zu bergen und unter Topp und Takel abzulaufen. Das kann gut funktionieren, besonders wenn Sie eine relativ schwere Yacht haben, die solide Steckschotten hat, um den Brechern standzuhalten, die von achtern ins Cockpit einsteigen können. Egal ob Sie unter Sturmfock oder vor Topp und Takel ablaufen, es kann nützlich sein, Ihre längsten Leinen als Bucht über das Heck nachzuschleppen, nicht so sehr, um die Geschwindigkeit zu verringern, sondern um das Heck gegen die anlaufenden Seen zu halten.

Für welche Option Sie sich auch entscheiden, das Wichtigste ist, daß das Boot so wenig Wasser wie möglich an Bord nimmt, sogar in dem Fall, daß es durchkentert. Sichern Sie alle Backskisten im Cockpit, schließen und verriegeln Sie den Hauptniedergang und die Steckschotten, setzen Sie Deckel auf alle Lüfteröffnungen und Sturmklappen über die Fenster.

Abb. 5.6 Nachschleppen von Leinen

Nicht die angenehmste Situation, aber alle denkbaren Vorkehrungen wurden getroffen, um die Sicherheit der Yacht zu gewährleisten.
Eine lange, schwere Leine ist in einer Bucht an beiden Seiten des Hecks ausgebracht. Sie kann den Vortrieb etwas verlangsamen, aber wichtiger ist, daß sie das Heck gegen die Seen hält und so verhindert, daß die Yacht querschlägt.

Alle Segel sind geborgen, das Großsegel ist am Baum festgelascht, der wiederum an Deck gesichert wurde.
Sturmblenden schützen die Fenster, den Niedergang und andere Decksöffnungen.
Luken und Backskisten sind fest verschlossen.
Solange das Boot ausreichend Raum nach Lee hat, kann es so schweres Wetter abreiten.

Wachsysteme

Bei jedem Rennen, das länger als einen Tag dauert, wird man auf einem Regattaboot ein Wachsystem benötigen. Davon existieren wahrscheinlich ebenso viele Varianten, wie es Regatten gibt. In diesem Kapitel stelle ich Ihnen nur ein paar der gebräuchlichsten und erfolgreichsten Systeme vor, die Sie dann entsprechend Ihren eigenen Vorstellungen modifizieren können.

Die Hauptziele aller Wachsysteme sind: Erstens, daß alle genügend Schlaf bekommen, damit sie während der Wache ihre volle Leistung bringen. Zweitens, den Crewmitgliedern, die auf dem Boot ständig tätig sein müssen, ausreichende Pausen zu ermöglichen. Bei langen Rennen gibt es zusätzliche Ziele: Auch die sogenannten Haushaltsarbeiten wie Kochen müssen erledigt werden, außerdem können dann Segel repariert werden, ohne daß die Leistungsfähigkeit des Bootes verringert wird – und so weiter.

Bei der Aufstellung eines Wachsystems machen Sie sich ernsthafte Gedanken über die Länge der Wachen. Jeder braucht ausreichend Schlaf – aber auch nicht mehr. Die Leistungsfähigkeit des Bootes wird wahrscheinlich unter dem Optimum liegen, wenn die Mannschaft weg von der hohen Kante und unter Deck ist. (Die einzige Ausnahme ist das Segeln bei sehr leichtem Wind.) Die meisten Menschen benötigen mindestens drei Stunden Schlaf hintereinander, um einen Zyklus ihres Schlafmusters zu durchlaufen.

Kurze Rennen (zwischen 12 und 18 Stunden)

Bei kürzeren Regatten besteht keine Notwendigkeit für die Mannschaft, richtig zu schlafen. Dösen an der Reling sollte ausreichen, um die Leistungsfähigkeit zu erhalten. Nötig ist eine Möglichkeit für die Trimmer und den Steuermann, sich von der ständigen Konzentration zu erholen; eventuell müssen sich auch die Winschkurbler regenerieren. Denken Sie aber daran, daß eine kurze Nachtregatta, die am Abend gestartet wird, sich an eine lange Tagregatta anschließen kann, und daß deshalb zumindest ein Teil der Mannschaft eine richtige Schlafpause benötigt.

Meiner Meinung nach funktioniert das „Kumpelsystem“ bei kurzen Rennen am besten. Jeder Trimmer, Kurbler und Rudergänger bildet mit einem anderen Mannschaftsmitglied ein Team, das seine Aufgabe übernimmt, wenn er Ruhe braucht. Oft bilden der Steuermann und der Taktiker ein Pärchen, so daß der eine sich um die Taktik kümmert, wenn der andere steuert und umgekehrt. Auch die Genua-, Spinnaker- und Großschot-Trimmer brauchen Partner. Wenn sie auf einem Schlag viel Arbeit an den Winschen leisten, benötigen auch die Winschleute Pausen, vielleicht jedoch nicht nach einem festen Plan.

Einige Crewmitglieder wie der Navigator und der Vorschiffsmann brauchen keinen zweiten Mann, um etwas Ruhe zu finden. Es ist besser, diesen beiden ihre Aufgaben allein und selbstverantwortlich zu überlassen.

Damit das Kumpelsystem effektiv arbeitet, muß das Boot für jeden Job über mehr als einen Spezialisten verfügen. Haben Sie z. B. nur einen „hauptamtlichen“ Großschot-Trimmer, der aber auch zeitweise eine Pause machen muß, dann muß ein anderes Mannschaftsmitglied übernehmen, wahrscheinlich unter Aufsicht des Experten. In diesem Fall ist es nicht möglich, ein echtes Kumpelsystem einzurichten.

Mittelstreckenrennen (18 bis 36 Stunden)

Wahrscheinlich ist das die schwierigste Regattalänge, für die man ein funktionierendes Wachsystem organisieren muß. Sie dauert nicht lange genug, daß sich die meisten an einen geregelten Wechsel zwischen Schlaf und Arbeit gewöhnen können, andererseits ist sie für alle zu lang, um während der gesamten Regatta ohne Schlaf auszukommen. Es besteht die Gefahr, daß es einige der Schlüsselmänner versäumen, am Anfang des Rennens genug Schlaf zu bekommen – unter der falschen Voraussetzung, daß sie die ganze Zeit durchhalten können. Das wird dazu führen, daß ihre Leistungsfähigkeit in der entscheidenden Schlußphase erkennbar abfällt. Es wurden mehr Rennen dieser Länge in den letzten paar Stunden verloren als in der Zeit davor, deshalb muß dafür gesorgt werden, daß jeder genug Schlaf bekommt und das Schiff dabei so schnell wie möglich weitergetrieben wird.

Ganz gleich, für welches Wachsystem Sie sich entscheiden, es muß am Anfang der Regatta eingeführt werden, um späteren Erschöpfungserscheinungen vorzubeugen und auch um zu vermeiden, daß zu viele Mannschaftsmitglieder zur gleichen Zeit eine Ruhepause benötigen. Als Faustregel gilt, daß nie mehr als ein Drittel der Mannschaft Freiwache hat. Und jederzeit muß jemand von Skipperniveau an Deck sein, der Entscheidungen trifft und der Crew Beine macht.

Das Kumpelsystem kann auch über diesen längeren Zeitraum funktionieren, aber die Besatzung muß sich kennen und einander blind vertrauen. Hat man sich für dieses gleitende System entschieden, dann müssen die Freiwächter auch die Pause nutzen, sonst werden sie nicht in der Lage sein, ihre Aufgabe einwandfrei zu erfüllen, wenn sie wieder an der Reihe sind. Weil dieses System von Natur aus zwanglos ist, kann man es nur schwer kontrollieren. Wenn, wie schon erörtert, der Navigator und der Vorschiffsmann nicht Teil des Wachsystems sind, müssen sie ihre Kräfte selbst einteilen und entscheiden, wann sie sich eine Ruhepause gönnen. Besonders der Navigator muß klare Anweisungen hinterlassen, wie sein Schlachtplan aussieht und bei welchen Veränderungen der Bedingungen er geweckt werden soll. Falls er sich länger schlafen legen will, muß er zumindest einen anderen anweisen, regelmäßig einfache Positionsbestimmungen vorzunehmen.

Viele Yachten genießen nicht den Vorteil einer Stammbesatzung, die sich gut genug kennt, damit das Kumpelsystem funktioniert. Daher ist auf diesen Schiffen ein offizielles Wachsystem erforderlich. Dabei kann man im wesentlichen zwischen drei Systemen wählen: Zweiwachensystem, Dreiwachensystem oder ein rotierendes System.

Zweiwachensystem

Dies ist das einfachste und wahrscheinlich am meisten genutzte. Hierbei wird die Mannschaft in zwei gleiche Teams aufgeteilt, ist also das eine an Deck, hat das andere Freiwache und umgekehrt. Natürlich können eine oder mehrere Personen aus dem System herausgenommen werden, z. B. empfiehlt sich das beim Navigator.

Außerdem kann man erwägen, ob der Vorschiffsmann und der Skipper von der Wachroutine befreit werden, besonders dann, wenn es keinen „Ersten Offizier“ gibt. Nimmt der Skipper nicht am Wachrhythmus teil, sollte jede Wache von einem Wachführer geleitet werden, der die meisten Entscheidungen trifft, aber weiß, daß der Skipper jederzeit geholt werden kann, wenn es nötig ist.

Einer der Vorteile des Zweiwachensystems ist, daß sich zwischen den Wachen ein freundschaftlicher Konkurrenzkampf entwickeln wird. Bei jedem Wachwechsel wird der Zustand der Yacht von der neuen Wache kritisch untersucht. Die Kehrseite ist, daß alle paar Stunden die Kontinuität verloren geht. Wird die Wachübergabe schnell abgewickelt, können wichtige Details über die Einstellung des Bootes oder über die Hintergründe gefällter Entscheidungen verloren gehen. Andererseits wird eine ausführliche Übergabe die Ruhezeit der abgelösten Mannschaft reduzieren.

Die Länge der Wachen ist ein kritischer Punkt. Dauern sie zu lange, verliert die Wache irgendwann die Konzentration und fängt an zu frieren. Ist sie zu kurz, reicht die Zeit nicht für einen erfrischenden Schlaf. Seit undenklichen Zeiten wurde bei der Marine vier um vier Stunden Wache gegangen, mit zwei eingeschobenen „Hundewachen“ von zwei Stunden Dauer am frühen Abend, damit sich die Wachen täglich verschieben. Als Folge nehmen viele Besatzungen an, daß dies das beste System ist, aber meiner Meinung nach sind vier Stunden zu lang, um sich während der Nachtstunden ständig voll konzentrieren zu können, besonders wenn das Wetter schlecht ist. Ich ziehe es vor, am Tag vier Stunden und in der Nacht von Sonnenuntergang bis Sonnenaufgang drei Stunden Wache gehen zu lassen – wie in der Tabelle dargestellt.

Zweiwachensystem

4 Stunden am Tag / 3 Stunden in der Nacht

2000–2300
2300–0200
0200–0500
0500–0800
0800–1200
1200–1600
1600–2000

Rotierendes Zweiwachensystem

Um die Nachteile zu mindern, die dadurch entstehen, daß der größte Teil der Besatzung zur selben Zeit die Wache wechselt, praktiziere ich manchmal eine Variante des Zweiwachensystems, bei dem jede Stunde ein oder zwei Crewmitglieder abgelöst werden. Die anderen bleiben auf Posten.

Das hat den Vorteil einer größeren Kontinuität. Der kleine Nachteil besteht darin, daß ständig irgendein Wechsel vonstatten zu gehen scheint. Das kann dazu führen, daß es schwerfällt, sich zu konzentrieren und das Boot schnell zu machen.

Die Tabelle zeigt, wie das aussehen kann, wenn man im System sechs Crewmitglieder hat, was bedeutet, daß jeweils nur eine Person ausgetauscht wird. Mit drei Paaren wird stündlich gewechselt und am Tage alle achtzig Minuten, um im 3h/4h-Muster zu bleiben.

Wie man sieht, ist das eigentlich nur ein streng formalisiertes Kumpelsystem, das aber, eben weil es so formal ist, nicht auf eine gute Abstimmung zwischen den Teams angewiesen ist, um zu funktionieren. Wie bei anderen Systemen ist es möglich und wahrscheinlich auch wünschenswert, ein oder zwei Crewmitglieder auszunehmen (beispielsweise den Navigator).

Dreiwachensystem – Langstreckenrennen

Sollte die Mannschaftsstärke und ihre Erfahrung ein solches System erlauben, gebe ich ihm fast immer den Vorzug, besonders auf langen Regatten. Das Prinzip ist, daß es eine Wache gibt, eine Freiwache und eine Standby-Wache, wobei letztere immer völlig klar und angezogen sein muß, aber zusätzlichen Schlaf bekommt, wenn es die Umstände erlauben.

Benutzt man das Dreiwachensystem, kann man es in Drei-Stunden-Perioden einteilen, denn die Freiwache wird in den seltensten Fällen gebraucht werden, und die Standby-Wache beginnt mit dem Aufstehen und ordentlichen Anziehen. Es ist wichtig, daß die Freiwache wirklich nicht gestört wird, auch nicht, wenn Manöver anfallen. Mit etwa nur sechs Stunden Schlaf am Tag werden die Männer sonst zu müde, wenn sie während der Schlafpausen gestört werden. Das wird um so wichtiger, je länger die Regatta dauert.

Rotierendes Zweiwachensystem – paarweiser Wechsel

				Wache	Freiwache
0000–0100	0600–0700	1320–1440	2100–2200	1 2 3	4 5 6
0100–0200	0700–0800	1440–1600	2200–2300	4 2 3	1 5 6
0200–0300	0800–0920	1600–1720	2300–0000	4 5 3	1 2 6
0300–0400	0920–1040	1720–1840	0000–0100	4 5 6	1 2 3
0400–0500	1040–1200	1840–2000	0100–0200	1 5 6	4 2 3
0500–0600	1200–1320	2000–2100	0200–0300	1 2 6	4 5 3
usw.					

Die Standby-Wache übernimmt normalerweise das Kochen, das Laden der Batterien usw., während die Wache das Boot segelt. Stehen Manöver an oder allgemeine Trimm-/Winscharbeiten, sollte man die Standby-Leute möglichst nicht für schwere Jobs einteilen; dadurch können sie sich Kraft für ihren Wachtörn aufsparen.

Dreiwachensystem – Dreistundenwachen

	Standby	Wache	Freiwache
0000–0300	1	2	3
0300–0600	3	1	2
0600–0900	2	3	1
0900–1200	1	2	3
usw.			

Das verschafft jedem Besatzungsmitglied zumindest zwei Perioden von jeweils drei Stunden Freiwache innerhalb von vierundzwanzig Stunden, und gelegentlich wird es zumindest einem Teil der Crew gelingen, knappe sechs Stunden Schlaf am Stück zu bekommen.

Kombinierte Wachsysteme

Eine Crew, in der es nur zwei echte Wachführer gibt, ist nicht ungewöhnlich. Folglich kann man kein echtes Dreiwachensystem aufziehen. Man könnte aber die Mannschaft in drei Wachen einteilen und die Wachführer in einem Zweiwachensystem rotieren lassen.

Ich habe so etwas zum ersten Mal während einer Wettfahrt über das Mittelmeer ausprobiert. Die Crew bestand aus vier äußerst erfahrenen Männern und sechs anderen, die weniger Erfahrung hatten. Die Aufteilung nach dem Zweiwachensystem funktionierte nicht, weil wir feststellten, daß wir bei vielen Gelegenheiten einfach zu wenig Leute an Deck hatten. Bei einem Dreiwachensystem blieb jedoch für jede Wache nur ein wirklich Erfahrener übrig.

Wir probierten zwei Varianten aus, die beide funktionierten. Jede hatte ihre Vorteile. Zuerst teilten wir die weniger Erfahrenen in drei Wachen zu zwei Mann ein, und die alten „Salzbuckel" gingen ein Zweiwachensystem. So waren immer vier Mann an Deck, zwei auf Standby, und es war sichergestellt, daß immer zwei Erfahrene auf Wache waren.

Im zweiten Abschnitt des Rennens kamen wir zu dem Schluß, daß wir auch bei dieser Aufteilung auf Wache leicht unterbesetzt waren und es mir schwerfiel, korrekt zu navigieren und eine Strategie zu entwickeln. Daher führten wir dann ein klares Dreiwachensystem ein, bei dem ich nicht eingeteilt war und das es ermöglichte, mich jederzeit zu rufen. Außerdem waren jetzt sieben von zehn Mann bei Bedarf verfügbar.

Wachsysteme – Schlußfolgerungen

Mit Wacheinteilungen will man sicherstellen, daß immer genug Mannschaftsmitglieder an Deck oder einsatzbereit sind, während die anderen ruhen können. Jedes Boot und jede Crew ist unterschiedlich. Ein System, das auf Ihrem Boot und mit Ihrer Mannschaft wunderbar funktioniert, muß sich nicht notwendigerweise auf eine andere Yacht übertragen lassen. Das kann schon der Fall sein, wenn ein oder zwei Crewmitglieder wechseln. Seien Sie nicht zu starr, aber achten Sie andererseits darauf, daß sich niemand unersetzlich fühlt und sich deshalb keine Ruhepause gönnt. Das würde nur dazu führen, daß er irgendwann völlig erschöpft ist. Diskutieren Sie die Wacheinteilung mit der Crew, hören Sie sich die Einwände an, und seien Sie bereit, das System notfalls bei der nächsten Wettfahrt zu ändern.

Proviant und Kochen

Essen und Trinken sind ein wichtiger Faktor bei jeder Küsten- oder Hochseeregatta. Allgemein gesagt, sollte das Essen schnell herzurichten und zu verzehren sein. Dauert das Rennen länger oder das Wetter verschlechtert sich, wird die Verpflegung sogar noch wichtiger, sowohl was die Gesundheit und die Ausdauer betrifft, als auch – fast noch entscheidender – für die Moral.

Anders als beim Fahrtensegeln, wo das Essen ein wichtiger Teil des Arbeitstages selber werden kann, darf beim Regattasegeln das Essen die Crew nicht daran hindern, die Yacht möglichst schnell vorwärts zu knüppeln. Daher muß es einfach zuzubereiten und zu verspeisen sein.

Flüssigkeitsbedarf

Angemessene Flüssigkeitsaufnahme ist äußerst wichtig. Untersuchungen haben ergeben, daß die geistige Leistungsfähigkeit erheblich abfällt, sobald der Körper dehydriert ist. Dehydration ist auch eine der Hauptursachen für die Kopfschmerzen beim Katerzustand. Ein guter Indikator dafür, ob Sie genug Flüssigkeit zu sich genommen haben, ist ein Blick auf Ihren Urin – ist er klar und hell, haben Sie genug getrunken; wird er dagegen dick und dunkel, ist das ein sicheres Zeichen für Wassermangel.

Hüten Sie sich vor harntreibenden Getränken, die Sie mehr Urin ausscheiden lassen, als Sie an Flüssigkeit zu sich genommen haben. Dazu gehören Tee, Kaffee und Alkohol. Derartige Getränke können Sie durstiger machen, als Sie vorher gewesen sind, obwohl Sie sich gewöhnlich nicht durstig fühlen. Nach meiner Auffassung hat Alkohol auf Rennbooten ohnehin nichts zu suchen. Nicht nur, daß er harntreibend wirkt, er ist außerdem eine Droge, deren Wirkung weder Ihren geistigen noch Ihren physischen Anstrengungen nützt. Es gibt unzählige Alternativen, und Bier oder Wein können warten, bis die Wettfahrt vorüber ist. Vor zehn Jahren habe ich über den Tag verteilt regelmäßig Büchsenbier getrunken, aber nach und nach wurde mir klar, daß sogar schon eine oder zwei Dosen meine Leistungsfähigkeit beeinträchtigten und am späten Nachmittag einen dumpfen Kopfschmerz hervorriefen. Heute fasse ich nur selten eine Dose Bier an.

Isotonische Getränke wie Gatorade enthalten wichtige Salze und sind eine gute Möglichkeit, Flüssigkeit aufzunehmen, obwohl viele Menschen den Geschmack nicht mögen. Aber für die Crewmitglieder, die bei heißem Wetter große Energiemengen aktivieren müssen (etwa die Winschleute), ist die Aufnahme von Salzen äußerst wichtig, wenn man keine Muskelkrämpfe riskieren will. Andererseits ist Wasser (mit oder ohne Zusätze) ein Getränk so gut wie jedes andere und sollte reichlich an Deck verfügbar sein. Tafelwasserflaschen sind platzsparend und garantieren einen guten, sauberen Geschmack, zudem sind Plastikflaschen leicht, was die Versuchung reduziert, sie über Bord zu werfen, sobald sie geleert sind (was ökologisch unfein und in den meisten Ländern verboten ist). Sollten die Kosten für neue Flaschen zu hoch erscheinen, kann man die alten nachfüllen.

Zeigen Crewmitglieder deutliche Anzeichen einer Erkrankung, sind ihre Wasserflaschen zu kennzeichnen, damit sich die Krankheit nicht weiterverbreitet.

Einige legen ohnehin Wert auf eigene Trinkflaschen, aber aus Erfahrung weiß ich, daß das eigentlich nicht nötig ist und nur Platz kostet. Bei einer Mannschaftsstärke von neun oder zehn Mann würden Sie dann ebenso viele Wasserflaschen an Deck benötigen, was Stauprobleme aufwirft. Und natürlich ist immer die Flasche desjenigen leer, der gerade einen Schluck braucht, was dann wieder unnötige Zeit zum Auffüllen nach sich zieht. Haben Sie zwei oder drei Flaschen für den allgemeinen Gebrauch an Deck, ist das Leben für alle viel einfacher.

Heiße Getränke oder Suppen können wahre moralische Wunderwaffen sein, besonders am Ende der kalten Nachtwachen. Bei kurzen Regatten ist es sinnvoll, schon einige heiße Getränke in Thermosflaschen vorzubereiten (Flaschen aus Edelstahl zerbrechen nicht so schnell wie die aus Glas). Auf einigen Booten haben wir einfach große Thermoskannen mit heißem Wasser in Bereitschaft gehalten und nach Bedarf Instantkaffee oder -tee zubereitet. Bei der Verteilung des Kaffees oder des Tees vereinfachen Sie sich das Leben, wenn Sie vorher eine Liste erstellt haben, wer Milch und/oder Zucker möchte. Dann müssen Sie nicht jedesmal eine Rundumbefragung veranstalten, wenn ein Getränk ausgegeben wird.

Es gibt auch Markengetränke, die nahrhaft sind. Die Instantgetränke bestehen aus einem löslichen Pulver, denen ein Gemisch aus kurzen, mittellangen und langen polymeren Glukoseketten (einem Malzzuckerdextrin) beigemischt ist. Man kann das Getränk unterschiedlich verdünnen, um eine schnelle Zuführung von Kohlehydraten sicherzustellen. Natürlich ist das keine ausgewogene Ernährung, aber das Getränk ist vergleichbar mit dem Verzehr von Brot oder Kartoffeln, die vorzügliche Energiespender sind. Und es kann auch von denen getrunken werden, die schwere körperliche Arbeit leisten müssen, ohne daß sie sich aufgebläht oder krank fühlen. Meiner Meinung nach eignen sich diese Getränke eher für Tageswettfahrten als für lange Seeregatten, aber sie sind die sinnvolle Ergänzung einer eher traditionellen Ernährung, wenn ihr Einsatz richtig geplant wird. Weil ein paar Becher des löslichen Getränks ein Äquivalent für reichlich feste Nahrung darstellen, muß man sowohl die Konzentration als auch die getrunkene Menge sorgfältig dosieren.

Weil die meisten Wettfahrten nach Regeln gesegelt werden, die eine Verlagerung von Wasserballast oder anderer schwerer Gewichte verbieten, müssen Getränke an einem festen Ort an Bord gestaut werden. Das bedeutet, daß sie bis zu ihrem Verbrauch Ballast sind. Folglich sollte man sie so tief wie möglich stauen, damit sie die Gewichtsstabilität unterstützen. Allerdings sind sie nicht so nützlich wie das Gewicht der Crew, das man in die jeweils günstigste Position verlagern kann. Auch aus diesem Grund – und um eine schnelle Dehydrierung zu vermeiden – sollten alle Crewmitglieder vor dem Start viel trinken. Die Flüssigkeit, die sie zu sich genommen haben, wird dann zu „beweglichem Ballast", und die Crew hat in der ersten Zeit des Rennens nur wenig Durst. Ich habe immer das Gefühl, noch nicht bis zum Eichstrich vollgetankt zu sein, wenn ich nicht kurz vor dem Start das Bedürfnis habe zu urinieren.

Essen

Essen gibt es in vielen Variationsmöglichkeiten, und ich werde keinesfalls den Versuch unternehmen, Ihnen bestimmte Menüs oder Rezepte zu empfehlen, denn der Geschmack ist zu verschieden. Aber man sollte darauf achten, daß das Essen leicht herzustellen und zu verzehren ist und über ausreichend Nährstoffe verfügt.

Schokolade

Schokoladenriegel und Kekse sind die auf Booten am häufigsten zu findenden Snacks. Sie sind gut für die Moral und liefern wegen ihres hohen Zuckeranteils eine Menge Energie. Allerdings verursacht Schokolade bei vielen Menschen Kopfschmerzen, besonders wenn sie müde sind. Deshalb sollte man ein Zuviel davon vermeiden. Wie andere Nahrungsmittel mit hohem Zuckeranteil erhöhen sie sehr schnell den Blutzuckerspiegel, was dazu führt, daß Sie sich einige Zeit sehr gut fühlen. Aber fast immer folgt eine halbe Stunde später ein Leistungsabfall, und da lange Seeregatten Ausdauer verlangen, kann das ein Nachteil sein.

Brot/Brötchen

Belegte Brötchen oder Sandwiches sind ein beliebter Imbiß während einer Wettfahrt. Das Brot liefert Kohlehydrate, die leicht verdaulich und eine exzellente

Energiequelle sind, außerdem sättigt es. Außer auf sehr langen Regatten kann man die Brötchen vorbereiten, was den Vorteil hat, daß man kein Crewmitglied von der Decksarbeit abstellen muß, um sie zu schmieren. Der Belag kann außerordentlich vielseitig sein, um jedem Geschmack gerecht zu werden. Allerdings rate ich dazu, keinen scharf gewürzten Belag zu verwenden. Salami und ähnlich fette, würzige Wurstsorten sind an Land wunderbar, können aber auf See bei einigen Mannschaftsmitgliedern eine leichte Seekrankheit hervorrufen. Außerdem verliert der Geschmack, wenn er häufig wiederkehrt, sehr an Attraktivität. Salate mit unterschiedlichen Dressings stellen eine beliebte Ergänzung dar.

Gefülltes Stangenweißbrot kann eine erfreuliche Abwechslung zu den üblichen Brötchen sein. Eine meiner persönlichen Vorlieben bei schönem Wetter – bei viel Wind kleckert man damit zuviel herum – ist aufgeschnittenes Stangenweißbrot, gefüllt mit Avocados und Krabben.

Warme Gerichte

Bei vielen Gelegenheiten ist es den Aufwand wert, eine warme Mahlzeit zu bereiten. Wenn man sie vorher sorgfältig plant, gibt es dabei auch kaum Probleme. Bei Wettfahrten sollten die Mahlzeiten so vorbereitet sein, daß man sie aus einem Behälter nur mit Gabel oder Löffel essen kann. So kann die Mannschaft das Essen auch dann zu sich nehmen, wenn sie auf der hohen Kante hockt, es sei denn, das Wetter ist zu schlecht. Mahlzeiten, für die man Messer und Gabel benötigt, sind bei leichtem Wind und vielleicht auch noch bei mittleren Bedingungen akzeptabel, aber sowie es anfängt zu blasen, sind derartige Gerichte nicht empfehlenswert.

Pasteten

Pasteten sind Gerichte, die sich auf Booten mit einem Backofen leicht aufwärmen lassen, auch wenn er nicht halbkardanisch aufgehängt ist. Der größte Vorteil gegenüber anderen Gerichten besteht darin, daß jemand unter Deck huschen, die Pastete in den Ofen schieben und dann wieder seinen Platz auf der Luvreling einnehmen kann. Das Essen brutzelt dann ohne weitere Aufsicht vor sich hin. Ein unvorhersehbares Manöver an Deck und die damit verbundene Verzögerung machen der Pastete gewöhnlich nichts aus.

Vorbereitete Eintöpfe, Lasagne usw.

Es gibt eine Vielzahl tiefgefrorener oder tiefgekühlter Mahlzeiten, die ebenfalls nur aufgewärmt werden müssen. Sie sind für hungrige Segler während der Regatta ideal. Der etwas höhere Preis, den man für diese Produkte bezahlen muß, wird mehr als wettgemacht durch die Bequemlichkeit, mit der sie schnell zubereitet werden können. Mit Kartoffelschälen und Zwiebelhacken gewinnt man keine Rennen.

Üblich sind Portionsschalen aus Alu, die allerdings meist einen halbkardanisch aufgehängten Ofen benötigen, da man gewöhnlich in der letzten Aufwärmphase die Abdeckung aufreißen muß.

Plant man derartige Gerichte, muß man viel Zeit für das Erwärmen vorsehen. Die Zeiten auf den Packungen sind in den meisten Fällen völlig unzureichend für die an Bord gebräuchlichen Geräte. Auf den meisten Booten wird man mindestens eine Stunde benötigen, um ein tiefgefrorenes Gericht durchzuwärmen und etwa die halbe Zeit für gekühlte Mahlzeiten.

Häufig gibt es dieses Essen in verschiedenen Portionsgrößen, etwa von einer Person bis zu sechs Personen. Vergewissern Sie sich, daß die Portionen groß genug sind, denn die Menge, die der Hersteller für einen durchschnittlichen Ehemann und seine Frau als ausreichend erachtet, wird bei einer Crew, die durchgefroren und hungrig an der Reling hockt, nur ein müdes Lächeln hervorrufen. Wenn Sie sich über die Größe der Portionen Gedanken machen, ziehen Sie auch die Kapazität des Ofens mit ins Kalkül. Es ist meist einfacher, mit mehreren kleineren Portionen zu hantieren, als zu versuchen, die ganze Crew aus einer Großpackung abzufüttern – und man macht auch nicht soviel Schweinerei. Weiterhin spricht für kleinere Packungen, daß man auf diese Weise nicht alle Mannschaftsmitglieder gleichzeitig zu versorgen braucht, so daß während der Zeit niemand auf das schnelle Fortkommen der Yacht achtet.

Nudelgerichte wie Lasagne sind gewöhnlich sehr beliebt, aber auch Pasteten und Eintöpfe liegen gut im Rennen.

Kochbeutelmahlzeiten

Als wir beim Admiral's Cup auf der WINGS OF ORACLE segelten, die nur zwei Gaskochstellen ohne Grill oder Backofen hatte, war die Auswahl an vorbereiteten Gerichten sehr begrenzt, aber die Vielfalt litt darunter keineswegs. Bei den Seeregatten benutzten wir ständig Kochbeutelmahlzeiten und fanden sie ausgezeichnet. Wir hatten das Glück, daß die Yacht von der Royal Air Force betreut wurde, wodurch wir Zugang zu deren modernen eisernen Rationen hatten, Gerichte, die dazu bestimmt sind, einfach erwärmt und unter Feldbedingungen verspeist zu werden. Die Foliensäcke sind doppelwandig, so daß man sie in der Hand halten und als Eßgeschirr benutzen kann – alles ganz unkompliziert. Auch wenn käufliche Kochbeutelgerichte nicht so hochentwickelt sind, erlauben sie es doch, auf Booten ohne Backofen heiße Mahlzeiten zu bereiten.

Zusätzliche Kohlehydrate

Besteht in der Grundverpflegung ein Mangel an Kohlehydraten, kann dies durch separate Gaben ausgeglichen werden. Hier empfehlen sich Nahrungsmittel mit einem hohen Anteil an Kohlehydraten, die leicht zuzubereiten sind: Kartoffelpüree aus der Tüte, frische Nudeln (sie sind besser, weil sie nur drei Minuten Kochzeit benötigen statt zehn bei getrockneten) und halbgar vorgekochter Reis (besser als roher) in Büchsen sind gute Optionen. Eine Fertigsauce aus Dosen oder Gläsern dazu ergibt ein schmackhaftes Nudel- oder Reisgericht, das einfach zuzubereiten und ebenso einfach zu essen ist.

Gemüse

Außer auf sehr langen Hochseerennen, bei denen eine ausgewogene Ernährung sehr wichtig wird, ist das Mitführen von frischem Gemüse nicht realistisch. Die Vorbereitungszeit und das Kochen dauern einfach zu lange. Diese Zeit kann besser dazu verwendet werden, das Boot schnell voranzutreiben. Einige Gemüsesorten wie Karotten können vor dem Rennen vorbereitet und ein oder zwei Tage in Plastikbeuteln aufbewahrt werden. Das Schälen von Kartoffeln und ähnliche Aktivitäten überläßt man besser den Fahrtenseglern.

Büchsengemüse und gefriergetrocknetes Gemüse, das zwar etwas zur Geschmacklosigkeit neigt, sind von den Eigenschaften her gut und zudem viel schneller zuzubereiten.

Snacks

Früchte

Segelt man in Italien Küstenregatten, sind Früchte manchmal das einzige Menü auf der Speisenkarte, und sobald man sich erst daran gewöhnt hat, stellt man fest, daß das eine sehr angenehme Ernährung ist. Es gibt eine Vielzahl von festen und weichen Früchten, die jeden Tag frisch zur Verfügung stehen und ganz nach Belieben verspeist werden können. Bis man sich an diese „Diät" gewöhnt hat, kann es allerdings dazu kommen, daß man häufig zur Toilette muß oder unter Magenkrämpfen leidet. Also sollte man vorsichtig beginnen. Bei dem dort herrschenden heißen Wetter ist es viel angenehmer, in eine saftige Pflaume oder Birne zu beißen, als an einem trockenen Brötchen herumzumümmeln.

Normalerweise und bei Seeregatten sowieso stellt Obst immer eine gute Zwischenmahlzeit dar, die man dem Verzehr von viel Schokolade vorziehen sollte. Außerdem wird sie um so angenehmer, je wärmer es ist. Ein Tip: Man sollte die Früchte waschen, bevor sie an Bord genommen werden, denn während der Wettfahrt wird kaum Zeit dafür sein. So kann man unangenehme und völlig überflüssige Magenverstimmungen vermeiden.

Trockenobst

Wieder eine meiner Lieblingsspeisen. Trockenfrüchte sind sehr konzentrierte Zuckerspender, die man auch genüßlich und mit erfrischendem Erfolg verspeisen kann. Wieder gilt, daß man nicht zuviel davon essen sollte, weil es dann zu schmerzhaften Magenverstimmungen kommen könnte. Bevor ich zu einer Seeregatta aufbrach, kaufte ich mir ein Päckchen getrockneter Aprikosen, die ich während des Rennens nach und nach essen und mit den anderen teilen wollte. Ich kam etwas zu früh an Bord und verschwand nach unten, um meine Navigation vorzubereiten. Dabei knabberte ich meine Aprikosen, und eine halbe Stunde später war die Packung leer. Eine weitere halbe Stunde danach war ich regelmäßiger Benutzer der Toilette und hatte während der ganzen Wettfahrt schlimme Bauchschmerzen, was einer guten Navigation nicht unbedingt zuträglich ist.

Maßvoll genossen, stellen die meisten getrockneten Früchte eine gute Alternative zu den üblichen Snacks dar. Im Gegensatz zu Keksen und Schokolade macht es ihnen auch nichts aus, wenn sie gelegentlich etwas Spritzwasser abbekommen.

Kekse und Schokolade

Schokoladenriegel, Kekse usw. scheinen auf den meisten Regattabooten die Hauptnahrung darzustellen. Vom Gesichtspunkt der Energiezufuhr aus gesehen, sind sie gut, aber sie haben zumindest zwei große Nachteile: einen hohen Zuckeranteil, der den Blutzuckerspiegel umgehend erhöht (was dazu führt, daß Sie sich wohlfühlen), dem aber bald ein Abfall des Blutzuckerspiegels folgt (wodurch Sie sich schlecht fühlen). Bedingt durch den hohen Blutzuckerspiegel erfolgt nämlich eine verstärkte Ausschüttung von Insulin, was letztlich dazu führt, daß Ihr Spiegel wild zwischen Extremen hin und her pendelt.

Ein weiteres Problem bei dieser Nahrung: Sie neigt dazu, migräneartige Kopfschmerzen hervorzurufen (ich weiß das, weil ich ein Leidtragender bin), und sogar Menschen, die normalerweise nicht an Migräne leiden, haben nach dem Genuß von zuviel Süßigkeiten manchmal bohrende Kopfschmerzen. Das wird um so wahrscheinlicher, wenn dazu noch eine leichte Dehydrierung kommt.

Natürlich richtet der gelegentliche Genuß von Keksen oder Schokoriegeln keinen Schaden an, aber man darf es nicht übertreiben. Die Vorlieben sind oft sehr verschieden ausgeprägt, sorgen Sie also dafür, daß für jeden etwas an Bord ist. Zwieback oder Ingwer sind empfehlenswert für seekranke Crewmitglieder. Ingwer wirkt bei Seekrankheit offensichtlich lindernd oder verhindert sogar ihren Ausbruch (was man auch von Gerstenzucker sagt).

Um das Kapitel über die Verpflegung abzuschließen, erinnern wir uns an eine alte Spruchweisheit der Matrosen: Wie die Verpflegung – so die Bewegung! Allerdings dürfen (oder sollten jedenfalls) die Gedanken nicht ständig um das Essen kreisen. Beim Fahrtensegeln sind Gourmetmahlzeiten eine wundervolle Sache, aber bei Wettfahrten soll das Essen satt machen, gehaltvoll und schmackhaft sein, ohne daß mehr Zeit für die Vorbereitung und das Verspeisen benötigt wird als unbedingt notwendig.